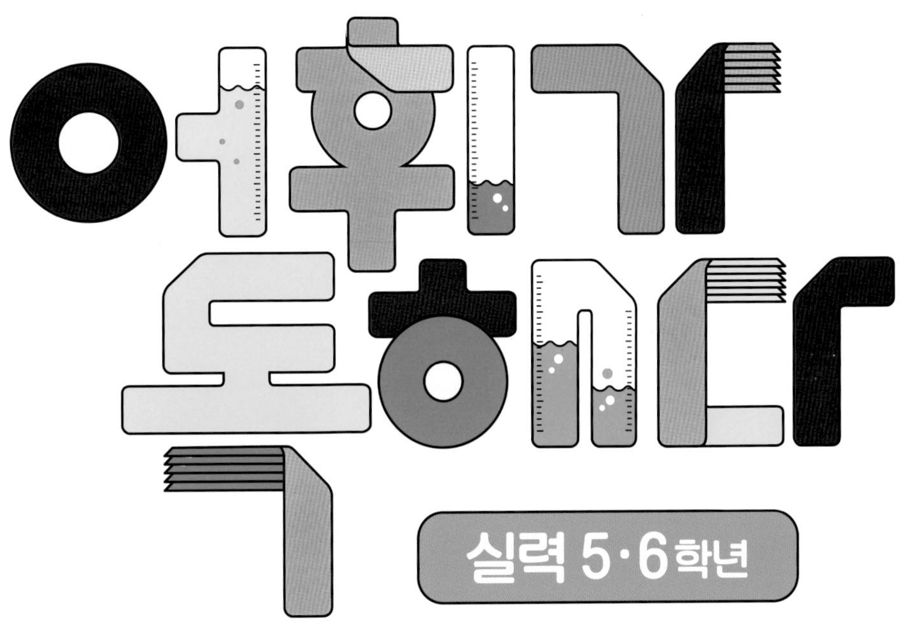

정답과 해설은 EBS 초등사이트(primary.ebs.co.kr)에서 다운로드 받으실 수 있습니다.

교재 내용 문의
교재 내용 문의는 EBS 초등사이트
(primary.ebs.co.kr)의
교재 Q&A 서비스를 활용하시기 바랍니다.

교재 정오표 공지
발행 이후 발견된 정오 사항을
EBS 초등사이트 정오표 코너에서 알려 드립니다.
교재 검색 → 교재 선택 → 정오표

교재 정정 신청
공지된 정오 내용 외에 발견된 정오 사항이 있다면
EBS 초등사이트를 통해 알려 주세요.
교재 검색 → 교재 선택 → 교재 Q&A

효과가 상상 이상입니다.

예전에는 아이들의 어휘 학습을 위해 학습지를 만들어 주기도 했는데,
이제는 이 교재가 있으니 어휘 학습 고민은 해결되었습니다.
아이들에게 아침 자율 활동으로 할 것을 제안하였는데,
"선생님, 더 풀어도 되나요?"라는 모습을 보면,
아이들의 기초 학습 습관 형성에도 큰 도움이 되고 있다고 생각합니다.

ㄷ초등학교 안00 선생님

어휘 공부의 힘을 느꼈습니다.

학습에 자신감이 없던 학생도 이미 배운 어휘가 수업에 나왔을 때 반가워합니다.
어휘를 먼저 학습하면서 흥미도가 높아지고
동기 부여가 되는 것을 보면서 어휘 공부의 힘을 느꼈습니다.

ㅂ학교 김00 선생님

학생들 스스로 뿌듯해해요.

처음에는 어휘 학습을 따로 한다는 것 자체가 부담스러워했지만,
공부하는 내용에 대해 이해도가 높아지는 경험을 하면서
스스로 뿌듯해하는 모습을 볼 수 있었습니다.

ㅅ초등학교 손00 선생님

앞으로도 활용할 계획입니다.

학생들에게 확인 문제의 수준이 너무 어렵지 않으면서도
교과서에 나오는 낱말의 뜻을 확실하게 배울 수 있었고,
주요 학습 내용과 관련 있는 낱말의 뜻과 용례를
정확하게 공부할 수 있어서 효과적이었습니다.

ㅅ초등학교 지00 선생님

학교 선생님들이 확인한
어휘가 문해력이다의 학습 효과!
직접 경험해 보세요

학기별 교과서 어휘 완전 학습
<어휘가 문해력이다>
— 예비 초등 ~ 중학 3학년 —

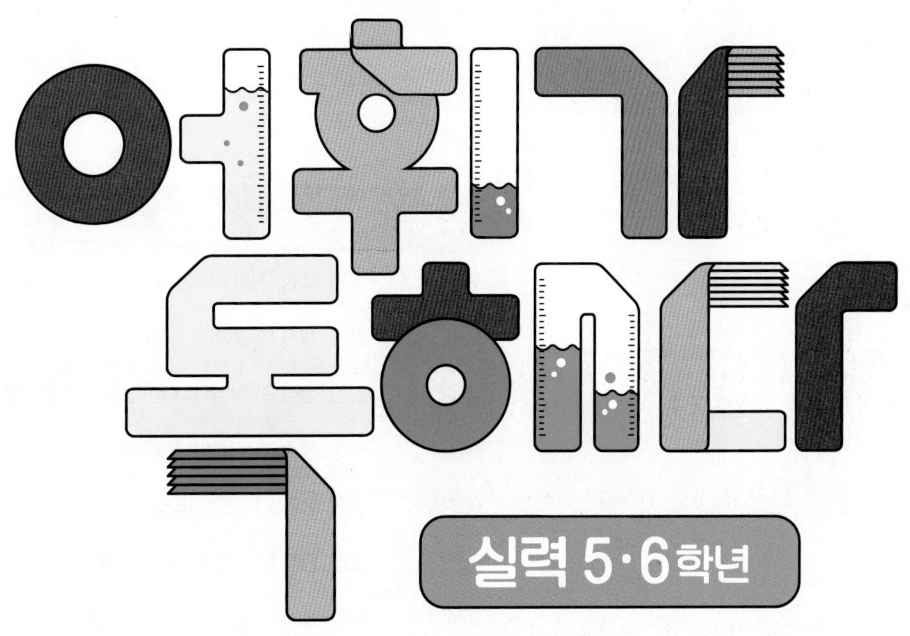
어휘가 독해다
실력 5·6학년

이 책의 차례

Ⅰ. 느낌 · 생각 · 모습

01강	느낌, 표정, 지각 I 느낌, 표정, 지각을 나타내는 말	8~13
02강	감정, 생각 1 I 감정이나 생각을 나타내는 말	14~19
03강	감정, 생각 2 I 감정이나 생각을 나타내는 말	20~25
04강	감정, 생각 3 I 감정이나 생각을 나타내는 말	26~31
05강	감정, 생각 4 I 감정이나 생각을 나타내는 말	32~37
06강	모습, 동작 1 I 사람 사이의 관계를 나타내는 말	38~43
07강	모습, 동작 2 I 풍경이나 사물의 모습을 나타내는 말	44~49
08강	모습, 동작 3 I 생김새나 정도를 나타내는 말	50~55
09강	모습, 동작 4 I 움직이는 모습을 나타내는 말	56~61
10강	모습, 동작 5 I 다른 사람이나 사물에게 하는 동작을 나타내는 말	62~67

Ⅱ. 역사 · 사회 · 문화

11강	역사 1 I 개화기~일제 강점기와 관련한 말	70~75
12강	역사 2 I 전쟁과 관련한 말	76~81
13강	역사 3 I 옛사람들의 삶과 관련된 말	82~87
14강	사회 1 I 경제와 관련한 말	88~93
15강	사회 2 I 민주 정치와 관련한 말	94~99
16강	사회 3 I 법과 권리와 관련한 말	100~105
17강	사회 4 I 현대 사회와 관련한 말	106~111
18강	사회 5 I 지구촌과 관련한 말	112~117
19강	문화 예술 I 문화 예술과 관련한 말	118~123

Ⅲ. 자연 · 과학 · 국어 용어

강	제목	쪽
20강	자연, 과학 1 ׀ 자연과 관련한 말	126~131
21강	자연, 과학 2 ׀ 소중한 지구와 관련한 말	132~137
22강	자연, 과학 3 ׀ 기술, 산업과 관련한 말	138~143
23강	자연, 과학 4 ׀ 생활 속 과학과 관련한 말	144~149
24강	자연, 과학 5 ׀ 생명 활동과 관련한 말	150~155
25강	국어 용어 1 ׀ 운문과 관련한 말	156~161
26강	국어 용어 2 ׀ 산문과 관련한 말	162~167
27강	국어 용어 3 ׀ 글 읽는 힘을 길러 주는 말	168~173
28강	국어 용어 4 ׀ 우리 말글과 관련한 말	174~179

Ⅳ. 종합 평가

강	제목	쪽
29강	종합 평가 (1)	182~185
30강	종합 평가 (2)	186~189

항목	쪽
단어 · 관용어 · 속담 색인	190~199
정답 및 해설(별책)	

이 책의 구성과 활용법

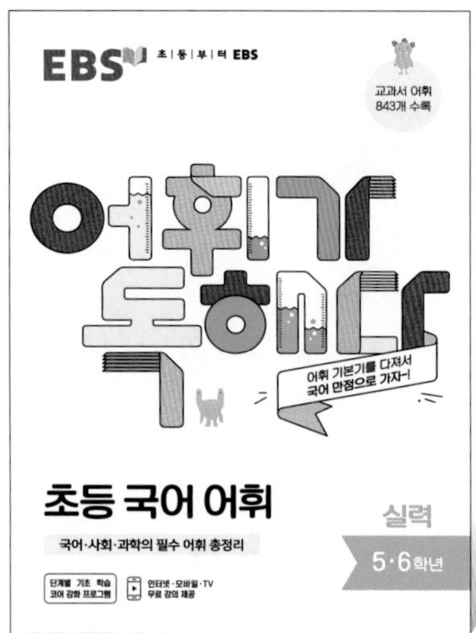

국어 낱말과 읽기를 함께 공부한다.

- 낱말과 읽기를 묶어서 공부하는 구성
- 느낌 · 모습, 역사, 사회, 자연, 과학, 국어 용어 순으로 구성

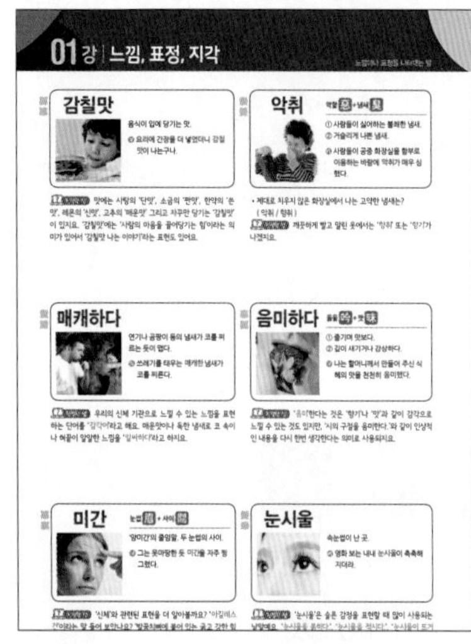

국어, 사회, 과학 교과서에 자주 나오는 낱말을 학습한다!!!

- 낱말의 뜻과 용례를 정리
- 친절한 샘을 통해 비슷한말, 반대말을 정리
- 어휘 더하기를 통해 헷갈리는 쉬운 낱말을 정리

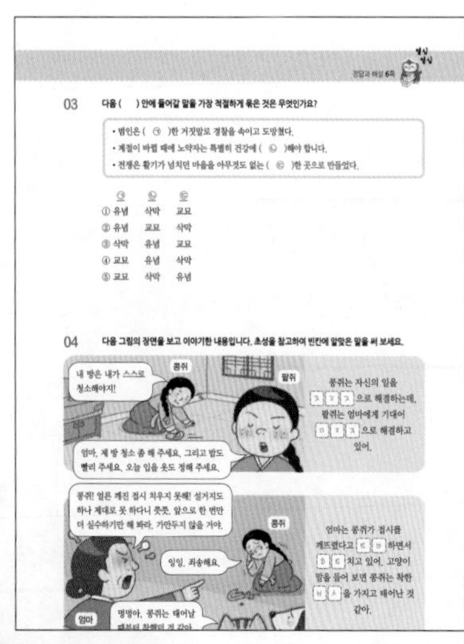

문제를 풀면서 낱말의 뜻, 비슷한말, 반대말을 찾아본다!!!

- 낱말의 뜻, 쓰이는 예를 묻는 문제 풀이
- 삽화 속 대화에서 적절한 어휘를 찾는 문제 풀이

초등 국어 어휘

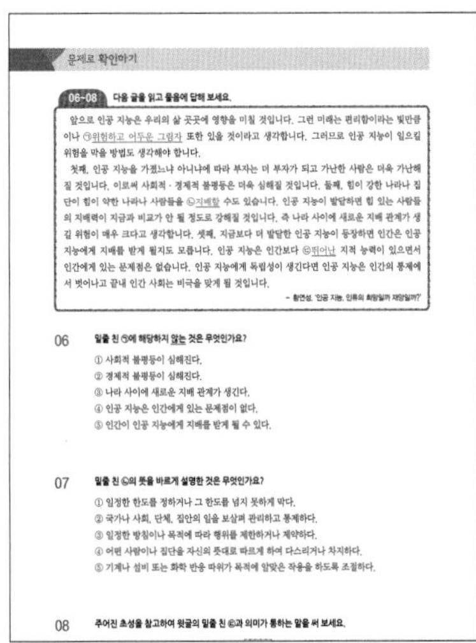

읽기 문제를 풀면서 낱말과 읽기를 동시에 공부한다!!!

- 읽기 자료 속 낱말의 뜻을 확인하는 문제 풀이
- 읽기 자료에 대한 이해를 묻는 문제 풀이

우리말 속의 다양한 낱말 사용을 학습한다!!!

- 우리말에서 많이 사용하는 속담, 고사성어 등을 만화 · 삽화로 쉽고 재미있게 공부

30일 동안 국어 필수 낱말을 총정리한다!!!

- 학생 스스로가 30일에 끝낼 수 있도록 구성

I

느낌·생각·모습

06강 사람 사이의 관계를 나타내는 말

07강 풍경이나 사물의 모습을 나타내는 말

08강 생김새나 정도를 나타내는 말

09강 움직이는 모습을 나타내는 말

10강 다른 사람이나 사물에게 하는 동작을 나타내는

감칠맛

음식이 입에 당기는 맛.

예 요리에 간장을 더 넣었더니 **감칠맛**이 나는구나.

친절한 샘 맛에는 사탕의 '단맛', 소금의 '짠맛', 한약의 '쓴맛', 레몬의 '신맛', 고추의 '매운맛' 그리고 자꾸만 당기는 '감칠맛'이 있지요. '감칠맛'에는 '사람의 마음을 끌어당기는 힘'이라는 의미가 있어서 '감칠맛 나는 이야기'라는 표현도 있어요.

악취

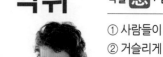

악할 惡 + 냄새 臭

① 사람들이 싫어하는 불쾌한 냄새.
② 거슬리게 나쁜 냄새.

예 사람들이 공중 화장실을 함부로 이용하는 바람에 **악취**가 매우 심했다.

• 제대로 치우지 않은 화장실에서 나는 고약한 냄새는?
(악취 / 향취)

친절한 샘 깨끗하게 빨고 말린 옷에서는 '향취' 또는 '향기'가 나겠지요.

매캐하다

연기나 곰팡이 등의 냄새가 코를 찌르는 듯이 맵다.

예 쓰레기를 태우는 **매캐한** 냄새가 코를 찌른다.

친절한 샘 우리의 신체 기관으로 느낄 수 있는 느낌을 표현하는 단어를 '감각어'라고 해요. 매운맛이나 독한 냄새로 콧속이나 혀끝이 알알한 느낌을 '알싸하다'라고 하지요.

음미하다

읊을 吟 + 맛 味

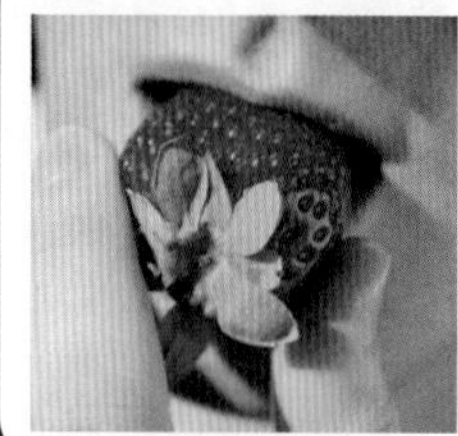

① 즐기며 맛보다.
② 깊이 새기거나 감상하다.

예 나는 할머니께서 만들어 주신 식혜의 맛을 천천히 **음미했다**.

친절한 샘 '음미'한다는 것은 '향기'나 '맛'과 같이 감각으로 느낄 수 있는 것도 있지만, '시의 구절을 음미한다.'와 같이 인상적인 내용을 다시 한번 생각한다는 의미로 사용되지요.

미간

눈썹 眉 + 사이 間

'양미간'의 줄임말. 두 눈썹의 사이.

예 그는 못마땅한 듯 **미간**을 자주 찡그렸다.

친절한 샘 '신체'와 관련된 표현을 더 알아볼까요? '아킬레스건'이라는 말 들어 보았나요? '발꿈치뼈에 붙어 있는 굵고 강한 힘줄'이에요. 비유적으로 '치명적 약점'을 뜻하는 말로도 쓰여요.

눈시울

속눈썹이 난 곳.

예 영화 보는 내내 **눈시울**이 축축해지더라.

친절한 샘 '눈시울'은 슬픈 감정을 표현할 때 많이 사용되는 낱말이에요. '눈시울을 붉히다.', '눈시울을 적시다.', '눈시울이 뜨거워지다.'는 모두 눈물이 맺힐 때 사용하는 말이에요.

낯빛

얼굴의 빛깔.

예 지수는 무슨 일이 있는지 아침부터 **낯빛**이 어두워 보인다.

친절한 샘 상대방의 얼굴 표정을 표현하는 말로 '얼굴빛' 또는 '안색'이라는 말과 비슷하게 사용된답니다.

인기척

사람 人 + 기척

사람이 있음을 알 수 있게 하는 소리나 낌새.

예 선생님께서 기침으로 **인기척**을 내며 교실로 들어오셨다.

친절한 샘 '기척'은 누가 있는 줄을 짐작하여 알 만한 소리나 기색을 의미하는 말이에요. 주로 헛기침, 발걸음 등의 소리를 낼 때, 이를 '인기척을 내다.'라고 해요.

망각

잊을 忘 + 물리칠 却

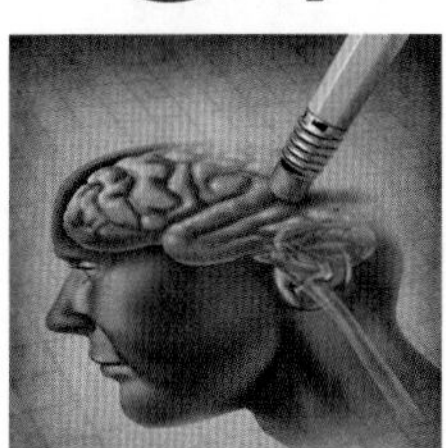

어떤 사실이나 내용을 잊어버림.

예 인간은 **망각**의 동물이기에 안 좋은 기억을 잊고 잘 살 수 있다.

친절한 샘 망각의 반대말은 '기억'이에요. 우리가 공부한 내용을 망각하지 않고 잘 기억하기 위해서는 주의를 집중하고 외우려는 노력이 필요합니다.

선호하다

가릴 選 + 좋을 好

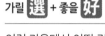

여럿 가운데서 어떤 것을 특별히 더 좋아하다.

예 나는 실내 활동보다는 야외 활동을 더 **선호한다**.

친절한 샘 '선호하다'의 '호(好)'는 '좋아하다'는 의미예요. 이와 같은 한자가 쓰이는 말로는 즐기고 좋아하는 음식을 가리키는 '기호 식품', 대상에 대하여 느끼는 좋은 감정이라는 의미인 '호감'이 있어요.

어휘 더하기

반대되는 뜻인 한자 악(惡) vs 호(好)

악(惡)

– 악화(惡化): 어떤 일이나 관계가 나빠짐.
예 두 친구는 서로를 배려하지 않아 사이가 점점 악화되었다.

– 악당(惡黨): 나쁜 짓을 하는 사람.
예 슈퍼맨은 사회의 악당을 물리치는 영웅이다.

↔

호(好)

– 호전(好轉): 어떤 일의 관계가 좋아짐.
예 물건이 잘 팔리면서 회사의 상황이 호전되었다.

– 우호(友好): 개인이나 나라의 사이가 서로 좋음.
예 우리는 이웃 나라와 우호 관계를 유지했다.

우리말에는 하나의 한자에서 확장되어 사용되는 낱말들이 많아요. '惡'은 '악할 악'으로 '착하지 않거나 올바르지 않음.' 또는 '나쁘다'의 의미로 사용되지요. 이와 반대로 '好'는 '좋을 호'로 '좋거나 올바름.'의 의미로 사용되지요.

다음 문장의 빈칸에 들어갈 알맞은 말을 써 보세요.

힘들고 어려운 상황에 놓였을 때 슬퍼만 하고 포기해 버리면 상황이 (　　　)되지만, 마음을 다잡고 열심히 노력하면 상황이 (　　　)된다.

문제로 확인하기

01 **<보기>에서 알맞은 말을 골라 어울리게 고쳐서 문장을 완성해 보세요.**

보기

매캐하다　　선호하다　　알싸하다　　음미하다

1 김치찌개 속 작은 고추를 먹었더니 혀끝이 (　　　　　　).
매운맛이나 독한 냄새로 코 속이나 혀끝이 알알하다.

2 운동장에 나갔더니 (　　　　　　)한 먼지가 뿌옇게 날렸다.
연기나 곰팡이 등의 냄새가 코를 찌르는 듯이 맵다.

3 나는 국물이 있는 밀 떡볶이보다는 국물이 없는 쌀 떡볶이를 (　　　　　　).
여럿 가운데서 어떤 것을 특별히 더 좋아하다.

4 승규는 전통 문화 수업을 통해 한옥을 새로운 시각으로 (　　　　　　) 되었다.
깊이 새기거나 감상하다.

02 **제시된 음식을 보고 떠오르는 맛 표현을 오른쪽에서 찾아 선으로 바르게 이어 보세요.**

음식	맛 표현
1 설탕, 아이스크림 •	• ㉠ 신맛
2 간장, 소금 •	• ㉡ 감칠맛
3 한약, 쑥 •	• ㉢ 쓴맛
4 레몬, 식초 •	• ㉣ 단맛
5 멸치 국수, 다시마 육수 •	• ㉤ 짠맛

03 ( ) 안에 들어갈 말을 가장 적절하게 묶은 것은 어느 것인가요?

- 오랫동안 빨지 않은 아이들의 실내화에서 (㉠)이/가 진동했다.
- 권력을 얻기 위해 약한 사람들을 짓밟는 그에게서 비열한 (㉡)의 모습이 보인다.
- 그는 문제가 (㉢)되는 것을 원하지 않아서 그 즉시 해결하려고 노력한다.

	㉠	㉡	㉢
①	악취	악화	악당
②	악취	악당	악화
③	악화	악취	악당
④	악화	악당	악취
⑤	악당	악화	악취

04 ㉠~㉣에 알맞은 낱말을 <보기>에서 찾아 쓰세요.

보기

망각　미간　눈시울　속눈썹　인기척　아킬레스건

05~06 다음 글을 읽고 물음에 답해 보세요.

감성 로봇은 사람과 감정을 나누는 로봇이다. 사람의 말과 행동을 이해하고 스스로 감정을 표현하는 감성 로봇은 이미 우리 생활 가까이 다가와 있다. 감성 로봇은 일반적인 로봇과는 다른 몇 가지 특징을 가지고 있다.

첫째, 감성 로봇은 사람의 감정을 이해할 수 있다. 가령 사람이 ㉠미간을 찌푸리거나 ㉡눈시울을 붉히는 경우 카메라로 사람의 얼굴을 찍어서 ㉢낯빛의 변화를 분석하고 그에 대응하는 감정을 찾아낸다. 또 마이크로 사람의 말을 들으면 컴퓨터로 분석해서 소리 속에서 단어의 의미를 찾는다.

둘째, 감성 로봇은 자신의 감정을 표현할 수 있다. 감성 로봇은 사람이 감정을 표현하면 대답하는 능력이 있다. 멋진 그림을 ㉣음미하며 느낌을 말하면 감성 로봇은 자신이 느낀 감동을 이야기하며 사람과 교감하려고 한다.

셋째, 감성 로봇은 사람과 마음을 나눌 수 있다. 감성 로봇은 인간과는 달리 ㉤망각을 하지 않기 때문에 과거부터 누적된 많은 정보를 가지고 있다. 이를 바탕으로 상황에 적절한 말과 행동이 가능하여 사람의 마음을 따뜻하게 만져 줄 수 있다.

05

밑줄 친 낱말의 뜻으로 적절하지 않은 것은 무엇인가요?

① ㉠: 주름살이 있는 얼굴의 한 부분
② ㉡: 속눈썹이 난 곳
③ ㉢: 얼굴의 빛깔
④ ㉣: 깊이 새기거나 감상하며
⑤ ㉤: 어떤 사실이나 내용을 잊어버림

06

윗글을 읽고 감성 로봇에 대해 이해한 내용으로 적절하지 않은 것은 무엇인가요?

① 감성 로봇은 사람의 표정 변화를 알아챌 수 있다.
② 감성 로봇은 스스로 자신의 감정을 표현할 수 있다.
③ 감성 로봇은 일반적인 로봇과 여러 가지로 다른 점이 있다.
④ 감성 로봇은 상황에 적절한 말과 행동으로 사람의 마음을 어루만져 준다.
⑤ 감성 로봇은 미래 사회에서 인간의 삶의 질을 높이기 위해 개발될 예정이다.

관용 표현 익히기

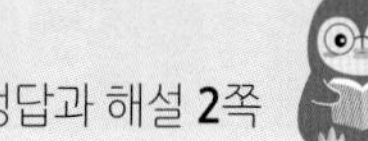

정답과 해설 2쪽

■ 다음 만화를 보고, 밑줄 친 말에 해당하는 한자 성어를 말해 보세요.

✎ **'반포지효(反哺之孝)'**

까마귀 새끼가 자라서 늙은 어미에게 먹이를 물어다 주는 효라는 의미로, 자식이 자란 후에 어버이의 은혜를 갚는 효심을 뜻하는 한자 성어입니다.

예 반포지효라는 말이 있는데, 불효를 저지른 저 사람은 까마귀만도 못 하구나.

✎ 다음 한자를 따라 써 보면서 '반포지효'의 뜻을 외워 보세요.

反 돌이킬 반	哺 먹을 포	之 어조사 지	孝 효도 효
反	哺	之	孝

反	哺	之	孝

활동

'반포지효'를 보여 주는 사례로 알맞은 것에 ✔표시를 하세요.

☐ 물에 빠진 아들의 목숨을 구한 어머니의 인터뷰
☐ 아버지께 간 이식을 한 아들의 이야기가 실린 신문 기사
☐ 부모님이 살아 계실 때 효도하지 못한 것을 후회하는 내용의 일기
☐ 가난한 이웃의 어려움을 나누기 위해 쌀 한 가마를 기부한 사람의 편지글

02강 | 감정, 생각 1

오기

거만할 傲 + 기운 氣

능력은 부족하면서 지기 싫어하는 고집스러운 마음.

예 그는 자신의 답이 맞다며 끝까지 **오기**를 부리며 우겼다.

친절한 샘 '오기'와 소리는 같은데 한자의 의미가 다른 말로 '오기(그르칠 誤, 기록할 記)'가 있어요. 이 경우에는 '잘못 기록함, 또는 그런 기록.'을 의미해요.

간청

정성 懇 + 청할 請

간절히 부탁함. 또는 그런 부탁.

예 박 사장은 도와 달라는 친구의 **간청**을 외면했다.

친절한 샘 간절히 바란다는 의미로 '애원'이라는 낱말을 많이 사용하지요? 이와 유사하게 태도나 자세 등이 매우 간절하고 정성스럽다는 의미로는 '간곡하다'도 많이 사용되지요.

기껍다

마음속으로 은근히 기쁘다.

예 오랜만에 온 가족이 한자리에 모인 것이 정말로 **기꺼웠다**.

친절한 샘 마음이 기쁜 상태를 나타내는 표현에는 어떤 것이 있을까요? '모자람이 없을 정도로 넉넉하여 만족하다.'는 의미인 '흡족하다'와 '흡족하여 만족스럽다.'는 의미인 '흐뭇하다'가 있어요.

멋쩍다

① 하는 짓이나 모양새가 분위기에 어울리지 않고 엉뚱하다.

예 너 오늘 하는 짓이 **멋쩍은** 것 같아.

② 어색하고 쑥스럽다.

예 긴 머리를 자르니 내 모습이 **멋쩍게** 느껴졌다.

친절한 샘 '멋쩍다'와 '멋적다' 중 올바른 표기는 무엇일까요? '-적다'로 끝나는 말 중 '적다[少]'의 의미가 있으면 '-적다'로 표기하는데, '멋쩍다'는 '적다[少]'의 의미가 없으므로 '-쩍다'로 표기해요.

만끽하다

가득찰 滿 + 마실 喫

느낌이나 기분을 마음껏 즐기다.

예 혼자서 여행을 떠난 그는 마음껏 자유를 **만끽했다**.

친절한 샘 무언가를 마음껏 즐기는 기분은 어떤 걸까요? 생활 속에서 무언가를 마음껏 즐기는 것을 '(~을) 누리다'고 하지요. 누리면서 가진다는 의미까지 더한 낱말에는 '향유하다'가 있어요.

모함하다

꾀할 謀 + 빠질 陷

나쁜 꾀를 부려 남을 어려움에 빠뜨리다.

예 상대편이 없는 소문을 퍼뜨려서 나를 **모함했다**.

• 다른 사람에게 '이것'을 당하면 억울한 감정이 들어요. 이것은 무엇일까요? (모함, 모순)

친절한 샘 남을 해치려고 속임수를 쓰거나 거짓으로 꾸미는 태도를 나타내는 낱말에는 '모략하다'도 있어요.

북받치다

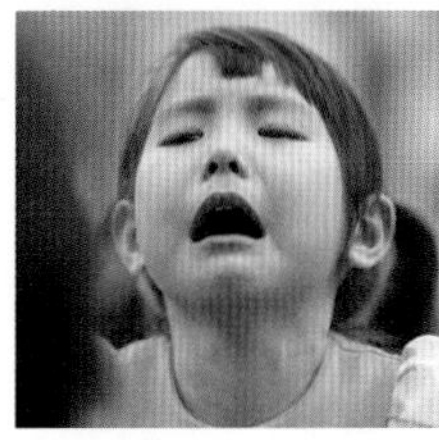

힘이나 감정이 속에서 치밀어 오르다.

예 넘어진 꼬마는 엄마를 보자 설움이 **북받쳤는지** 울음을 터뜨렸다.

친절한 샘 여러분 '복받치다'라는 말도 들어 보았나요? '복받치다'는 '북받치다'와 의미가 동일한 작은말이에요. 즉, '북받치다'에 비해서 조금 약한 감정을 표현을 할 때 사용하지요.

사모하다 생각 思 + 그리워할 慕

매우 간절히 생각하고 그리워하다.

예 어머니께서는 평생을 먼저 돌아가신 아버지만 **사모하셨다**.

친절한 샘 누군가를 사모하는 감정을 느껴 본 적이 있나요? '사모'한다는 것은 사랑의 감정에 그리움의 간절함이 더해진 의미예요. 비슷한말로 '연모하다'를 사용하기도 해요.

빈정대다

은근히 비웃으며 자꾸 놀리다.

예 친구가 내 실수를 보고 **빈정대는** 말을 해서 너무 속상해.

친절한 샘 '빈정대다'와 같은 말로는 '빈정거리다'가 있어요. '-대다'와 '-거리다'는 동작이나 상태를 나타내는 말 뒤에 붙어서 '그런 상태가 계속됨.'의 의미를 더하는 접미사예요.

우쭐하다

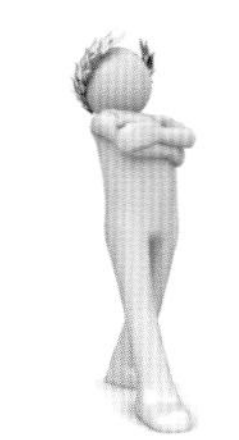

자꾸 자랑하며 뽐내다.

예 철수는 씨름을 해서 저보다 큰 학생을 넘어뜨리자 의기양양하게 **우쭐하며** 좋아했다.

친절한 샘 우쭐했던 경험이 있나요? 우쭐한 모습을 나타낼 때는 '의기양양하게'라는 표현이 함께 쓰이기도 해요. '의기양양'은 뜻한 바를 이루어 만족한 마음이 얼굴에 드러난 상태예요.

어휘 **더하기**

헷갈리기 쉬운 단어

벼르다
어떤 일을 하려고 마음을 단단히 먹고 기다리다.
예 몇 년을 벼르고 벼르다 드디어 여행을 간다.

벼리다
무디어진 연장의 날을 불에 달구어 두드려서 날카롭게 만들다.
예 숯불에 쇠를 달구고 힘찬 망치질로 날을 벼리었다.

VS

가리키다
손가락이나 물건을 어떤 방향이나 대상으로 향하게 하여 다른 사람에게 그것을 알게 하다.
예 아이는 떨어뜨린 아이스크림을 가리키며 울었다.

가르치다
지식이나 기술 등을 설명해서 익히게 하다.
예 선생님께서 덧셈을 가르쳐 주셨다.

비슷한 듯 다르고, 다른 듯 비슷한 낱말들이 많아서 헷갈리지요? 교과서에 자주 나오는 헷갈리기 쉬운 낱말을 정확하게 정리해 봅시다.

다음 문장의 빈칸에 들어갈 알맞은 낱말에 동그라미 치세요.

엄마: 백화점에 왔는데, 이번 생일 선물 골라 보렴.
아들: 오. 너무 좋아요. [마네킹을 (가리키며 / 가르치며)] 엄마, 저 바지 한 달 전부터 사려고 (벼르던 / 벼리던) 건데 사 주시면 안 되나요?

문제로 확인하기

01 **<보기>에서 알맞은 말을 골라 어울리게 고쳐서 문장을 완성해 보세요.**

보기

모함 애원 오기 사모하다 의기양양

1 그는 포로로 잡혀간 순간까지도 ( )(으)로 눈을 뜨고 네 발로 기듯 갈대밭 언덕으로 올라갔다.
능력은 부족하면서 지기 싫어하는 고집스러운 마음.

2 그녀는 다른 나라에서 성공하고 돌아와 ( )하게 고향 땅을 밟았다.
뜻한 바를 이루어 만족한 마음이 얼굴에 드러난 상태.

3 나는 시간이 지날수록 그녀를 ( )은/는 마음이 커졌다.
애틋하게 생각하고 그리워하다.

4 동생은 어머니께 새 컴퓨터를 사달라고 울면서 ( )하였다.
소원이나 요구 따위를 들어 달라고 애처롭게 사정하여 간절히 바람.

5 우리 팀은 반대 세력의 ( )(으)로 대회에서 탈락할 처지에 놓였다.
나쁜 꾀를 부려 남을 어려움에 빠뜨림.

02 **다음 대화에서 Ⓑ의 태도를 나타내는 표현을 오른쪽에서 찾아 선으로 바르게 이어 보세요.**

1 Ⓐ: 동생 과제를 봐주기로 약속했는데 그게 생각보다 시간이 오래 걸렸네. 기다리게 해서 미안해.
Ⓑ: 아~ 그렇게 약속을 중요시하는 분이 친구를 10분이나 기다리게 하세요? •

2 Ⓐ: 부장님, 오늘 회사 체육 대회 날인데 정장 차림이라 불편해 보이세요.
Ⓑ: (뒷머리를 긁적이며) 네. 그런데 경기 진행을 조금 보다가 출장을 가야 해서 체육 대회와는 어울리지 않는 차림으로 오게 됐어요. •

3 Ⓐ: 이 수학 문제 너무 어려워서 못 풀겠어.
Ⓑ: 음. 이렇게 풀면 되는 것 같은데…. (정답을 확인한 후) 역시 내가 어려운 문제 풀었다! •

• ㉠ 멋쩍다

• ㉡ 빈정대다

• ㉢ 우쭐하다

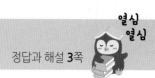

03

( ) 안에 들어갈 말을 가장 적절하게 묶은 것은 무엇인가요?

- 나는 진심 어린 (㉠)에 못 이겨 그와 함께 일을 하기로 했다.
- 상대 회사는 우리 회사를 시장에서 몰아내기 위해 (㉡)을 꾸몄다.
- 신하들이 왕의 총애를 받는 충신을 질투하여 거짓된 말로 (㉢)을 하였다.

	㉠	㉡	㉢
①	간청	모함	모략
②	간청	모략	모함
③	모함	간청	모략
④	모략	모함	간청
⑤	모략	간청	모함

04

㉠~㉣에 알맞은 낱말을 <보기>에서 찾아 문장에 어울리게 고쳐 쓰세요.

그동안 힘든 연습 과정이 떠올라 여러 감정이 (㉠). 응원해 주셔서 감사합니다.
평소에 우승하려고 (㉡)던 경기를 이겨서 더 기뻐요.
기대했던 만큼 좋은 결과를 얻을 수 있어서 (㉢) 마음입니다.
금메달
오늘만큼은 대한민국 전체가 이 승리의 기쁨을 (㉣)를 바랍니다.

보기

벼르다 간청하다 만끽하다 복받치다 흡족하다

05~06 **다음 글을 읽고 물음에 답해 보세요.**

몇 년 전 한 학생이 찾아와 '인간'의 사전적 뜻풀이가 바뀌어야 한다고 주장한 적이 있어요. 뜻풀이를 바꾸어 달라고 어찌나 ㉠간곡하게 요구하던지 바꿔야 하는 이유를 말해 보라고 했어요. '인간이란 생각을 하고 언어를 사용하며, 도구를 만들어 쓰고 사회를 이루어 사는 동물'이라는 기존의 뜻에서 '동물'이라는 표현이 적절하지 않다는 주장이었어요. 이런 경우에서도 알 수 있듯이 인간은 종종 자신을 동물과 다르고 여러 면에서 동물보다 훨씬 뛰어나고 특별하다고 생각하며 ㉡우쭐거리기도 하지요. 하지만 지구의 주인은 인간이 아니고, 인간만이 특별한 생명체도 아니랍니다.

인간은 동물에 속해요. 그것도 새끼를 일정 기간 몸속에서 키워 내보낸 뒤 젖을 먹여 키우는 포유동물이에요. 새끼를 갖고 키우는 방식에서 인간은 돼지나 개, 고양이와 다를 바 없어요. 그뿐 아니라 지구의 나이가 46억 년인데, 인간은 고작 20~25만 년 전에 나타났어요. 그에 비해 바퀴벌레, 까치, 돼지는 인간보다 훨씬 오랫동안 지구의 주민으로 살아왔지요. 자연계에도 어른을 공경하는 문화가 있다면 지금 인간이 동물과 자신을 구분하며 무시하는 것은 어린아이가 어른에게 ㉢빈정거리고 함부로 대하는 것과 다를 바가 없어요. 어때요? 이쯤 들으니 괜히 ㉣멋쩍게 느껴지지요?

흔히 인간에게만 있다고 잘못 생각하는 능력이 있는데 바로 감정이에요. 누군가를 연모하고 부모의 죽음 앞에서 ㉤복받치는 슬픔을 느끼는 것을 동물과 인간을 가르는 기준으로 삼기도 해요. 하지만 어미의 죽음을 슬퍼하며 아무것도 먹지 못하고 어미 곁을 지키다가 숨을 거둔 침팬지 이야기와 다친 동료를 둘러싸고 들어 올리듯 떠받치며 보살피는 고래의 모습에서도 인간과 같은 감정을 확인할 수 있답니다. 그러니 생명 앞에서 겸손한 마음을 가지고 더불어 사는 자세를 가져야 해요.

05 **밑줄 친 단어의 뜻으로 적절하지 않은 것은 무엇인가요?**

① ㉠: 매우 간절하고 정성스럽게
② ㉡: 경쾌하게 몸을 흔들기도
③ ㉢: 은근히 비웃으며 자꾸 놀리고
④ ㉣: 어색하고 쑥스럽게
⑤ ㉤: 감정이 속에서 치밀어 오르는

06 **윗글을 읽고 생각한 내용으로 적절하지 않은 것은 무엇인가요?**

① 동물들도 인간과 마찬가지로 감정을 가지고 있군.
② 지구의 주인은 인간이라는 생각을 하면 안 되겠군.
③ 지구에 사는 동물 중에서 인간만이 특별한 생명체이군.
④ 인간은 자신을 동물보다 훨씬 뛰어나고 특별하다고 여기는군.
⑤ 다른 동물에 비하면 인간은 지구에서 아주 짧은 시간을 살아왔군.

관용 표현 익히기

정답과 해설 3쪽

■ 다음 만화를 보고, 밑줄 친 말의 뜻을 추측하여 말해 보세요.

'사공이 많으면 배가 산으로 간다'

자기가 원하는 방향으로 배를 움직이려는 사람이 많으면 배가 엉뚱하게 산으로 간다는 의미로, 지시하고 간섭하는 사람이 많으면 일이 제대로 되기 어렵다는 뜻을 가진 속담입니다.

'사공이 많으면 배가 산으로 간다'와 유사한 뜻을 가진 속담으로는 '목수가 많으면 집을 무너뜨린다'가 있어요. 집을 짓는 전문가가 많으면 오히려 의견이 제대로 모아지지 않아서 집을 잘 지을 수 없다는 뜻이에요.

활동

'사공이 많으면 배가 산으로 간다'와 유사한 의미의 속담을 찾아 ✔표시를 하세요.

- ☐ 발 없는 말이 천 리 간다.
- ☐ 상좌가 많으면 가마솥을 깨뜨린다.
- ☐ 구슬이 서 말이라도 꿰어야 보배다.

03강 | 감정, 생각 2

조바심

조마조마하여 마음을 졸임.

예 부모님께서 유학을 가는 딸에 대해 **조바심**을 드러냈다.

친절한 샘 여러분은 조마조마한 마음을 언제 느끼나요? 조마조마한 마음으로 속을 태우면서 조급하게 구는 것을 '안달'이라고 해요. 예를 들어 숙제를 다하고 난 후에 놀러 가라는 엄마의 말씀을 듣고 가만히 있지를 못하는 아이에게 빨리 놀고 싶어 안달이 났다고 말하지요.

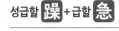

조급하다 성급할 躁+급할 急

참을성 없이 몹시 급하다.

예 나는 **조급한** 마음에 일을 서두르다 실수를 했다.

친절한 샘 여러분은 조급한 편인가요? 느긋한 편인가요? '느긋하다'는 '서두르지 않고 마음의 여유가 있다.'는 의미로 '조급하다' 또는 '성급하다'와 반대의 의미랍니다.

자제하다 스스로 自+억제할 制

자신의 욕구나 감정을 스스로 억누르고 다스리다.

예 나는 자고 싶은 욕구를 **자제하며** 밤을 새워 과제를 했다.

친절한 샘 친구에게 화가 날 때 나도 모르게 말을 함부로 하기도 하지요. 하지만 '화살은 쏘고 주워도 말은 하고 못 줍는다.'는 속담이 있어요. 화나는 일이 있을 땐 한 번 더 생각하고 스스로의 감정을 자제할 줄 아는 사람이 현명한 사람이랍니다.

심드렁하다

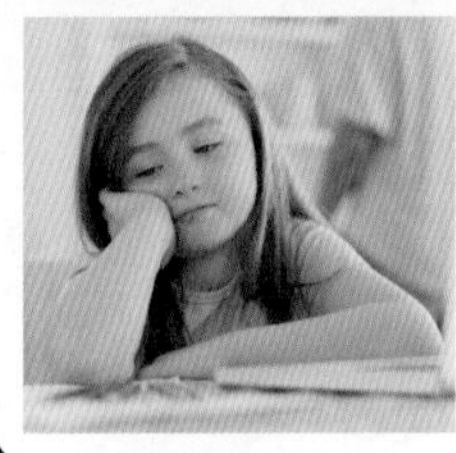

마음에 들지 않아 관심이 없다.

예 지루한 수업에 학생들의 반응도 **심드렁했다.**

친절한 샘 여러분도 마음이 표정에 드러나는 경우가 많지요? 마음에 들지 않아서 관심이 없는 태도를 심드렁하다고 한다면, 마음에 들지 않고 못마땅한 기색이 얼굴에 드러나는 것을 '뾰로통하다'라고 해요.

비방하다 헐뜯을 誹+헐뜯을 謗

남을 비웃고 헐뜯어서 말하다.

예 상대가 자신을 **비방하자** 토론자는 매우 화가 났다.

친절한 샘 '비방하다'의 '誹(비)'에는 헐뜯는다는 의미가 있어요. '헐뜯다'는 '남을 해치려고 잘못을 들추어 말하는 것.'을 말해요. 그래서 남을 흉보듯이 빈정거리며 비웃는 웃음을 '미소'가 아니라 '비소(誹笑)'라고 하지요.

곱씹다

① 음식을 여러 번 되풀이해서 씹다.

예 나는 체하지 않도록 음식을 **곱씹어** 삼켰다.

② 말이나 생각, 사건 등을 여러 번 곰곰이 생각하다.

예 그 선수는 패배를 **곱씹으며** 다음 경기를 위해 열심히 연습했다.

친절한 샘 '곱'은 일정한 수나 양이 거듭됨을 의미하므로 '곱씹다'에서도 '여러 번, 반복하여'의 의미로 사용되어요. 이와 비슷하게 '되-'는 '도로, 다시'의 의미를 더하는 접사로 '되씹다', '되새기다'도 '곱씹다'와 같은 의미랍니다.

애달프다

① 마음이 안타깝거나 쓰라리다.

예 남과 북이 나뉘어 가족을 만날 수 없는 **애달픈** 사연이 많았다.

② 애처롭고 쓸쓸하다.

예 **애달픈** 가락으로 노래를 했다.

친절한 샘 '애달프다'는 마음이 잘 이해가 되지 않나요? 흔히 우리가 말하는 '슬프다'의 감정과 유사하다고 생각하면 될 것 같아요. 또한 '애달프다'는 감정뿐만 아니라 '애달픈 삶'과 같이 쓸쓸한 상태나 상황을 나타낼 때 사용하기도 한답니다.

어리둥절하다

일이 돌아가는 상황을 잘 알지 못해서 정신이 얼떨떨하다.

예 나는 친구가 우는 이유를 몰라 **어리둥절했다**.

친절한 샘 상황에 대해 이해하지 못하고 갈피를 잡을 수 없을 때에는 '어리둥절하다'와 비슷한 의미로 '어리벙벙하다'라는 표현도 사용할 수 있어요.

업신여기다

남을 낮추어 보거나 하찮게 여기다.

예 사람들이 가난하다고 나를 **업신여기는** 것을 참을 수가 없었다.

친절한 샘 누군가를 업신여길 수 있는 사람은 아무도 없어요. 이와 반대되는 말로 '존경하다', '떠받들다'가 있는데, 내가 사람들에게 존경 받고 싶으면 먼저 남을 존경하는 태도를 가져야겠지요?

오싹거리다

몹시 무섭거나 추워서 자꾸 몸이 움츠러들거나 소름이 끼치다.

예 화장실에 갔다가 어제 본 공포 영화가 생각나서 등이 **오싹거렸다**.

친절한 샘 '오싹거리다'는 '오싹하다'는 표현으로도 사용되는데, 단순히 '춥다'는 의미와는 조금 달라요. 가령 감기에 걸려 열이 나는 상황에서 등이 오싹거리는 경험을 해보았나요? 이처럼 '오싹거리다'는 몸이 움츠러드는 행동을 포함한 표현이에요.

어휘 더하기

발과 관련된 말

발(이) 넓다: **아는 사람이 많아서 활동의 범위가 넓다.**
예 동생은 전교생을 거의 다 알 정도로 발이 넓다.

발(을) 빼다: **어떤 일에서 관계를 완전히 끊고 물러나다.**
예 한번 도박을 시작하면 발을 빼기가 어렵다.

발

발(이) 빠르다: **알맞은 조치를 빠르게 취하다.**
예 그가 발 빠르게 움직여 손해를 줄일 수 있었다.

발(을) 구르다: **매우 안타까워하거나 다급해하다.**
예 그녀는 아기를 찾지 못해 발을 동동 굴렀다.

'발'과 관련된 관용어를 잘 살펴보았죠? 관용어란 두 개 이상의 낱말이 결합하여 새로운 의미로 굳어져 사용되는 표현을 말해요. 관용어를 잘 사용하면 전하고자 하는 의미를 재치 있게 전달할 수 있답니다.

다음 문장의 빈칸에 들어갈 알맞은 낱말에 동그라미 치세요.

- 철수는 공부하기로 마음먹고 PC방에 다니는 모임에서 (발을 뺐다 / 발을 넓혔다).
- 그는 새로운 변화에 (발을 구르며 / 발 빠르게) 대처한다.

문제로 확인하기

01 **<보기>에서 알맞은 말을 골라 문장을 완성해 보세요.**

보기

비방　안달　자제　존경

1 건강을 위해 야식을 (　　　　　　)하고 일찍 자기로 다짐했다.
자신의 욕구나 감정을 스스로 억누르고 다스림.

2 그 순간 나를 향한 욕설과 (　　　　　　)을/를 들으니 화를 참기가 어려웠다.
남을 비웃고 헐뜯는 말.

3 방학이 되자 내 동생은 해수욕장에 놀러 가고 싶어서 (　　　　　　)이/가 났다.
속을 태우면서 조급하게 구는 것.

4 한글을 창제하신 세종 대왕은 지금도 많은 사람들에게 (　　　　　　)의 대상이다.
어떤 사람의 훌륭한 인격이나 행위를 높이고 받듦.

02 **다음 문장에 해당하는 낱말을 오른쪽에서 찾아 선으로 바르게 이어 보세요.**

1 글쎄…. 나는 별 관심 없어서…. •　　• ㉠ 어리둥절하다

2 아직도 일이 어떻게 돌아가는지 모르겠어. •　　• ㉡ 심드렁하다

3 행색이 저래서 뭘 할 수 있겠어? •　　• ㉢ 조바심을 내다

4 시간이 많이 남아서 천천히 해도 괜찮아요. •　　• ㉣ 느긋하다

5 지금이 몇 시인데 왜 아직도 안 들어오는 거야? •　　• ㉤ 업신여기다

03 ( ) 안에 들어갈 말을 가장 적절하게 묶은 것은 무엇인가요?

- A: 그 아이는 매일 지각하는데 뭐 잘하는 게 있겠어?
  B: 너 그렇게 사람을 (㉠) 것은 잘못된 거야.
- A: 그 아이가 부모를 만난 사연 들었어?
  B: 응. 듣기만 해도 (㉡) 것이 마음이 아파 죽겠어.
- A: 그 영화 어땠어?
  B: 지금도 등골이 (㉢) 것을 보니 무섭긴 무서웠나 봐.

	㉠	㉡	㉢
①	애달픈	오싹거리는	업신여기는
②	애달픈	업신여기는	오싹거리는
③	업신여기는	애달픈	오싹거리는
④	업신여기는	오싹거리는	애달픈
⑤	오싹거리는	업신여기는	애달픈

04 ㉠~㉣에 알맞은 낱말을 <보기>에서 찾아 문장에 어울리게 고쳐 쓰세요.

아빠, 이 연극은 다시 (㉠)수록 감동이에요. 연극 '심청전'은 표를 구하기 어려웠을 텐데 어떻게 구하신 거에요?
이 아빠가 아주 (㉡)게 움직여서 예매에 성공했지!
심청전
심 봉사가 딸을 찾을 때 부르는 그 목소리가 어찌나 (㉢)던지 눈물이 다 났어요.
그런데 민수는 왜 그렇게 아까부터 표정이 (㉣)하니?
난 엄마한테 억지로 끌려온 거거든.

보기

곱씹다 비방하다 애달프다 조급하다 발이 넓다 발(이) 빠르다 심드렁하다

05~06 **다음 글을 읽고 물음에 답해 보세요.**

인간은 자연을 개발해서 생활에 필요한 여러 가지 물건을 얻습니다. 그 결과 자연이 파괴되고 생물들의 보금자리가 사라집니다. 이 상태가 지속될 경우에 우리가 살아갈 터전을 잃는 것은 시간 문제라고 생각하니 제 마음은 ㉠조급해집니다. 이제 우리는 이와 같은 개발을 ㉡자제하고 생활 속에서 자연을 보호할 수 있는 실천을 해야 합니다. 그 실천 방안으로 저는 두 가지를 주장하고 싶습니다.

첫째는 종이를 아껴 쓰는 것입니다. 종이를 만들기 위해서 수많은 나무들이 죽어가고 있습니다. 꼭 필요한 종이를 사용하지 말자는 것이 아니라 이면지를 활용하거나 과도한 종이 포장을 줄이는 것과 같이 쓸데없이 낭비되는 종이를 줄이자는 의미입니다. 둘째는 일회용품 사용을 줄이자는 것입니다. 우리가 사용하는 일회용품을 처리하는 과정에서 발생하는 오염 물질이 우리 자연을 병들게 하고 있습니다. 무의식적으로 사용하고 있는 종이컵, 플라스틱 빨대, 비닐 봉투 등의 사용을 줄이는 습관을 생활 속에서 하나씩 실천해 나가면 충분히 자연을 지킬 수 있습니다.

제가 이렇게 주장을 하면 일부 사람들은 ㉢심드렁하기도 하고, 일부 사람들은 저에게 ㉣비소를 보내기도 합니다. 하지만 우리 인간은 자연과 더불어 살아가는 존재입니다. 그 누구도 자연을 함부로 할 수 있는 권리는 없습니다. 우리가 자연을 파괴하고 생물들의 보금자리를 사라지게 만들면 우리 삶의 터전도 사라지게 될 것입니다. '뿌린 대로 거둔다는 말이 있습니다.' 이제 이 말을 한 번 더 ㉤곱씹어 볼 때입니다.

05 **밑줄 친 낱말의 뜻으로 적절하지 않은 것은 무엇인가요?**

① ㉠: 몹시 급해집니다
② ㉡: 스스로 억누르고
③ ㉢: 마음에 들지 않아 관심이 없기도 하고
④ ㉣: 비난하는 소리를 하기도
⑤ ㉤: 여러 번 곰곰이 생각해

06 **글쓴이의 주장을 바르게 이해한 것은 무엇인가요?**

① 작은 생명이라도 하찮은 것은 없다.
② 다른 사람의 말에 귀를 기울여야 한다.
③ 생활 속 실천을 통해 자연을 보호해야 한다.
④ 우리는 자연으로부터 많은 혜택을 받고 있다.
⑤ 종이컵은 건강에 좋지 않으므로 줄여야 한다.

관용 표현 익히기

정답과 해설 4쪽

■ 다음 만화를 보고, 밑줄 친 말의 뜻을 추측하여 말해 보세요.

'시치미 떼다'

자기가 한 일을 하지 않았다고 하거나 알면서 모르는 체한다는 의미로 사용되는 관용적 표현입니다.

이 말의 유래는?

'시치미'는 예전에 자기가 키우던 매를 잃어버리지 않기 위해 매의 꽁지깃 속에 이름을 써 두었던 표지를 말해요. 고려 시대에는 매사냥이 유행을 했어요. 그래서인지 남이 잘 길들인 매, 건강한 매 등을 도둑맞는 일이 종종 일어났지요. 이를 방지하기 위해 매의 주인들은 시치미를 달아두었던 것이에요. 매를 훔치는 도둑은 이 시치미를 떼어 버리고 자기 매인 척하기도 했지요. 이때 나온 말이 '시치미(를) 떼다'예요. 자기가 해 놓고도 아닌 척, 모르는 척할 때 사용하는 말이지요.

활동

'시치미 떼다'와 유사한 의미를 가지는 표현에 ✔표시를 하세요.

- ☐ 꿩 대신 닭이다.
- ☐ 소 닭 보듯이 하다.
- ☐ 닭 잡아먹고 오리발 내민다.
- ☐ 닭 쫓던 개 지붕만 쳐다본다.

04강 | 감정, 생각 3

신명

몹시 신나고 흥겨운 기분이나 감정.

예 사물놀이 패의 **신명** 나는 장단에 맞춰 어깨춤을 추었다.

친절한 샘 '사물놀이'를 본 적이 있나요? 네 사람이 각기 꽹과리, 징, 장구, 북을 연주하며 어우러져 노는 놀이에요. 우리 전통 악기와 고유한 가락이 한민족의 정서를 잘 보여 주는 흥겨운 놀이랍니다.

아양

다른 사람에게 잘 보이거나 귀여움을 받으려고 하는 애교 있는 말. 또는 그런 행동.

예 강아지가 꼬리를 흔들며 **아양** 피우는 모습이 귀엽다.

친절한 샘 '교태'라는 말을 들어 본 적 있나요? 아양을 부리는 태도를 뜻하는 또 다른 표현이에요. 주로 '교태를 부리다.'와 같은 형식으로 사용된답니다.

느물느물

말이나 행동을 자꾸 음흉하고 능글맞게 하는 모양.

예 내가 화를 내고 있는 데도 그 사람은 **느물느물** 웃기만 했다.

친절한 샘 여러분 '능글맞다'는 표현을 들어 본 적이 있나요? 태도가 음흉하고 능청스러운 데가 있다는 뜻인데, 엉큼한 마음을 숨기고 겉으로 천연스럽게 행동하는 '능청스럽다'와 비슷한 의미랍니다.

스멀스멀

살갗에 벌레가 자꾸 기어가는 것처럼 근질근질한 느낌.

예 이상하게 **스멀스멀** 두려움이 밀려들었다.

친절한 샘 '스멀스멀'과 같은 의미로 '스물스물'을 사용하는 경우가 있는데, 이것은 잘못된 표현이랍니다. 이와 같은 의태어를 잘 사용하면 내용을 더욱 실감 나고 재미있게 표현할 수 있답니다.

아련하다

기억이나 생각 등이 또렷하지 않고 희미하다.

예 오랜만에 고향에 돌아오니 어릴 적 기억이 **아련하게** 떠올랐다.

친절한 샘 '아련하다'는 주로 과거의 어떤 기억을 떠올릴 때 사용하는 말이에요. '또렷하다'와 반대되는 의미로 '흐릿하다' 혹은 '어렴풋하다'를 사용할 수 있답니다.

고적하다 외로울 孤 + 고요할 寂

외롭고 쓸쓸하다.

예 아무도 없는 집 안은 **고적하게** 느껴진다.

친절한 샘 외롭고 쓸쓸한 상황이나 감정을 '고적하다'고 한다면 조용하고 쓸쓸한 상황이나 감정을 '적적하다'고 해요. '적적하다'는 하는 일 없이 심심하다는 의미도 있어요.

경이롭다 놀랄 驚 + 다를 異

놀랍고 신기하다.

예 밤하늘을 수놓는 은하수를 바라보니 그 **경이로움**에 탄성이 나왔다.

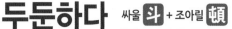

친절한 샘 '경이(驚異)'와 유사한 발음 중에 '경외(敬畏)'라는 말이 있어요. 이때 한자의 의미는 조금 다른데요. '공경할 敬+두려워할 畏'를 써서 '두려워하며 우러러봄'이라는 의미를 가져요. '驚(놀랄 경)'과 '憼(공경할 경)'은 소리는 같지만 의미는 전혀 다르답니다.

두둔하다 싸울 斗 + 조아릴 頓

편들어 주거나 잘못을 감싸 주다.

예 그가 저지른 잘못이 너무 커서 그를 **두둔하는** 사람도 함께 욕을 들었다.

친절한 샘 '역성들다'는 옳고 그름과 관계없이 한쪽 편만 들어 주는 것을 의미해요. 예를 들어 '제 자식을 두둔한다.'는 말은 '제 자식을 역성든다.'는 의미와 비슷하답니다.

단호하다 끊을 斷 + 어조사 乎

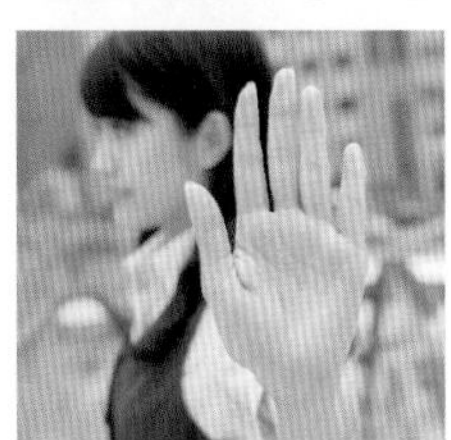

결심이나 태도, 입장 등이 흔들림이 없이 엄격하고 분명하다.

예 그들에게 한 발자국도 양보할 수 없다는 우리의 입장은 **단호했다**.

친절한 샘 '엄격하다'는 '말, 태도, 규칙 등이 매우 엄하고 철저하다.'는 의미인데 '단호하다'는 말에는 이렇게 철저하고 분명한 태도가 담겨 있어요.

역력하다 지낼 歷 歷

감정이나 모습, 기억 등이 환히 알 수 있게 또렷하고 분명하다.

예 시합을 앞둔 선수들의 얼굴에 긴장한 빛이 **역력했다**.

친절한 샘 이와 비슷한 말로는 '적나라하다'가 있어요. '적나라하다'는 '1) 몸에 아무것도 입지 않고 발가벗다. 2) 있는 그대로 다 드러내어 숨김이 없다.'는 의미예요. 가령, '얼굴에 고통이 적나라하게 드러났다.'와 같은 표현이 있지요.

어휘 더하기

단위를 나타내는 말

포기

뿌리를 단위로 한 풀이나 나무를 세는 단위.

예 배추 스무 포기, 풀 한 포기

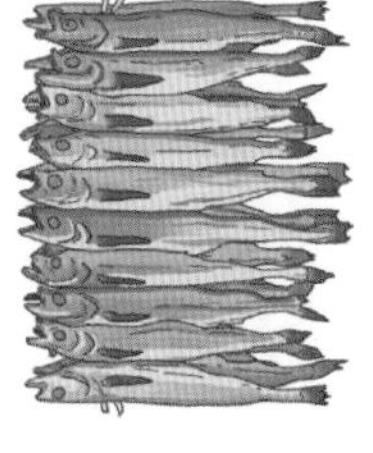

쾌

북어 20마리를 한 단위로 세는 말.

예 북어 한 쾌 (=북어 20마리)

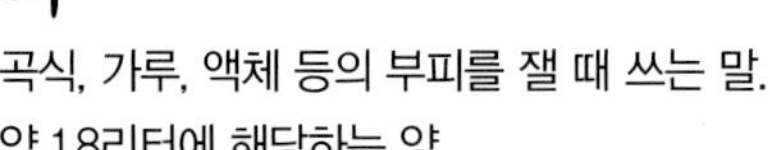

되

곡식, 가루, 액체 등의 부피를 잴 때 쓰는 말.
약 1.8리터에 해당하는 양.

예 보리 한 되

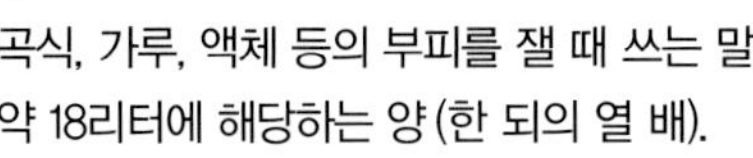

말

곡식, 가루, 액체 등의 부피를 잴 때 쓰는 말.
약 18리터에 해당하는 양(한 되의 열 배).

예 쌀 서 말

우리말에는 수를 세는 단위를 나타내는 낱말이 발달되어 있어요. 가령, 사람은 '명'으로 세고, 연필은 '자루'로 세는 것이지요. 혹시 '되로 주고 말로 받는다.'는 말 들어 본 적 있나요? 조금 주고 그 대가로 몇 곱절이나 많이 받는 경우를 비유적으로 이르는 말이에요.

다음 문장의 빈칸에 들어갈 적절한 낱말을 쓰세요.

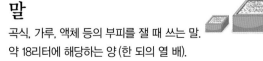

- 바위 아래에는 몇 (　　　)의 풀이 노란 꽃을 피웠다.
- 쌀 두 말은 쌀 (　　　) 되와 같은 양이구나.

문제로 확인하기

01 **<보기>에서 알맞은 말을 골라 어울리게 고쳐서 문장을 완성해 보세요.**

보기

교태　단호하다　아련하다　역력하다　역성들다

1 성적표를 보시는 아버지의 표정에 화난 기색이 (　　　　　　) 드러났다.
감정이나 모습, 기억 등이 또렷하고 분명하다.

2 그 사람은 눈웃음과 애교 섞인 목소리로 잔뜩 (　　　　　　)을/를 지었다.
아양을 부리는 표정과 몸짓.

3 언니는 힘들었던 유학 시절을 떠올리며 (　　　　　　)한 추억에 잠겼다.
기억이나 생각 등이 또렷하지 않고 희미하다.

4 한 번만 더 도와달라는 친구의 부탁을 (　　　　　　) 거절했다.
결심이나 태도, 입장 등이 흔들림 없이 엄격하고 분명하다.

5 나와 동생이 싸우면 누나는 늘 동생만 (　　　　　　)어서 속상하다.
옳고 그름을 따지지 않고 무조건 한쪽 편만 들다.

02 **다음 대화 상황에서 Ⓑ의 태도를 나타내는 표현을 오른쪽에서 찾아 선으로 바르게 이어 보세요.**

1 Ⓐ: 준비물 안 가져왔어? 크레파스 없으면 내 거 같이 쓰자.
Ⓑ: 우와. 너 정말 성격이 밝고 좋구나. •　　　• ㉠ 호감을 갖다

2 Ⓐ: 엄마 죄송해요. 거짓말이었어요.
Ⓑ: 다른 건 몰라도 거짓말은 절대 용서할 수가 없어. •　　　• ㉡ 두둔하다

3 Ⓐ: 접시를 이렇게 깨뜨리면 어떡하니?
Ⓑ: 동생은 잘못이 없어요. 처음부터 접시에 기름이 묻어 있어서 미끌린 거예요. •　　　• ㉢ 엄격하다

03 다음 ( ) 안에 들어갈 말을 가장 적절하게 묶은 것은 어느 것인가요?

- 이번 시험은 더욱 (㉠)한 심사 기준이 적용된다.
- 드넓게 펼쳐진 초원을 보니 자연에 대한 (㉡)의 마음이 생겼다.
- 자식들이 모두 독립하고 이 넓은 집에 혼자 있으니 매우 (㉢)한 마음이 들었다.

	㉠	㉡	㉢
①	경외	적적	엄격
②	경외	엄격	적적
③	적적	엄격	경외
④	적적	경외	엄격
⑤	엄격	경외	적적

04 ㉠~㉣에 알맞은 낱말을 <보기>에서 찾아 문장에 어울리게 고쳐 쓰세요.

이것 좀 먹으면서 놀아라. 콧노래까지 흥얼대면서 (㉠) 윷놀이를 하는구나.
민수가 윷을 잘 던지더라. 다음번에 나랑 같은 팀이 되어 주세요.
너 민수에게 잘 보이려고 (㉢) 떨어봤자 소용없어. 다음 번에도 우리 팀 할 거야.
으흐흠. 내가 '걸'이 나오게 던지는 비법을 알지.
민수야 너는 무슨 작전을 쓰려고 (㉡) 능청스럽게 웃고 있니?
다들 진정해. 너희들 모두 흥분한 기색이 얼굴에 (㉣)하게 드러났구나.

보기

아양 느물느물 두둔하다 스멀스멀 신명나다 적적하다 적나라하다

05~06 **다음 글을 읽고 물음에 답해 보세요.**

등산은 내가 가장 선호하는 운동이다. 산에 가면 몸에 벌레가 ㉠스멀스멀 기어가는 기분이 들어서 싫어하는 친구들도 많지만 나는 산에 오르면서 나 자신을 돌아보며 대화를 나눌 수 있는 기회를 갖게 되는 것이 좋다. 그리고 매번 가 보지 않은 산을 목적지로 삼아 등산을 하기 때문에 새로운 지역에 대해 느끼고 배우는 시간이 되기도 한다.

이번에 아버지와 둘이서 떠난 산은 충청도에 있는 낮은 산이었다. 우리가 간 날이 마침 5일장을 여는 날이어서 본격적으로 산을 오르기 전에 먼저 시장을 구경했다. 시장 중앙에서는 ㉡신명 나는 사물놀이 패의 공연이 있었고, 한쪽 끝에서는 마을의 신을 모시는 제사가 공연의 형식으로 이루어지고 있었다. 나는 이 지역의 전통이 현대의 문화와 조화롭게 어우러져 있는 모습이 무척 ㉢경이롭다고 생각했다. 그 모습을 보고 있자니 할머니 댁에서 자라며 시장가는 날만 기다렸던 어린 시절 내 모습이 ㉣어렴풋이 떠올랐다.

시장에서 간단히 점심을 사 먹고 산을 오르자 마을의 분위기와는 전혀 다른 모습이 펼쳐졌다. 삶의 생동감이 가득했던 마을의 모습은 온데간데없고 푸른 잎을 펼치며 모여 있는 나무의 모습은 마치 시간이 멈춘 듯한 느낌을 주었다. 그중 큰 바위 하나가 홀로 제 자리를 지키고 있었는데, 문득 저 바위는 얼마나 오랜 세월을 저렇게 한 자리에 서 있었을까 하는 생각이 들었다. 그 모습이 퍽 ㉤고적하게 느껴졌다. 나도 바위처럼 어떤 비바람이 몰아쳐도 흔들리지 않고, 내 자리를 지키는 사람이 되고 싶다는 생각을 하며 집으로 돌아왔다.

05 **밑줄 친 낱말의 뜻으로 적절하지 않은 것은 무엇인가요?**

① ㉠: 조금씩 세게 움직이며
② ㉡: 몹시 신나고 흥겨운 기분이 나는
③ ㉢: 놀랍고 신기하다고
④ ㉣: 분명하지 않고 희미하게
⑤ ㉤: 외롭고 쓸쓸하게

06 **윗글을 통해 알 수 있는 내용으로 적절하지 않은 것은 무엇인가요?**

① 나는 바위를 닮고 싶다는 생각을 하였다.
② 나는 시장의 모습에서 삶의 생동감을 느꼈다.
③ 나는 가 보지 않은 산을 정해서 등산을 하였다.
④ 나는 사물놀이 패의 공연을 이전에도 본 적이 있었다.
⑤ 나는 산의 분위기가 마을과는 많이 다르다고 생각하였다.

관용 표현 익히기

정답과 해설 5쪽

■ 다음 만화를 보고, 밑줄 친 말의 뜻을 추측하여 말해 보세요.

'콩 심은 데 콩 나고 팥 심은 데 팥 난다'

모든 일은 근본에 따라 그에 걸맞은 결과가 나타난다는 뜻을 가진 속담이에요. 즉, 원인에 따라 그에 맞는 결과가 나온다는 것이지요.

우리 말에는 '콩 심은데 콩 나고 팥 심은 데 팥 난다'와 유사한 의미를 지니는 속담이 아주 많답니다. 모든 일에는 그 근본이 되는 씨앗이 있으므로 전혀 관련 없이 엉뚱하게 벌어지는 일은 없다는 생각이 반영된 것이겠지요?

- '뿌린 대로 거둔다'는 속담도 이와 유사한 의미랍니다. 좋은 씨앗을 뿌리면 풍성한 열매를 얻을 수 있듯이 어떻게 하느냐에 따라서 그 결과가 달라진다는 의미랍니다.

활동

'콩 심은 데 콩 나고 팥 심은 데 팥 난다'의 의미와 유사한 속담에 모두 ✔표시를 하세요.

☐ 그 나물에 그 밥이다.
☐ 가시나무에 가시가 난다.
☐ 배나무에 배 열리지 감 안 열린다.
☐ 오이 덩굴에 오이 열리고 가지 나무에 가지 열린다.

05강 | 감정, 생각 4

감정이나 생각을 나타내는 말

환호성

기뻐할 歡 + 부를 呼 + 소리 聲

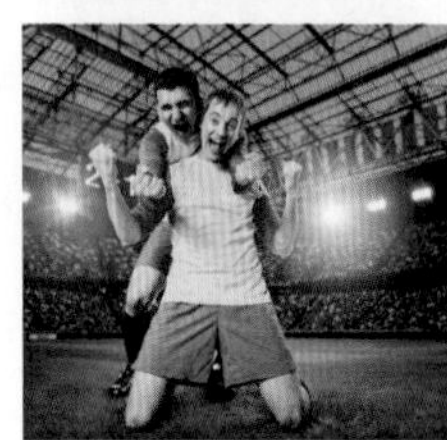

기뻐서 크게 외치는 소리.

예 그의 감동적인 연설이 끝나자 큰 **환호성**이 일었다.

• 선수들이 입장하자 관중석에서 터져 나오는 소리는 무엇일까요? (아우성 / 환호성)

친절한 샘 '아우성'은 여럿이 힘을 쓰며 외치거나 악을 쓰며 떠드는 소리를 가리켜요.

근성

뿌리 根 + 성질 性

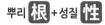

① 어떤 일을 포기하지 않고 끝까지 하려고 하는 성질.

예 그는 다친 몸으로 무대에 서는 프로 **근성**을 보였다.

② 버릇이 되어 고치기 힘든 성질.

예 그 사람은 속물**근성**이 있다.

친절한 샘 사람이 태어날 때부터 가진 성질을 '본성'이라고 해요. 예를 들어 '그 사람은 본성이 나쁜 것은 아니다.'와 같이 사용할 수 있어요.

자주적

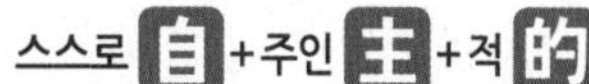

스스로 自 + 주인 主 + 적 的

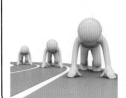

남의 보호나 간섭을 받지 않고 자기 일을 스스로 처리하는 것.

예 문제를 **자주적**으로 해결하였다.

친절한 샘 '의존적'이라는 말 들어 보았나요? '자주적'과 반대되는 말로 무엇에 기대는 성질이 있는, 또는 그런 것이라는 뜻이에요. 자기 일을 자주적으로 해결하려고 노력하는 태도가 필요하겠죠?

회상

돌아올 回 + 생각 想

지난 일을 다시 생각함, 또는 그런 생각.

예 그는 창밖에 내리는 비를 보며 **회상**에 잠겼다.

친절한 샘 '회상'이 지나간 일을 떠올리는 것이라면 '전망'은 앞날을 예상하는 것, 또는 예상한 앞날의 상황을 뜻해요. 과거 회상에만 머물지 말고, 미래를 전망하며 사는 삶이 의미 있겠지요?

유념하다

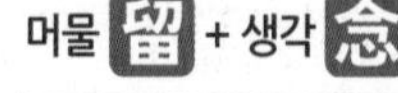

머물 留 + 생각 念

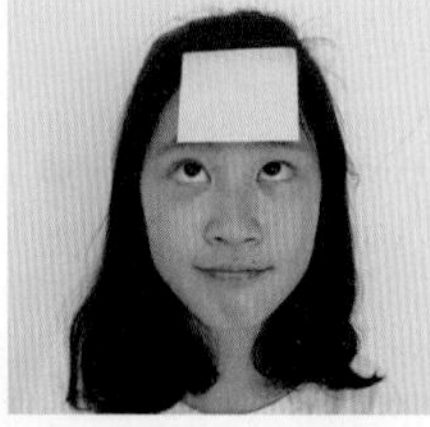

잊거나 소홀히 하지 않도록 마음속 깊이 기억하고 생각하다.

예 요즘처럼 일교차가 클 때에는 건강에 **유념해야** 한다.

친절한 샘 '명심하다'는 '잊지 않도록 마음속에 깊이 기억하다.'는 뜻으로 '유념하다'와 의미가 비슷해요. '선생님 말씀에 유념하다.'를 '선생님 말씀을 명심하다.'로 바꾸어 사용할 수 있으니까요.

타박하다

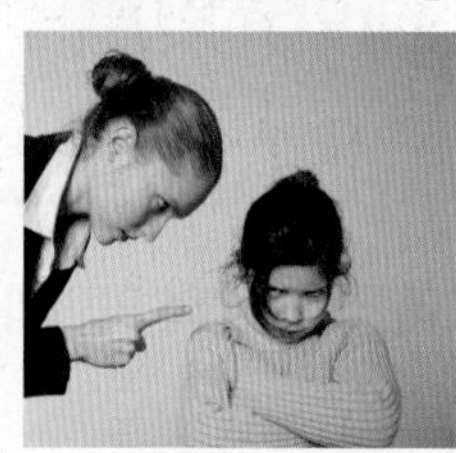

다른 사람의 실수나 결함을 나무라거나 핀잔하다.

예 그는 내 계획이 현실적이지 않다고 **타박했다**.

친절한 샘 타박하는 소리를 들은 적이 있나요? 다른 말로는 '핀잔주다'라고도 해요. 상대의 행동을 못마땅하게 여겨 대놓고 꾸짖는 것이지요. 남을 타박하기 전에 칭찬으로 다가가는 건 어떨까요?

착잡하다 어긋날 錯 + 섞일 雜

마음이 복잡하고 어수선하다.

예 어제 회사에서 쫓겨난 김 과장은 마음이 괴롭고 **착잡했다**.

친절한 샘 착잡한 마음을 느끼게 되는 상황에는 어떤 것이 있을까요? 사랑하는 사람이 아파서 병문안을 다녀올 때 우리는 한마디의 말로는 표현할 수 없는 복잡하고 착잡한 마음을 느끼지요.

교묘하다 교묘할 巧 + 묘할 妙

어떤 일을 하는 방법이나 꾀가 아주 뛰어나고 빠르다.

예 마술은 **교묘한** 눈속임일 뿐이야.

- 색다른 음식의 맛을 표현할 때 뭐라고 할 수 있을까요? (오묘하다 / 교묘하다)

친절한 샘 '묘할 묘(妙)'의 한자를 사용하는 말로 '오묘하다'가 있어요. '오묘하다'는 심오하고 묘하다는 뜻이에요.

삭막하다 동아줄 索 + 쓸쓸할 寞

쓸쓸하고 막막하다.

예 담장 위로 철조망이 쳐져 있어 **삭막한** 느낌이 들었다.

친절한 샘 인정이 없고 삭막한 것은 '각박하다'고 해요. '삭막하다'가 풍경이나 분위기를 통해서 느껴지는 감정이라면, '각박하다'는 주로 사람의 행동을 통해 느껴지는 감정이에요.

엄포

실속 없이 괜한 큰소리로 남을 위협함.

예 형은 동생에게 까불지 말라고 **엄포**를 놓았다.

친절한 샘 '실속'은 '알짜의, 군더더기가 없는 알맹이'라는 의미를 갖는 말이에요. 즉, '실속 없다'는 것은 '알맹이가 없다'는 뜻이지요. 남을 꾸짖는 꾸짖음을 나타내는 단어에는 '호통' 또는 '불호령'이 있어요.

어휘 더하기

같은 한자로 이루어진 말

보 (보수하다, 더하다, 돕다 補)

보충(補充) – 부족한 것을 보태어 채움.

예 학생들의 이해를 돕기 위해 보충 설명을 하였다.

보수(補修) – 건물이나 시설의 낡거나 부서진 것을 고침.

예 부서진 다리에 대한 보수가 끝나서 안심이 된다.

보완(補完) – 모자라거나 부족한 것을 보충하여 완전하게 함.

예 지금 이 규칙은 문제점이 많아서 보완이 필요하다.

'보(補)'는 '보수하다, 더하다, 돕다' 등과 같이 다양한 의미를 가지는 한자예요. 따라서 이 한자어가 사용된 어휘도 다양하게 발달되어 있답니다.

다음 문장의 빈칸에 들어갈 알맞은 낱말에 동그라미 치세요.

옥상에 부서진 화단을 (보충 / 보수 / 보완)하는 공사를 하러 온 임 씨가 꽃에 해박한 전문가여서 내가 꽃을 잘 키우기 위해 조금 더 (보충 / 보수 / 보완)해야 할 부분에 대해서 친절하게 설명해 주었다.

문제로 확인하기

01 **<보기>에서 알맞은 말을 골라 문장을 완성해 보세요.**

보기

근성 엄포 전망 회상 환호성

1 우리나라 축구팀이 이겼는지 관중석에서 (   )이/가 들렸다.
기뻐서 크게 외치는 소리.

2 이 일은 아주 어려운 데다가 오래 걸려서 (   )이/가 없이는 할 수 없다.
어떤 일을 포기하지 않고 끝까지 하려고 하는 성질.

3 아버지께서는 군대에 있을 때 일어났던 일들을 얘기해 주시며 (   )에 빠지셨다.
지난 일을 다시 생각함. 또는 그런 생각.

4 컴퓨터 공학은 앞으로 발전 가능성도 높고 (   )이 밝은 분야이니 도전해 보렴.
앞날을 미리 예상하는 것. 또는 예상한 앞날.

5 연아는 이번에 자신을 도와주지 않으면 모두에게 불이익을 줄 거라며 친구들에게 (   )을/를 놓았다.
실속 없이 괜한 큰소리로 남을 위협함.

02 **다음과 같이 말하는 사람의 태도나 상황을 나타내는 낱말을 오른쪽에서 찾아 바르게 이어 보세요.**

1 너 앞으로 한번만 내 앞에 나타나면 가만두지 않을 거야. •	• ㉠ 각박하다
2 현대인들은 옆집에 누가 사는지도 모른 채 살아간다. •	• ㉡ 엄포를 놓다
3 이건 내 문제니까 내가 스스로 해결해야만 해. •	• ㉢ 착잡하다
4 일을 그만두었으니 앞으로 어떻게 먹고 살지 막막하고 답답하구나. •	• ㉣ 자주적

03 다음 (   ) 안에 들어갈 말을 가장 적절하게 묶은 것은 무엇인가요?

- 범인은 (㉠)한 거짓말로 경찰을 속이고 도망쳤다.
- 계절이 바뀔 때에 노약자는 특별히 건강에 (㉡)해야 합니다.
- 전쟁은 활기가 넘치던 마을을 아무것도 없는 (㉢)한 곳으로 만들었다.

	㉠	㉡	㉢
①	유념	삭막	교묘
②	유념	교묘	삭막
③	삭막	유념	교묘
④	교묘	유념	삭막
⑤	교묘	삭막	유념

04 다음 그림의 장면을 보고 이야기한 내용입니다. 초성을 참고하여 빈칸에 알맞은 말을 써 보세요.

콩쥐
내 방은 내가 스스로 청소해야지!
팥쥐
엄마, 제 방 청소 좀 해 주세요. 그리고 밥도 빨리 주세요. 오늘 입을 옷도 정해 주세요.

콩쥐는 자신의 일을 [ㅈ][ㅈ][ㅈ]으로 해결하는데, 팥쥐는 엄마에게 기대어 [ㅇ][ㅈ][ㅈ]으로 해결하고 있어.

콩쥐! 얼른 깨진 접시 치우지 못해! 설거지도 하나 제대로 못 하다니 쯧쯧. 앞으로 한 번만 더 실수하기만 해 봐라. 가만두지 않을 거야.
콩쥐
잉잉. 죄송해요.
엄마
멍멍아, 콩쥐는 태어날 때부터 착했던 것 같아.

엄마는 콩쥐가 접시를 깨뜨렸다고 [ㅌ][ㅂ]하면서 [ㅎ][ㅌ]치고 있어. 고양이 말을 들어 보면 콩쥐는 착한 [ㅂ][ㅅ]을 가지고 태어난 것 같아.

05~06 다음 글을 읽고 물음에 답해 보세요.

자동차를 이용하면서부터 걷는 일이 줄었다. 어릴 적 ㉠기억을 떠올려 보면 30분 정도 걸리는 거리는 대부분 걸어 다녔던 것 같은데, 요즘은 고민도 없이 자동차로 간다. 자동차를 타면 시간도 단축되고 몸도 편하기 때문이다. 그러나 길을 걸으면 자동차를 탈 때에는 경험하지 못한 삶의 여러 모습과 소리에 귀 기울일 수 있다. 그래서 나는 가까운 거리는 자주 걷기 위해 노력한다.

오늘도 길을 걸었다. 오후에는 약속이 있어서 택시를 타고 가다가 일부러 중간에 내려 한동안 걸어서 갔다. 모처럼 길을 걸어 보니 느낌이 아주 새롭고, 보고 듣고 하는 것들이 달랐다. 놀이터에서 벌레가 나타났다고 ㉡소리를 지르는 아이들의 모습, 게임에 집중하다가 들고 오던 달걀을 깨뜨린 동생을 ㉢꾸짖는 누나의 모습, ㉣처음 맡아보는 냄새를 풍기며 길 가는 사람을 유혹하는 푸드 트럭까지. 이 모든 삶의 모습이 있는 그 자체로 너무나 아름다웠다. 앞만 보고 달리는 삶은 ㉤쓸쓸하고 메마른 사막과 같다. 길을 걸으며 주위의 사람 그리고 자연과 소통하면 삶은 훨씬 더 아름답고 재미있어질 것이다.

05 **밑줄 친 말을 바꾸어 쓸 수 있는 표현으로 적절하지 않은 것은 무엇인가요?**

① ㉠: 회상해 보면
② ㉡: 아우성치는
③ ㉢: 핀잔주는
④ ㉣: 다채로운
⑤ ㉤: 삭막한

06 **윗글의 내용을 잘못 이해한 것은 무엇인가요?**

① 글쓴이는 가까운 거리는 걷기 위해 노력하고 있군.
② 글쓴이는 자동차를 타는 것의 장점에 대해서 알고 있군.
③ 글쓴이는 자동차를 타고 다녔던 자신의 지난 행동을 후회하고 있군.
④ 글쓴이는 길에서 만나는 사람들의 모습에서 삶의 생동감을 느끼고 있군.
⑤ 글쓴이는 주변의 사람과 사물에 관심을 가지는 것이 중요하다고 생각하고 있군.

정답과 해설 6쪽

세시 풍속과 관련 있는 어휘를 알아볼까요?

세시 풍속은 한 해를 단위로 철을 따라서 행해지는 여러 행사들이에요. 우리는 농경 생활을 하며, 24절기에 따라서 재미있는 풍속들을 많이 즐겼어요. 24절기의 명칭과 그에 맞는 대표적인 세시 풍속을 살펴봅시다.

- 설날: 음력 1월 1일. 정월 초하룻날이에요. 설날에는 새로 장만한 예쁜 옷인 설빔을 입고, 온 가족이 모여서 윷놀이도 하고 세배도 해요.
- 정월 대보름: 음력 1월 15일. 신라 시대부터 이어져 온 오래된 우리의 명절이에요. 가족의 건강과 화목 그리고 풍년을 기원하는 날이에요. 보름달을 보며 소원을 빌고 좋은 말만 듣기 위해 귀밝이술을 마시고, 건강을 위해 부럼을 깨물며 약밥, 오곡밥을 해서 나누어 먹지요.
- 단오: 음력 5월 5일. '수릿날'이라고도 해요. 이날은 단오 떡을 해서 나누어 먹고, 여자는 창포물에 머리를 감고 그네를 뛰며, 남자는 씨름을 하는 풍속이 있어요.

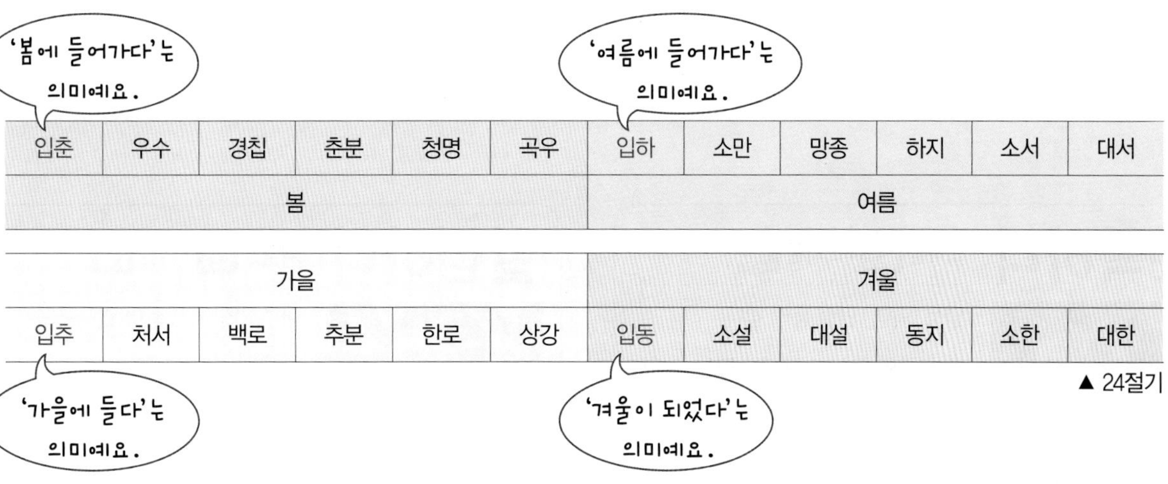

'봄에 들어가다'는 의미예요.
'여름에 들어가다'는 의미예요.
'가을에 들다'는 의미예요.
'겨울이 되었다'는 의미예요.

입춘	우수	경칩	춘분	청명	곡우	입하	소만	망종	하지	소서	대서
봄						여름					

가을						겨울					
입추	처서	백로	추분	한로	상강	입동	소설	대설	동지	소한	대한

▲ 24절기

- 추석: 음력 8월 15일. 한가위라고도 하지요. '더도 말고 덜도 말고 한가위만큼만 되어라.'는 말 들어 보았나요? 일 년 중 가을의 수확으로 가장 풍요로운 날이에요. 이날은 햅쌀로 송편을 해서 나누어 먹고 조상께 차례를 지내요. 강강술래, 닭싸움 등이 대표적인 추석 놀이랍니다.
- 동짓달: 음력 11월. 일 년 중 낮이 가장 짧고 밤이 가장 길어요. 이날은 팥죽을 쑤어 먹고 집 안 여러 곳에 팥죽을 떠 놓고 뿌리기도 해요. 붉은색의 팥이 잡귀와 질병을 내쫓는다고 믿었기 때문이지요.

활동

위에서 학습한 절기와 세시 풍속을 바탕으로 빈칸에 들어갈 알맞은 말을 써 보세요.

- ☐☐은 '봄에 들어가다'는 의미로 벽이나 문짝, 문지방 등에 좋은 일을 기원하며 글귀를 써 붙이기도 했다.
- 음력 5월에는 ☐☐가 있는데, 이날에는 남자는 씨름하고, 여자는 창포물에 머리 감는 풍속이 있다.
- 겨울이 되었다는 의미를 가지는 절기인 ☐☐이 시작되면 우리는 1년 동안 먹을 김치를 위해 ☐☐을 한다.

단출하다

식구나 구성원이 많지 않아서 살림의 규모가 작다.

예 가족끼리 **단출한** 생일상을 차려 놓고 생일잔치를 했다.

친절한 샘 '단출하다'라는 말을 '간촐하다'로 쓰는 사람도 있어요. 하지만 우리말에서는 가장 널리 쓰이는 말인 '단출하다'만 표준어로 인정한답니다.

반려

짝 伴 + 짝 侶

짝이 되는 사람이나 동물.

예 참되고 성실한 **반려**를 얻다.

친절한 샘 '반려자'는 '짝이 되는 사람'을 가리키는 말이에요. 요즘에는 반려자 대신 '사람이 정서적으로 의지하고자 가까이 두고 기르는 동물'인 '반려동물'과 함께 사는 사람들도 많아지고 있어요.

돈독하다

도타울 敦 + 도타울 篤

믿음, 의리, 인정 등이 깊다.

예 친구와 **돈독한** 관계를 맺을 수 있습니다.

친절한 샘 '돈독하다'와 의미가 비슷한말로 '도탑다'가 있어요. 서로의 관계에 사랑이나 인정이 많고 깊다는 뜻으로 사이좋은 친구 사이에 쓸 수 있는 말이에요.

밀접하다

빽빽할 密 + 접할 接

아주 가깝게 맞닿아 있다. 또는 그런 관계에 있다.

예 공기는 우리 삶과 매우 **밀접한** 관련이 있습니다.

친절한 샘 '밀착하다'는 '빈틈없이 단단히 붙다.'라는 말이에요. '밀접하다'와 '밀착하다'는 사람 사이의 관계가 아주 가까울 때에도 쓸 수 있답니다.

미천하다

작을 微 + 천할 賤

신분이나 지위 따위가 하찮고 천하다.

예 우리나라가 독립국만 되면 나는 그 나라의 가장 **미천한** 자가 되어도 좋다는 뜻입니다.

친절한 샘 '귀천'은 '귀하고 천함'이라는 말이에요. 예전에는 신분이나 직업에 귀천이 있다고 생각했던 시절도 있었어요. 하지만 신분과 직업에는 귀천이 없답니다.

비범하다

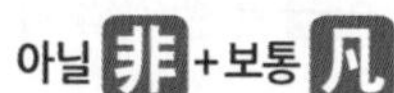

아닐 非 + 보통 凡

보통 수준보다 훨씬 뛰어나다.

예 그 아이는 **비범한** 요리 솜씨를 지니고 있다.

친절한 샘 비범한 사람의 반대말은? 평범한 사람이에요. '평범하다'는 '非(아닐 비)' 대신 '平(평평할 평)'을 써서 '뛰어나거나 색다른 점 없이 보통이다.'라는 의미로 쓰여요.

지배하다 지탱할 支 + 거느릴 配

어떤 사람이나 집단을 자신의 뜻대로 따르게 하여 다스리거나 차지하다.

예 언젠가 기계가 사람을 **지배할지도** 모른다.

친절한 샘 지배하는 계층인 '지배층'과 지배 당하는 계층인 '피지배층'이라는 말을 들어 본 적이 있나요? 조선 시대에는 양반은 지배층, 일반 백성들은 피지배층으로 구분되었다고 해요.

화평 화목할 和 + 평평할 平

마음속이나 사람들 사이에 갈등이 없이 평화로움.

예 군인들이 나라를 지켜 주고 있어서 우리가 **화평**을 누릴 수 있다.

친절한 샘 '평안'은 걱정이나 탈이 없고 무사히 잘 있음을 뜻하는 말이에요. 우리가 인사할 때 흔히 쓰는 말인 '안녕'에도 아무 탈 없이 편안함이라는 의미가 담겨 있답니다.

소외 멀리할 疏 + 바깥 外

어떤 무리에서 꺼리며 따돌리거나 멀리함.

예 그는 새로운 환경에서도 **소외**를 느끼지 않고 잘 적응하였다.

친절한 샘 어떤 일에 직접 나서서 관여하지 않고 곁에서 보기만 하는 것을 '방관'이라고 한답니다. 소외된 친구가 있을 때 방관하지 말고 먼저 다가가 주면 그 친구의 어려움이 크게 덜어진다고 해요.

품격 사람됨 品 + 격식 格

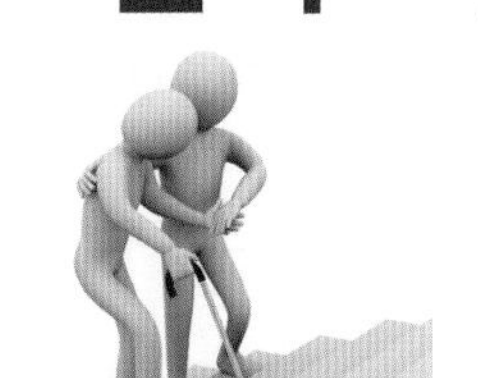

사람의 타고난 성품.

예 고학년이 될수록 **품격**이 있는 행동을 해야 한다.

친절한 샘 '품격'과 유사한 말인 '기품'은 인격이나 작품 따위에서 드러나는 고상한 품격을 말해요. '고상하다'는 말은 '품위가 있고 수준이 높다.'는 뜻이지요.

어휘 더하기

같은 한자로 이루어진 말

수명(壽命)
생명이 살아 있는 기간.

장수(長壽)
오래도록 삶.

천수(天壽)
타고난 수명.

'壽(목숨 수)'는 목숨이나 수명을 뜻하는 한자입니다. 설날에 어른들께 세배를 하면서 빼먹지 않는 것이 건강히 오래오래 사시라는 인사이지요. 그만큼 장수하는 것, 천수를 누리는 것은 인간의 오랜 소망이었답니다.

(　　) 안에 들어갈 낱말로 적절한 것에 동그라미 치세요.

이 마을에서 가장 나이가 많으신 어른을 찾아서 (수명 / 장수 / 천수)의 비결을 여쭈어 보자.

문제로 확인하기

01 **빈칸에 들어갈 낱말의 초성과 뜻을 보고, 알맞은 낱말을 써 넣어 문장을 완성해 보세요.**

1 우리 학급의 (ㅎ ㅍ)을 위해서는 모든 친구들의 도움이 필요하다.
마음속이나 사람들 사이에 갈등이 없이 평화로움.

2 삼촌은 평생의 (ㅂ ㄹ ㅈ)와 함께 지난 주말에 결혼식을 올렸다.
짝이 되는 사람.

3 장영실은 신분이 (ㅁ ㅊ)하였지만 뛰어난 재능으로 인정받는 과학자였다.
신분이나 지위 따위가 하찮고 천하다.

02 **다음에 제시된 뜻, 예문을 참고하여 빈칸에 알맞은 낱말을 써 보세요.**

1 [　　]하다: 보통 수준보다 훨씬 뛰어나다.

예 그가 마술을 하는 모습을 보면 [ㅂ ㅂ]한 사람임을 알 수 있다.

2 [　　]: 걱정이나 탈이 없고 무사히 잘 있음.

예 바쁠 때일수록 흥분하지 말고 마음의 [ㅍ ㅇ]을 찾도록 노력해 보자.

3 [　　]: 인격이나 작품 따위에서 드러나는 고상한 품격.

예 음악과 미술을 즐겨 감상하는 것을 보니 참으로 [ㄱ ㅍ] 있는 사람이다.

03 **밑줄 친 낱말의 뜻을 오른쪽에서 찾아 선으로 바르게 이어 보세요.**

1 단출한 우리 가족이 소풍을 떠난다. •
2 그는 나와 누구보다 돈독한 사이이다. •
3 이모부는 뱃사람들과 밀접한 관계를 맺고 있었다. •
4 아이는 엄마에게 바싹 밀착해 섰다. •

• ㉠ 아주 가깝게 맞닿아 있는 또는 그런 관계에 있는
• ㉡ 빈틈없이 단단히 붙어
• ㉢ 식구나 구성원이 많지 않아서 살림의 규모가 작은
• ㉣ 믿음, 의리, 인정 등이 깊고 성실한

04 ( ) 안에 들어갈 낱말로 적절한 것끼리 묶인 것은 무엇인가요?

- 인간의 (㉠)을/를 연장하기 위해 많은 연구가 진행되고 있다.
- 할아버지께서는 (㉡)을/를 다하지 못하고 젊은 나이에 돌아가셨다고 한다.
- 건강한 음식을 충분히 섭취하는 것이 (㉢)을/를 가능하게 한다.

	㉠	㉡	㉢
①	수명	장수	천수
②	수명	천수	장수
③	장수	수명	천수
④	장수	천수	수명
⑤	천수	수명	장수

05 ㉠~㉣에 알맞은 낱말을 <보기>에서 찾아 문장에 어울리게 고쳐 쓰세요.

여러분, 새로 전학 온 친구를 돕는 (㉠) 있는 모습을 보여 주길 바랍니다.
안녕, 만나서 반가워. 우리 서로 (㉡) 사이가 되었으면 좋겠다.
김우재
오진성
힘든 일 있으면 언제든 말해. 내가 (㉢)하지 않고 바로 도와줄게!
(㉣)을/를 당하지 않게 내가 먼저 말을 걸어 줘야지.

보기

미천 방관 소외 평안 품격 도탑다 비범하다

06~08 다음 글을 읽고 물음에 답해 보세요.

앞으로 인공 지능은 우리의 삶 곳곳에 영향을 미칠 것입니다. 그런 미래는 편리함이라는 빛만큼이나 ㉠위험하고 어두운 그림자 또한 있을 것이라고 생각합니다. 그러므로 인공 지능이 일으킬 위험을 막을 방법도 생각해야 합니다.

첫째, 인공 지능을 가졌느냐 아니냐에 따라 부자는 더 부자가 되고 가난한 사람은 더욱 가난해질 것입니다. 이로써 사회적 · 경제적 불평등은 더욱 심해질 것입니다. 둘째, 힘이 강한 나라나 집단이 힘이 약한 나라나 사람들을 ㉡지배할 수도 있습니다. 인공 지능이 발달하면 힘 있는 사람들의 지배력이 지금과 비교가 안 될 정도로 강해질 것입니다. 즉 나라 사이에 새로운 지배 관계가 생길 위험이 매우 크다고 생각합니다. 셋째, 지금보다 더 발달한 인공 지능이 등장하면 인간은 인공 지능에게 지배를 받게 될지도 모릅니다. 인공 지능은 인간보다 ㉢뛰어난 지적 능력이 있으면서 인간에게 있는 문제점은 없습니다. 인공 지능에게 독립성이 생긴다면 인공 지능은 인간의 통제에서 벗어나고 끝내 인간 사회는 비극을 맞게 될 것입니다.

– 황연성, '인공 지능, 인류의 희망일까 재앙일까?'

06

밑줄 친 ㉠에 해당하지 않는 것은 무엇인가요?

① 사회적 불평등이 심해진다.
② 경제적 불평등이 심해진다.
③ 나라 사이에 새로운 지배 관계가 생긴다.
④ 인공 지능은 인간에게 있는 문제점이 없다.
⑤ 인간이 인공 지능에게 지배를 받게 될 수 있다.

07

밑줄 친 ㉡의 뜻을 바르게 설명한 것은 무엇인가요?

① 일정한 한도를 정하거나 그 한도를 넘지 못하게 막다.
② 국가나 사회, 단체, 집안의 일을 보살펴 관리하고 통제하다.
③ 일정한 방침이나 목적에 따라 행위를 제한하거나 제약하다.
④ 어떤 사람이나 집단을 자신의 뜻대로 따르게 하여 다스리거나 차지하다.
⑤ 기계나 설비 또는 화학 반응 따위가 목적에 알맞은 작용을 하도록 조절하다.

08

주어진 초성을 참고하여 윗글의 밑줄 친 ㉢과 의미가 통하는 말을 써 보세요.

[ㅂ ㅂ]한

■ **다음 만화를 보고, 밑줄 친 말의 뜻을 추측하여 말해 보세요.**

'지음(知音)'

소리를 알아듣는다는 뜻으로, 마음이 서로 통하는 친한 벗을 비유적으로 이르는 말입니다. 아주 먼 옛날 중국에는 거문고를 잘 연주하는 백아라는 사람이 살았어요. 백아에게는 종자기라는 좋은 친구가 있었답니다. 종자기는 백아의 연주만 듣고도 백아가 산에 오르는 것을 생각하고 있는지, 흐르는 강물을 생각하고 있는지 알아맞혔어요. 백아에게 종자기는 소리만 듣고도 속마음을 알아주는 소중한 친구였던 것이지요.

예 내가 말하지 않아도 속마음을 알아주는 지음이 나에게도 있었으면 좋겠다.

다음 한자를 따라 써 보면서 '지음'의 뜻을 외워 보세요.

知 알 지	音 소리 음
知	音

知	音

활동

다음 중 '지음'처럼 서로 떨어질 수 없는 친한 친구 사이를 나타낸 속담에 모두 ✔표시를 하세요.

- ☐ 바늘 가는 데 실 간다.
- ☐ 백지장도 맞들면 낫다.
- ☐ 구름 갈 제 비가 간다.
- ☐ 친구 따라 강남 간다.

그윽하다

어떤 곳이 깊숙하여 조용하고 편안하다.

예 아무도 찾지 않는 산장에서 맞이하는 겨울밤은 몹시 **그윽하다**.

친절한 샘 '고즈넉하다'는 분위기 등이 조용하고 편안하다는 뜻이에요. 산속 절에서 하룻밤을 묵는 체험을 해보면 새벽녘의 그윽하고 고즈넉한 분위기를 느낄 수 있답니다.

은은하다

숨을 隱 + 숨을 隱

겉으로 보이는 무엇이 뚜렷하게 드러나지 않고 희미하다.

예 달빛이 **은은하게** 숲을 비추고 있었다.

친절한 샘 '은연하다'는 '은은하다'와 뜻이 같아요. '은연중 진심을 말했다.'에서 '남이 모르는 가운데'라는 뜻의 '은연중'은 바로 '은연하다'에서 만들어진 낱말이죠.

광활하다

넓을 廣 + 트일 闊

막힌 데가 없이 트이고 넓다.

예 그렇게 **광활한** 들판을 본 것은 난생 처음이었다.

친절한 샘 '광대하다'는 '闊(트일 활)' 대신 '大(큰 대)'를 썼는데, 크고 넓다는 뜻이에요. 이와 반대로 공간이 좁고 작다는 뜻으로는 '협소하다'가 있어요.

신령스럽다

귀신 神 + 신령 靈

신기하고 묘한 데가 있다.

예 옛 사람들은 호랑이를 **신령스러운** 동물로 여겼다.

친절한 샘 산신령이 나오는 이야기를 들어 본 적이 있죠? 여기서 '신령'은 '신으로 받들어지는 영혼 또는 자연물'이에요. 즉 '신령스럽다'는 신령처럼 신비한 성질을 가진 것이라고 생각할 수 있겠어요.

유려하다

흐를 流 + 고울 麗

글이나 말, 곡선 따위가 거침없이 미끈하고 아름답다.

예 고려청자는 **유려한** 곡선의 아름다움을 가지고 있다.

친절한 샘 '유창하다'는 말을 하거나 글을 읽는 것이 물 흐르듯이 거침이 없다는 뜻이에요.

투박하다

생김새가 초라하며 둔하고 튼튼하기만 하다.

예 **투박하게** 짰지만 따뜻한 양말이다.

친절한 샘 고려 시대의 청자나 조선 시대의 백자는 유려한 아름다움을 뽐내지요. 하지만 진흙만으로 구워 만든 윤기가 없는 그릇인 질그릇은 투박한 느낌을 준답니다.

청아하다 맑을 淸 + 우아할 雅

작은 흠도 없이 맑고 아름답다.

예 새로 만든 한복을 차려입은 그녀의 **청아한** 모습에 모두 놀랐다.

친절한 샘 '청아하다'와 유사한 말에는 '고결하다', '우아하다'가 있어요. '고결하다'는 성품이 고상하고 순결하다는 말이에요. '우아하다'는 고상하고 기품이 있으며 아름답다는 뜻이에요.

장관 장대할 壯 + 경치 觀

훌륭하고 장대한 광경.

예 백두산 정상에서 바라본 천지의 모습은 **장관**이었다.

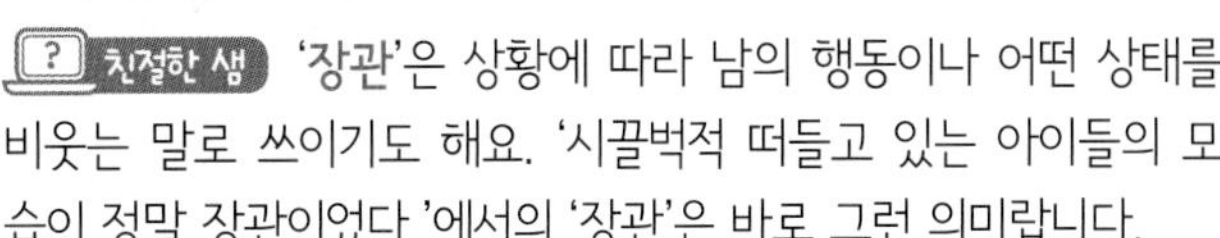

친절한 샘 '장관'은 상황에 따라 남의 행동이나 어떤 상태를 비웃는 말로 쓰이기도 해요. '시끌벅적 떠들고 있는 아이들의 모습이 정말 장관이었다.'에서의 '장관'은 바로 그런 의미랍니다.

비옥하다 살찔 肥 + 기름질 沃

흙에 식물이 잘 자랄 수 있게 하는 성분이 많이 들어 있다.

예 토지가 **비옥하니** 농사가 잘되겠다.

친절한 샘 '기름지다'는 음식물에 기름기가 많을 때도 쓰지만, 땅에 양분이 많다는 의미로 쓰이기도 해요.

황폐하다 거칠 荒 + 폐할 廢

집, 토지, 삼림 따위가 거칠어져 못 쓰게 되다.

예 오랜 가뭄으로 논과 밭이 **황폐하다**.

친절한 샘 황폐해진 땅을 '쑥대밭'이라고 부르곤 하죠. '쑥대밭'은 원래 쑥이 무성하게 우거져 있는 거친 땅을 뜻하는 말인데, 매우 어지럽거나 못 쓰게 된 모양을 비유적으로 이를 때에도 쓴답니다.

어휘 더하기

발음이 같거나 비슷하여 헷갈리기 쉬운 말

띠다
빛깔이나 색채 따위를 가지다.

띄다
눈에 보이다.

드러내다
가려져 있던 것을 보이게 하다.

들어내다
물건을 들어서 밖으로 옮기다.

들리다
소리가 귀를 통해 알아차려지다.

들르다
지나가는 길에 잠깐 들어가 머무르다.

'띠다'와 '띄다', '드러내다'와 '들어내다'는 서로 발음이 같고, '들리다'와 '들르다'는 발음이 비슷해서 헷갈리기 쉬워요. 그래서 단어의 의미를 잘 기억하고 있다가 앞뒤 상황에 따라 적절한 말을 선택해서 써야 해요.

(　　) 안에 들어갈 낱말로 적절한 것에 동그라미 치세요.

(1) 보랏빛을 (띤 / 띈) 꽃이 참 예쁘다.
(2) 저 책상은 낡아서 교실 밖으로 (드러내야 / 들어내야) 하겠다.
(3) 문구점에 (들른 / 들린) 후에 집에 가겠다.

문제로 확인하기

01 **밑줄 친 낱말의 뜻을 찾아 ( ) 안에 ○표 하세요.**

1 그의 청아한 목소리는 그가 타고난 가수라는 것을 증명하였다.
① 성품이 고상하고 순결한 ( )
② 작은 흠도 없이 맑고 아름다운 ( )

2 그의 유창한 말솜씨에 모두가 귀를 기울이고 있었다.
① 어떤 곳이 깊숙하여 조용하고 편안한 ( )
② 말을 하거나 글을 읽는 것이 물 흐르듯이 거침이 없는 ( )

02 **빈칸에 공통으로 들어갈 말을 주어진 초성을 참고하여 써 보세요.**

1
서양 음식은 조금 □□진 느낌이 들어서 많이 못 먹겠어요.
이렇게 □□진 논밭을 보니 벌써 풍년이 기대되는 걸요.
ㄱ ㄹ

2
숲속을 지나 펼쳐진 초원의 풍경은 정말 □□이었다.
내가 생각해도 어제 나의 실수는 혼자 보기 아쉬운 □□이었다.
ㅈ ㄱ

03 **다음 중 비슷한 뜻을 지닌 낱말끼리 바르게 묶인 것은 무엇인가요?**

㉮ 그윽하다 – 고즈넉하다　　㉯ 은은하다 – 은연하다
㉰ 광활하다 – 협소하다　　㉱ 유려하다 – 투박하다

① ㉮, ㉯　　② ㉮, ㉰　　③ ㉯, ㉰
④ ㉮, ㉯, ㉰　　⑤ ㉯, ㉰, ㉱

04 주어진 뜻과 초성을 참고하여 밑줄 친 부분에 들어갈 말을 쓰세요.

1 마을 입구에 서 있는 그 커다란 나무에는 (ㅅ ㄹ)스러운 분위기가 있다.
신기하고 묘한 데가 있다.

2 그렇게 (ㅂ ㅇ)한 땅에서 하루만이라도 농사를 지을 수 있으면 좋겠다.
흙에 식물이 잘 자랄 수 있게 하는 성분이 많이 들어 있다.

05 다음 문장에서 밑줄 친 부분의 쓰임이 적절하면 ○, 적절하지 않으면 ×를 고르세요.

1 하늘의 노을이 붉은빛을 띠었다. (○ , ×)

2 그는 어렸을 때 천재성을 들어냈다. (○ , ×)

3 우리는 때때로 분식집에 들린다. (○ , ×)

06 ㉠~㉣에 알맞은 낱말을 <보기>에서 찾아 문장에 어울리게 고쳐 쓰세요.

동생이 네 방 안을 (㉠)으로 만들어 놓았네!
나의 (㉡) 손재주로는 이 방을 정리할 자신이 없다.
너무 상심하지 마. 네 동생도 (㉢)에 미안하게 생각하고 있을 거야.
같이 청소해 보자. 다시 (㉣) 느낌이 나도록 만들어 줄게.

보기

장관 쑥대밭 은연중 유창하다 투박하다 협소하다 고즈넉하다

문제로 확인하기

07~09 다음 글을 읽고 물음에 답해 보세요.

추사 선생의 독서량과 연습량은 실로 엄청났다. 부지런하고 열성적인 것으로는 누구에게 뒤져 본 적이 없던 허련이지만 잠깐의 시간도 허투루 쓰지 않는 추사 선생의 근면함에는 혀를 내둘렀다. 추사 선생은 획 하나, 글자 하나를 수십 번 수백 번 연습하는 연습 벌레였다. 누구나 알아주는 대가가 되고서도 끊임없이 뭇 명필들의 (㉠) 서체를 감상하고 연구하며 자기만의 서체를 만들어 나갔다. 스승의 문 안에는 배울 게 많았다. 허련은 우러르는 마음이 절로 생겼다.

……

허련은 진하게 간 먹을 마른 붓에 듬뿍 찍어 종이에 닿을 듯 말 듯 가볍게 긋다가 슬쩍 눌러 긋다가 하며 산의 능선을 표현했다. 바위는 짙고 마른 먹으로 그려 거칠고 ㉡투박한 느낌을 물씬 냈다. 나무껍질 또한 물기 없는 붓으로 건조하게 찍어 까끌까끌한 질감을 살렸다.

"으음."

추사 선생이 신음을 내뱉었다. 허련이 돌아보니 추사 선생이 체면도 잊고 옆에 쪼그리고 앉아 그림을 뚫어지게 보고 있었다. 입술 사이로 탄식이 새어 나왔다.

– 배유안, '구멍 난 벼루'

07 흐름상 ㉠에 들어가기에 적절한 낱말은 무엇인가요?

① 광활한 ② 비옥한 ③ 유려한
④ 유창한 ⑤ 은은한

08 밑줄 친 ㉡의 뜻을 바르게 설명한 것은 무엇인가요?

① 막힌 데가 없이 트이고 넓은
② 분위기 등이 조용하고 편안한
③ 고상하고 기품이 있으며 아름다운
④ 생김새가 초라하며 둔하고 튼튼하기만 한
⑤ 집, 토지, 삼림 따위가 거칠어져 못 쓰게 된

09 윗글에서 추사 선생의 근면함을 비유한 말을 찾아 아래 네모 칸에 맞추어 쓰세요.

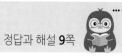

어휘 실력 더하기

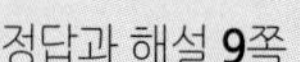

정답과 해설 9쪽

판소리와 관련 있는 어휘를 알아볼까요?

빈칸에 알맞은 말을 <보기>에서 찾아 써 보세요.

보기

발림　　소리　　아니리　　추임새

판소리: 이야기를 노래로 부르는 한국 전통 음악. 북 장단에 맞추어 몸짓과 이야기를 섞어 가며 노래합니다.

소리꾼: 판소리나 민요 등을 부르는 것을 직업으로 하는 사람.

고수(鼓手): 북이나 장구 따위를 치는 사람.

① □□: 소리의 극적인 전개를 돕기 위하여 몸짓이나 손짓으로 하는 동작.

② □□□: 장단을 짚는 고수나 관중이 창(唱)의 사이사이에 흥을 돋우기 위하여 삽입하는 소리.

얼씨구!

좋다!

③ □□: 소리꾼이 노래로 부르는 것. = 창(唱)

④ □□□: 소리를 하는 중간중간에 가락을 붙이지 않고 이야기하듯 엮어 나가는 것.

08강 | 모습, 동작 3

용모

얼굴 容 + 모양 貌

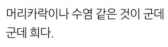

사람의 얼굴 모양.

예 그는 깔끔한 **용모**를 지닌 학생이었다.

친절한 샘 '꼴'은 '용모'와 의미가 비슷하지만, 사람의 모양새나 행태를 낮잡아 이르는 말이기 때문에 주의해서 사용해야 해요.

성성하다

별 星 + 별 星

머리카락이나 수염 같은 것이 군데군데 희다.

예 저기 보이는 노인은 백발이 **성성해도** 기운은 장사이다.

친절한 샘 신랑, 신부에게 검은 머리가 파뿌리가 될 때까지 사랑하라는 덕담을 하는 것을 들어 보았나요? '파뿌리'는 하얗게 센 머리카락인 '백발'을 비유적으로 이르는 말이랍니다.

오롯하다

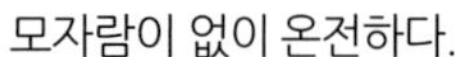

모자람이 없이 온전하다.

예 계란 한 판이 빠진 데 없이 **오롯하게** 있다.

친절한 샘 '결핍하다'는 '있어야 할 것이 없어지거나 모자라다'는 뜻이에요. 무엇이 모자라서 나타나는 증세를 '결핍증'이라고도 하지요.

변변하다

제대로 갖추어져 충분하다.

예 갑자기 찾아오는 바람에 **변변한** 음식도 마련하지 못하였다.

친절한 샘 '변변찮다'는 '변변하지 않다'가 줄어든 말인데, 한 단어처럼 오랫동안 사용하다 보니 사전에도 '변변하다'와 '변변찮다'가 모두 올라와 있답니다.

울창하다

우거질 鬱 + 푸를 蒼

나무가 빽빽하게 우거지고 푸르다.

예 **울창한** 숲에는 많은 동물들이 살고 있다.

친절한 샘 여름철 이파리가 무성한 나무를 본 적이 있나요? '무성하다'는 풀이나 나무 따위가 자라서 우거져 있다는 뜻이에요.

성글다

비슷한 것들 여러 개의 사이가 좁지 않고 조금 떨어져 있다.

예 그곳에는 바오바브나무가 **성글게** 자라나 있었다.

친절한 샘 '성기다'와 '성글다'는 뜻이 같은 말이에요. 글자의 생긴 모습은 다르지만 둘 다 널리 쓰이고 있기 때문에 모두 표준어로 인정하고 있답니다.

모호하다 모호할 模 + 흐릿할 糊

어떤 말이나 태도가 정확하게 무엇을 뜻하는지 분명하지 않다.

예 내 고백을 받은 친구는 **모호한** 표정을 지었다.

친절한 샘 '애매하다', '애매모호하다'는 말이나 태도 따위가 희미하고 흐려 분명하지 아니하다는 뜻으로, '모호하다'와 의미가 유사해요.

희박하다 드물 稀 + 얇을 薄

기체나 액체 따위의 밀도나 농도가 짙지 못하고 낮거나 엷다.

예 공기가 **희박한** 곳에서는 숨을 쉬기가 어렵다.

친절한 샘 '희박하다'는 '희박한 의식'처럼 '감정이나 정신 상태 등이 부족하거나 약하다.'의 의미로 쓰이기도 하고, '가능성이 희박하다.'처럼 '어떤 일이 이루어질 가능성이 적다.'라는 의미로도 쓰여요.

파다하다 뿌릴 播 + 많을 多

소문 따위가 널리 퍼져 있다.

예 그 소문은 내일 아침이면 **파다하게** 알려질 것이다.

친절한 샘 소문은 널리 퍼지기도 하지만, 빠르게 퍼지기도 하지요. '풍문'은 바람처럼 떠도는 소문을 뜻해요. 소문이 떠도는 것을 바람에 빗댄 것을 보면 소문이 얼마나 빨리 파다해지는지 알 수 있어요.

흥건하다

물 따위가 푹 잠기거나 고일 정도로 많다.

예 바닥에 물이 **흥건하게** 젖어 있었다.

친절한 샘 물이 새어 들어오는 것을 '침수(浸水)'라고 해요. 여름이 되면 많은 비로 인해 침수 지역이 발생하곤 하지요. 흥건히 젖어 못 쓰게 되는 물건이 많이 생기니 도움의 손길이 많이 필요합니다.

어휘 더하기

발음이 같거나 비슷하여 헷갈리기 쉬운 말

느리다 어떤 동작을 하는 데 걸리는 시간이 길다.

예 그는 행동이 느리다.

늘리다 물체의 넓이, 부피 따위를 본디보다 커지게 하다.

예 주차장의 규모를 늘리다.

늘이다 본디보다 더 길어지게 하다.

예 고무줄을 늘이다.

'느리다, 늘리다, 늘이다'는 읽을 때 소리가 비슷한 단어들이에요. '느리다'와 '늘이다'는 읽을 때 소리가 똑같고, '늘리다'와 '늘이다'는 무언가를 본래 상태보다 확대한다는 점에서 소리뿐만 아니라 의미도 비슷한말이에요.

( ) 안에 들어갈 낱말로 적절한 것에 동그라미 치세요.

바지의 길이를 (느리면 / 늘리면 / 늘이면) 좋겠어요.

문제로 확인하기

01 **(　　) 안에 적절한 말을 골라 ○ 표시를 하세요.**

1. 그의 단정한 (용모 / 꼴)이/가 머릿속에 떠올랐다.
2. (변변한 / 변변찮은) 음식이지만 정성스럽게 만들었습니다.
3. 할아버지의 머리털이 (성성해지니 / 성글어지니) 까맣게 염색을 해드려야겠다.

02 **제시된 단어와 관련이 있는 낱말을 <보기>에서 골라 쓰세요.**

보기

무성하다　　파다하다　　희박하다　　흥건하다

공기	밀도	
물	침수	
소문	풍문	
풀	나뭇잎	

03 **주어진 초성을 참고하여 밑줄 친 부분을 대신할 낱말을 써 보세요.**

1 민규가 함께 소풍을 갈지 말지 <u>모호한</u> 태도를 보였다.	ㅇ ㅁ 한
2 <u>성글게</u> 자란 나뭇가지 사이로 햇빛이 쏟아져 내렸다.	ㅅ ㄱ 게
3 나무가 <u>울창한</u> 산은 비가 와도 무너지지 않는다.	ㅁ ㅅ 한

04 빈칸에 어울리는 낱말을 찾아 선으로 바르게 이어 보세요.

1 ________ 걸어가도 목적지에 안전하게 도착하는 것이 중요하다. •

2 운동량을 ________ 더 건강한 몸을 만들고 싶다. •

3 지금보다 소매의 길이를 ________ 것은 어려울 것 같다. •

• ㉠ 늘리다

• ㉡ 늘이다

• ㉢ 느리다

05 ㉠~㉣에 알맞은 낱말을 〈보기〉에서 찾아 문장에 어울리게 고쳐 쓰세요.

자네, 검은 머리가 (㉠)이/가 될 때까지 내 딸을 사랑하겠는가?
네, 한평생을 (㉡) 사랑하겠습니다.
많이 긴장해 보이네. 손에 땀이 (㉢) 젖어 있군.
언니와 잘 맞는 사람인지 아닌지 아직 (㉣).

보기

꼴	풍문	파뿌리	결핍하다	모호하다	오롯하다	흥건하다	희박하다

06~08 다음 글을 읽고 물음에 답해 보세요.

할아버지를 생각하면 긴 수염이 떠오르기도 하지? 정말 그렇게 수염을 길게 기른 할아버지 한 분이 마을 길을 걸어가고 있었단다. 그때 한 어린아이가 할아버지에게 다가왔어. 아이는 할아버지 가슴팍까지 내려온 ㉠하얗고 긴 수염을 신기한 눈으로 바라보았대. 그러고는 이렇게 물었지.

"할아버지! 할아버지는 주무실 때 그 수염을 이불 안에 넣나요, 아니면 꺼내 놓나요?"

할아버지는 "예끼! 이 버릇없는 놈." 하고 소리치려다가 문득 자기도 궁금해졌단다. 왜냐하면 수염을 기른 채 몇십 년 동안이나 살아왔지만, 그때까지 한 번도 그런 궁금증을 지녀 본 적이 없었거든.

'허허, 그러고 보니 내가 정말 수염을 꺼내 놓고 잤나, 넣고 잤나?'

아무리 생각해 봐도 ㉡알쏭달쏭하기만 했지. 결국 할아버지는 난처한 얼굴을 하고는 아이에게 이렇게 (㉢) 말할 수밖에 없었단다.

"글쎄다. 허, 참. 이 녀석, 별걸 다 묻는구나. 정 궁금하다면 말이다, 오늘밤에 한번 자 보고 내일 아침에 가르쳐 주마."

– 이어령, "그냥'이 아니라 '왜"

06 **밑줄 친 ㉠과 가장 관련이 깊은 낱말은 무엇인가요?**

① 성성하다 ② 울창하다 ③ 무성하다
④ 흥건하다 ⑤ 희박하다

07 **주어진 초성을 참고하여, 윗글의 밑줄 친 ㉡을 대신하여 쓸 수 있는 낱말을 써 보세요.**

ㅇ ㅁ ㅁ ㅎ

08 **㉢에 들어갈 수 있는 낱말로 적절한 것은 무엇인가요?**

① 성글게 ② 변변찮게 ③ 변변하게
④ 오롯하게 ⑤ 파다하게

관용 표현 익히기

정답과 해설 10쪽 

■ 다음 만화를 보고, 밑줄 친 말의 뜻을 추측하여 말해 보세요.

민하 어머님,
민하가 아직 학교에 오지 않았어요. 무슨 일이 있나요?
어머, 민하가 선생님의 애간장을 태웠군요. 민하가 늦잠을 자서 조금 늦게 출발했답니다.
늦어서 죄송해요, 선생님. 한 번만 용서해 주세요, 네? 제가 선생님 세상에서 제일 사랑하는 거 아시죠?
아이고, 민하가 이번에는 선생님의 애간장을 녹이는구나!

'애간장을 태우다'

이 말은 몹시 초조하고 안타까워서 속을 많이 태운다는 뜻입니다. '애간장'은 초조한 마음속을 뜻하는 말이에요. 친구와 만나기로 약속을 했는데 연락도 없이 친구를 기다리게 하거나, 친구 집에서 늦은 시간까지 놀다가 부모님께 연락을 못 했다면 여러분은 기다리는 친구나 부모님의 애간장을 태우게 될 거예요.

'애간장을 녹이다'

이 말은 비위를 맞추려는 말이나 아양 따위로 상대편이 기뻐하고 즐거워하는 마음이 들도록 한다는 뜻입니다. 자신이 누군가의 마음에 들고 싶을 때, 친구의 불편한 마음을 풀어주고 싶을 때 상대방의 기분이 좋아지는 말이나 행동을 하게 될 거예요. 그러한 말과 행동이 상대방의 애간장을 녹일 수 있겠죠? 참, '애간장을 녹이다'는 이러한 뜻으로 쓰일 때도 있지만, '애간장을 태우다'와 유사한 의미로 쓸 수도 있답니다.

활동

다음 (　　) 안에 들어갈 알맞은 말을 쓰세요.

• 결혼식장에서 축가를 부르는 아이들의 맑고 고운 목소리가 하객들의 애간장을 (　　　　).
하객들의 얼굴에는 잔잔한 미소가 피어나고 있었다.

나부끼다

가벼운 물건이 바람을 받아 날리어 움직이다. 또는 그렇게 하다.

예 바람에 **나부끼는** 머리카락이 얼굴을 다 가렸다.

친절한 샘 '나부끼다'보다는 흔들리는 정도가 여린 느낌을 주는 말로 '산들거리다'가 있어요. '산들거리다'는 '사늘한 바람이 가볍고 보드랍게 자꾸 불다.' 혹은 '바람에 물건이 가볍고 보드랍게 자꾸 흔들리다.'라는 의미로 쓰여요.

일렁이다

크고 긴 물건이나 물결 등이 이리저리 크게 흔들리다.

예 바람이 불어올 때마다 억새들이 **일렁이고** 있었다.

친절한 샘 봄 소풍을 갔을 때 꽃들이 바람에 일렁이는 모습을 본 적이 있나요? 물결처럼 일렁이는 많은 꽃을 비유적으로 일러 '꽃물결'이라고 해요.

수선

사람의 정신을 어지럽게 만드는 시끄러운 말이나 혼란스러운 행동.

예 교실에 들어온 벌레를 잡겠다고 학생들은 소리를 지르며 **수선**을 떨었다.

친절한 샘 '정신이 어지럽게 자꾸 떠들다.'의 의미로 쓸 때는 '수선거리다'라고 말해요. '수선'과 비슷한 말인 '부산'은 급하게 서두르거나 시끄럽게 떠들어 어수선함을 뜻하는 말이에요.

흘기다

눈동자를 옆으로 굴리어 못마땅하게 노려보다.

예 언니는 못마땅한 얼굴을 하고 줄곧 나에게 눈을 **흘기고** 있었다.

친절한 샘 '노려보다'는 '나쁜 감정을 갖고 누군가를 날카롭고 무섭게 보다.'는 뜻이에요. '부릅뜨다'는 '무섭고 사납게 눈을 크게 뜨다.'라는 뜻이에요.

사부작거리다

별로 힘들이지 않고 계속 가볍게 행동하다.

예 아이와 강아지는 **사부작거리며** 놀고 있다.

친절한 샘 '허덕거리다'는 '사부작거리다'와 달리 '힘에 부쳐 자꾸 쩔쩔매거나 괴로워하며 애쓰다.'라는 뜻이에요.

선회하다

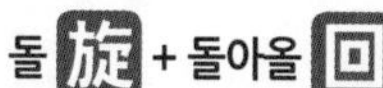

둘레를 빙글빙글 돌다.

예 주변을 **선회하던** 새들도 어디론가 가고 없다.

친절한 샘 '에돌다'는 '이리저리 빙빙 돌거나 휘돌다.'의 의미로 쓰이는 말이에요. 그리고 '순회하다'는 '여러 곳을 돌아다니다.'라는 뜻이에요.

보행

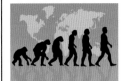

걸음 步 + 다닐 行

걸어 다님.

예 공사 관계로 **보행**에 불편을 드려 죄송합니다.

친절한 샘 '직립 보행(直立步行)'은 등을 꼿꼿이 세우고 두 다리로 걷는 일을 말하는데, 주로 인간이 이동하는 형태를 이르는 말이에요. 직립 보행을 할 수 있었기 때문에 인간은 자유로운 손을 가지게 되었죠.

잰걸음

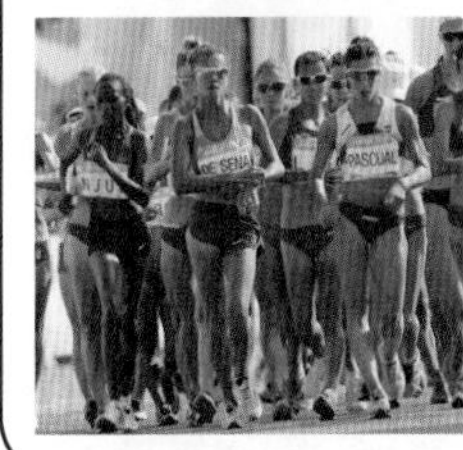

보폭이 짧고 빠른 걸음.

예 그녀는 **잰걸음**으로 비탈길을 내려갔다.

친절한 샘 '보폭(步幅)'은 걸음을 걸을 때 앞발과 뒷발 사이의 간격을 말해요. '보폭'은 다른 말로 '걸음나비'라고도 한답니다.

출몰

날 出 + 잠길 沒

어떤 현상이나 대상이 나타났다 사라졌다 함.

예 이곳은 야생 사슴의 **출몰**이 잦은 지역입니다.

친절한 샘 '出(날 출)'이 쓰인 '일출(日出)'은 해가 뜨는 것을 의미하고, '沒(잠길 몰)'이 쓰인 '일몰(日沒)'은 해가 지는 것을 의미해요.

하산하다

아래 下 + 산 山

산에서 내려오거나 내려가다.

예 우리 가족은 산 정상에서 사진을 찍고 다 함께 **하산하였다**.

친절한 샘 '하산하다'의 반대말인 '등산하다(登山)-'는 '운동, 놀이, 탐험 따위의 목적으로 산에 오르다.'라는 의미로 쓰입니다.

어휘 더하기

형태는 같지만 의미가 다른 말(동형어)

쓰다[1] [비슷한말] 기록하다

연필이나 펜 등의 필기도구로 종이 등에 획을 그어서 일정한 글자를 적다.

쓰다[2] [비슷한말] 착용하다

모자 따위를 머리에 얹어 덮다.

쓰다[3] [비슷한말] 사용하다

어떤 일을 하는 데에 재료나 도구, 수단을 이용하다.

쓰다[4] [비슷한말] 쓰디쓰다

약의 맛과 같다.

우리말에서 '쓰다'는 왼쪽과 같이 다양한 의미로 쓰입니다. 각각의 의미는 우연히 소리가 같아진 것일 뿐, 서로 관련이 없습니다. 그래서 각각의 낱말을 비슷한 말로 바꾸어 보면, 전혀 다른 단어가 나오게 되지요.

밑줄 친 말을 의미가 비슷한 말로 바꾸어 써 보세요.

(1) 손을 헹굴 때는 깨끗한 물을 <u>써야지</u>.
(2) 오늘 있었던 일을 일기장에 연필로 <u>써야지</u>.

문제로 확인하기

01 **다음 낱말의 뜻을 살펴보고, 문장에 알맞은 낱말에 ○ 표시를 하세요.**

1

나부끼다: 가벼운 물건이 바람을 받아 날리어 움직이다. 또는 그렇게 하다.

일렁이다: 크고 긴 물건이나 물결 등이 이리저리 크게 흔들리다.

바다에서 (나부끼는 / 일렁이는) 파도를 지켜보니 속이 시원해지는 것 같다.

2

사부작거리다: 별로 힘들이지 않고 계속 가볍게 행동하다.

허덕이다: 힘에 부쳐 자꾸 쩔쩔매거나 괴로워하며 애쓰다.

콧노래를 흥얼거리는 지은이는 (사부작거리며 / 허덕이며) 책상을 정리하였다.

02 **다음에 제시된 뜻, 예문을 참고하여 알맞은 낱말을 써 보세요.**

1 [   ] : 걸어 다님.

예 그는 어제 발목을 다쳐서 [ㅂ ㅎ]에 불편을 느끼고 있다.

2 [   ] : 보폭이 짧고 빠른 걸음.

예 마음이 바빠진 효주는 [ㅈ ㄱ ㅇ]으로 집을 향하고 있었다.

3 [   ]다 : 눈동자를 옆으로 굴리어 못마땅하게 노려보다.

예 아무도 모르게 간식을 먹어 치운 동생을 나는 [ㅎ ㄱ]어 보았다.

03 **반대되는 뜻을 지닌 말끼리 바르게 묶인 것은 무엇인가요?**

㉠ 수선 – 부산	㉡ 등산하다 – 하산하다
㉢ 일출 – 일몰	㉣ 선회하다 – 에돌다

① ㉠, ㉡　② ㉠, ㉢　③ ㉡, ㉢
④ ㉠, ㉡, ㉢　⑤ ㉡, ㉢, ㉣

04 밑줄 친 부분이 제시된 의미로 쓰인 문장에 ○표를 하세요.

1 어떤 일을 하는 데에 재료나 도구, 수단을 이용하다.

① 인류가 지금처럼 물을 헛되이 쓰면 언젠가 깨끗한 물이 부족해질 것이다. (　　)

② 사회자의 안내에 따라 면사포를 쓴 신부가 신랑을 향해 걸어가고 있었다. (　　)

2 붓, 펜, 연필과 같이 선을 그을 수 있는 도구로 종이 따위에 획을 그어서 일정한 글자의 모양이 이루어지게 하다.

① 오늘 배운 내용을 다음 시간까지 공책에 두 번씩 써 오는 것이 숙제이다. (　　)

② 내일까지는 컴퓨터를 쓰지 않고 책 읽기에만 집중해 보려고 한다. (　　)

05 ㉠~㉤에 알맞은 낱말을 <보기>에서 찾아 문장에 어울리게 고쳐 쓰세요.

바람이 (㉠　　)니까 정말 기분이 좋은데?
바람이 불 때마다 코스모스가 (㉡　　)을 만드는 모습이 정말 멋져.
앗, 저기 잔디밭 위에 (㉢　　) 있는 토끼 보여? 방금 막 다람쥐도 지나갔어!
여기가 다람쥐의 (㉣　　) 지역이었어? 내가 눈을 (㉤　　) 반드시 다람쥐를 찾아내겠어!

보기

보행　출몰　꽃물결　에돌다　잰걸음　흘기다　부릅뜨다　산들거리다

06~07 **다음 글을 읽고 물음에 답해 보세요.**

"아니, 조정 대신이란 놈들이 나라를 팔아먹으려 드는데 우리 같은 여자들이 나선다고 뭐가 달라지겠소? 자칫 괜한 목숨만 버릴 뿐이오."

그 말이 떨어지기가 무섭게 여기저기서 ㉠술렁거렸다. 기껏 뜨겁게 달아오른 열기가 금세 차갑게 식을 판이었다.

"그럼 나라를 빼앗기고 왜놈들 종으로 살자는 것입니까?"

윤희순이 다시 마음을 가다듬고 큰 소리로 부르짖자 마을 아낙네들의 눈길이 또다시 윤희순에게 쏠렸다.

……

마침내 윤희순은 마을 아낙네들을 끌어모아 안사람 의병대를 만들었다.

"의병을 도와 나라를 구합시다!"

맨 먼저 안사람 의병대는 집집마다 ㉡찾아다니며 모금을 했다.

"왜놈들이 우리나라를 집어삼키려 합니다. 의병을 도와주십시오."

안사람 의병대의 눈물 어린 하소연은 많은 사람들의 마음을 움직였다.

– 정종숙, '의병장 윤희순'

06 주어진 초성을 참고하여 밑줄 친 ㉠, ㉡과 의미가 유사한 낱말을 각각 쓰세요.

1

㉠ **술렁거렸다**: 자꾸 어수선하게 소란이 일었다.

→ 

2

㉡ **찾아다니며**: 어떤 사람을 만나거나 어떤 곳을 보러 여기저기로 옮겨 다니며

→ 

07 윗글을 통해 알 수 있는 내용이 아닌 것은 무엇인가요?

① 윤희순의 기여로 안사람 의병대가 만들어졌다.
② 안사람 의병대는 마을 아낙네들로 구성되어 있었다.
③ 안사람 의병대의 활동은 많은 사람들의 마음을 움직였다.
④ 여성이 나라 문제에 나서는 것에 반대하는 의견도 있었다.
⑤ 윤희순은 조정 대신들이 제 역할을 하도록 도우려 하였다.

정답과 해설 11쪽

■ 다음 만화를 보고, 밑줄 친 말의 뜻을 추측하여 말해 보세요.

✎ '우공이산(愚公移山)'

우공이 산을 옮긴다는 뜻으로, 어떤 일이든 끊임없이 노력하면 반드시 이루어짐을 이르는 말이에요. 옛날에 '우공(愚公)'이라는 노인이 살고 있었는데, 집 앞에 아주 크고 높은 산이 둘이나 있어 생활하기가 몹시 불편해서 온 가족을 설득해 산의 흙을 옮기기 시작했답니다. 언제 산을 다 옮기겠냐며 사람들이 비웃자, 노인은 자신이 죽으면 아들이, 아들이 죽으면 손자가 계속 옮기다 보면 끝내 산을 다 옮길 수 있지 않겠냐며 흙을 옮기기를 멈추지 않았어요. 결국 이에 감동한 하느님이 두 산을 멀리 옮겨 주었다고 해요. 이와 같이 노력하는 자에게는 반드시 결실이 주어진답니다!

예 내가 매일 같이 어휘 공부를 하는 이유는 우공이산이 나의 좌우명이기 때문이다.

✎ 다음 한자를 따라 써 보면서 '우공이산'의 뜻을 외워 보세요.

愚	公	移	山
어리석을 우	공변될 공	옮길 이	뫼 산
愚	公	移	山

愚	公	移	山

활동

다음 중 '우공이산'과 유사한 뜻을 지닌 속담에 모두 ✔표시를 하세요.

- ☐ 믿는 도끼에 발등 찍힌다.
- ☐ 티끌 모아 태산
- ☐ 바늘 도둑이 소 도둑 된다.
- ☐ 무쇠도 갈면 바늘 된다.

맞들다

물건을 양쪽에서 마주 들다.

예 나는 형과 무거운 책상을 **맞들어** 옮겼다.

친절한 샘 '맞-'이 들어가는 말 중에 '맞서다', '맞붙다'도 있어요. '서로 마주 서다.'라고 할 때는 '맞서다', 서로 마주 닿다.'라고 할 때는 '맞붙다'라고 해요.

일조하다 하나 一 + 도울 助

얼마간의 도움이 되다.

예 우리 학급을 위해 내가 **일조할** 수 있는 일은 무엇이 있을까?

친절한 샘 '협조하다'는 '힘을 보태어 돕다'라는 뜻이죠. 한 사람이 아니라 여러 사람이 함께 도와주거나 서로 도울 때는 '공조하다'라는 말을 쓸 수 있어요.

재촉하다

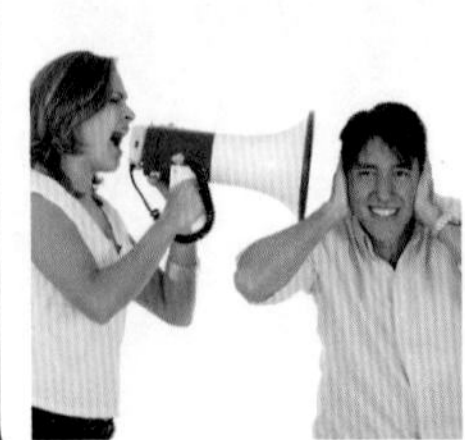

어떤 일을 빨리하도록 조르다.

예 엄마는 아이에게 빨리 따라오라고 **재촉하였다**.

친절한 샘 '성화같다'는 재촉 따위가 몹시 급하고 심하다는 뜻이에요. '성화'는 원래 별똥별을 가리키는 말이라는 점을 생각하면 재촉을 얼마나 급하게 하는 것인지 알 수 있겠죠?

조아리다

상대편에게 존경의 뜻을 보이거나 애원하느라고 이마가 바닥에 닿을 정도로 머리를 자꾸 숙이다.

예 신하들이 왕에게 머리를 **조아리며** 간청하였다.

친절한 샘 병자호란 때 조선은 청나라에 맞서 싸웠지만 결국 지고 말았어요. 당시 조선의 왕이었던 인조는 청나라의 황제에게 머리를 조아리며 굴욕적인 항복을 하였죠. 국력의 소중함을 깨우쳐 준 사건이었어요.

조정하다 고를 調 + 머무를 停

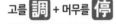

다툼이 있는 사이에 끼어서 서로 화해하게 하거나 서로 양보하여 의견을 서로 같게 만들다.

예 친구들 간의 갈등을 지혜롭게 **조정할** 수 있는 방법이 생각났다.

친절한 샘 본래 악기의 소리를 기준이 되는 음에 맞추어 고른다는 말인 '조율하다'에는 여러 입장의 차이에서 생긴 문제를 해결하기 위하여 정도를 조절한다는 의미도 있답니다.

완비하다 완전할 完 + 갖출 備

빠짐없이 완전히 갖추다.

예 이 병원은 최신 의료 기구를 **완비하고** 있다.

친절한 샘 아직 다 갖추지 못한 상태에 있다고 말할 때는 '미비하다'라고 말하면 된답니다.

일구다

논밭을 만들기 위하여 땅을 파서 일으키다.

㉮ 우리 가족은 작은 땅을 **일구어서** 상추와 깻잎을 심기로 하였다.

친절한 샘 밭에 가 보면 길게 흙을 불룩하게 쌓아 놓은 부분이 있고, 반대로 움푹하게 들어간 부분이 있어요. 이때 불룩한 부분을 '이랑', 움푹하게 들어간 부분을 '고랑'이라고 불러요.

채취하다 캘 採 + 취할 取

풀, 나무, 광석 따위를 찾아 베거나 캐거나 하여 얻어 내다.

㉮ 오늘은 뒷마당의 쑥을 **채취할** 계획이다.

친절한 샘 곤충이나 물고기를 채집해 본 일이 있나요? '채집하다'는 '널리 찾아서 얻거나 캐거나 잡아 모으다.'라는 뜻이랍니다.

훼손하다 헐 毁 + 덜 損

헐거나 깨뜨려 못 쓰게 만들다.

㉮ 자연환경을 **훼손하면** 인간도 결국 피해를 입게 된다.

친절한 샘 '훼손하다'와 의미가 비슷한 말인 '파손하다'는 '깨어져 못 쓰게 되다. 또는 깨뜨려 못 쓰게 하다.'라는 의미로 쓰이는 말입니다.

조망하다 바라볼 眺 + 바랄 望

먼 곳을 바라보다.

㉮ 우리는 산 정상에 올라 깨끗하게 변한 호수를 **조망하였다**.

친절한 샘 '조망대'는 먼 곳을 바라볼 수 있게 만든 곳을 말해요. 겨울에 철새 조망대를 가면 수만 마리의 철새가 날아오르는 모습을 볼 수 있답니다.

어휘 더하기

형태가 비슷해서 헷갈리기 쉬운 말

담다
어떤 물건을 그릇 따위에 넣다.

담그다
김치 · 술 · 장 · 젓갈 따위를 만드는 재료를 버무리거나 물을 부어서, 익거나 삭도록 그릇에 넣어 두다.

담기다
어떤 물건이 그릇 등에 넣어지다.

요즘에는 김치를 사 와서 먹는 사람들이 많지만, 예전에는 집에서 직접 김치를 담가 먹는 경우가 많았어요. 겨울철에 먹을 김치를 한꺼번에 많이 담그는 일을 '김장'이라고 말해요. 참, '담구다'는 '담그다'를 잘못 쓴 표현이니까 사용하지 않도록 해요.

( ) 안에 들어갈 낱말로 적절한 것에 동그라미 치세요.

어제 우리 집에서 온 가족이 다함께 겨울에 먹을 김치를 (담았어 / 담갔어 / 담기었어).

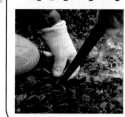

문제로 확인하기

01

빈칸에 들어갈 낱말의 초성과 뜻을 보고, 알맞은 낱말을 써 넣어 문장을 완성해 보세요.

1 두 학생이 책상을 (ㅁ ㄷ)고 교실 밖으로 나가고 있다.
물건을 양쪽에서 마주 들다.

2 그가 우리에게 (ㅎ ㅈ)하여 주기만 한다면 모두가 기뻐할 것이다.
힘을 보태어 돕다.

3 우리와 그들이 다투지 않도록 의견을 (ㅈ ㅈ)하여 줄 사람이 필요하다.
다툼이 있는 사이에 끼어서 서로 화해하게 하거나 서로 양보하여 의견을 서로 같게 만들다.

02

다음에 제시된 낱말과 관련이 있는 것을 <보기>에서 골라 쓰세요.

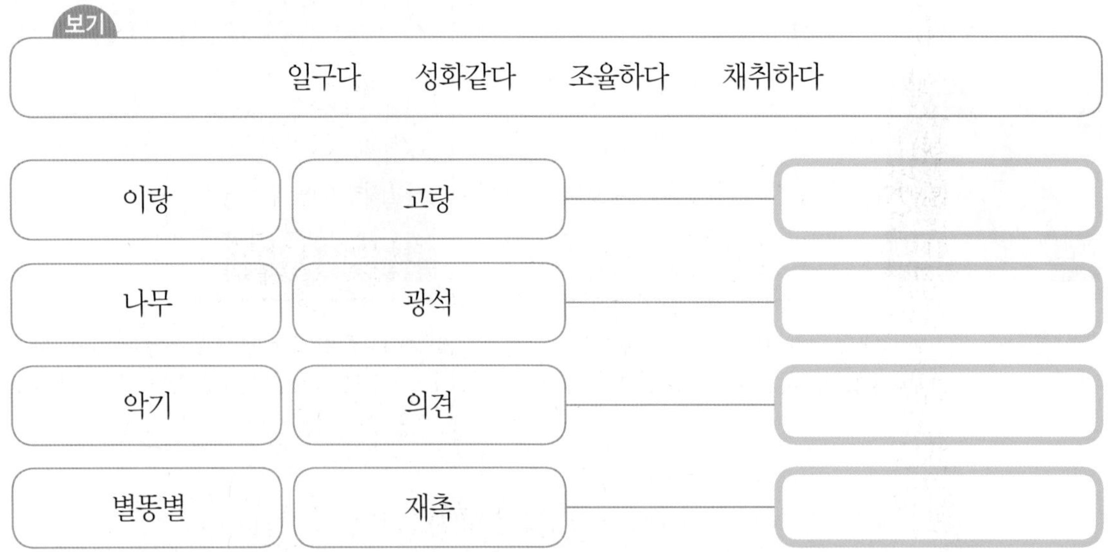

보기
일구다 성화같다 조율하다 채취하다
이랑 고랑
나무 광석
악기 의견
별똥별 재촉

03

빈칸에 들어갈 낱말을 찾아 선으로 바르게 이어 보세요.

1 더 올라가면 멋진 풍경을 ________ 수 있겠다. •

2 적에게 머리를 ________ 일이 반복되면 안 된다. •

3 이곳에서는 물고기를 ________ 일이 불법이다. •

4 실수로 사물함을 ________ 잘못을 저질렀다. •

• ㉠ 채집하는

• ㉡ 조망할

• ㉢ 조아리는

• ㉣ 훼손하는

04 다음 빈칸에 들어가기에 적절한 낱말을 <보기>에서 찾아 쓰세요.

보기

담겨　　담고　　담그고

1 유나네 식구들이 김치를 ______________ 있다.

2 유나가 김치를 그릇에 ______________ 있다.

3 유나네 김치가 그릇에 ______________ 있다.

05 ㉠~㉣에 알맞은 낱말을 <보기>에서 찾아 문장에 어울리게 고쳐 쓰세요.

보기

공조하다　미비하다　완비하다　일조하다　재촉하다　채집하다　훼손하다

06~08 다음 글을 읽고 물음에 답해 보세요.

공정 무역이란 생산자의 노동에 정당한 대가를 지불해 생산자가 경제적 자립과 발전을 하도록 ㉠돕는 무역입니다. 인천광역시는 공정 무역 상품을 사용하고 공정 무역을 확산시키기 위한 활동을 지원해 실질적인 변화를 만들어 내는 도시가 되었습니다. 우리도 공정 무역 제품을 사용해 이러한 변화에 동참해야 합니다.

……

『인간의 얼굴을 한 시장 경제, 공정 무역』이라는 책에 따르면 바나나를 재배하는 대부분의 대농장은 원가를 절감하느라 위험한 농약을 대량으로 살포합니다. 대농장 가까이에 사는 노동자들의 음식과 식수는 이 독극물로 오염됩니다. 한 코스타리카 농장을 대상으로 한 연구에서 남성 노동자 가운데 20퍼센트가 그런 화학 물질을 다룬 뒤 불임이 되었다고 합니다. 또 바나나를 (㉡) 나르는 여성 노동자들은 백혈병에 걸릴 확률이 평균 발병률보다 두 배나 높게 나타났다고 합니다. 하지만 공정 무역은 농민들이 농약과 화학 비료를 적게 쓰고 유기농으로 농사를 짓게 하여 이러한 문제를 해결하려고 노력하고 있습니다.

– 전국 사회 교사 모임, '공정 무역 제품을 사용합시다'

06 밑줄 친 ㉠을 대신하여 쓰기에 적절한 낱말은 무엇인가요?

① 재촉하는　② 완비하는　③ 일조하는
④ 조정하는　⑤ 조율하는

07 제시된 의미와 초성을 참고하여 윗글의 ㉡에 들어갈 말을 쓰세요.

• 풀, 나무, 광석 따위를 찾아 베거나 캐거나 하여 얻어 내다.

ㅊ ㅊ 하여

08 윗글을 읽은 학생들의 반응으로 적절하지 않은 것은 무엇인가요?

① 세나 : 공정 무역을 하면 생산자의 노동에 정당한 대가를 지불할 수 있겠구나.
② 하연 : 인천광역시에서 공정 무역을 확산하기 위해 어떤 지원을 하는지 알고 싶어.
③ 희원 : 대부분의 바나나 대농장에서 농약을 통해 원가를 얼마나 절감하는지 궁금해.
④ 진혁 : 공정 무역이 이루어진 바나나는 상대적으로 적은 농약이 사용되겠구나.
⑤ 혜경 : 농약이 미치는 악영향은 남성보다 여성에게 훨씬 크다는 것을 알게 되었어.

관용 표현 익히기

정답과 해설 13쪽

■ 다음 만화를 보고, 밑줄 친 말의 뜻을 추측하여 말해 보세요.

다인아, 받아!
21
Goal
슛! 김다인 선수, 골인입니다!
김다인 선수, 오늘 결승골의 주인공입니다. 소감을 말씀해 주세요.
신주아 선수처럼 손발이 맞는 친구가 있어서 골을 넣을 수 있었어요. 고마워, 주아야!

'손발이 맞다'

이 말은 함께 일을 하는 데에 마음이나 의견, 행동 방식 따위가 서로 맞다는 뜻입니다. 소방관들이 구조 현장에서 짧은 시간 안에 사람들을 구조해야 할 때, 학급에서 친구들과 모둠을 만들어 어려운 과제를 해결해야 할 때에 손발이 맞는 친구가 있다면 한결 수월하게 문제 상황을 해결할 수 있겠지요? '손발이 맞다'와 의미가 비슷한말로 '호흡이 맞다'가 있답니다.

'손발이 따로 놀다'

이 말은 '손발이 맞다'와 반대로 함께 일을 하는 데에 마음이나 의견, 행동 방식 따위가 서로 맞지 않다는 뜻으로 쓰는 표현이에요. 함께 연극 공연을 준비할 때 배우가 연출자의 지시를 따르지 않거나, 오케스트라 연주에서 각각의 연주자가 호흡을 맞추어 연주를 하지 못할 때 손발이 따로 논다고 말할 수 있겠습니다.

활동

다음 (　　) 안에 들어갈 알맞은 말을 쓰세요.

(1) 우리는 함께 일한 지 오래되지 않았지만, 손발이 (　　　　) 일의 진행 속도가 빠릅니다.

(2) 우리 밴드는 연습을 많이 했지만, 막상 무대 위에 올라가니 긴장이 되어서 손발이 (　　　　) 아쉬운 모습을 보여 주었습니다.

Ⅱ

역사·사회·문화

11강 개화기~일제 강점기와 관련한 말

12강 전쟁과 관련한 말

13강 옛사람들의 삶과 관련된 말

14강 경제와 관련한 말

15강 민주 정치와 관련한 말

16강 법과 권리와 관련한 말

17강 현대 사회와 관련한 말

18강 지구촌과 관련한 말

19강 문화 예술과 관련한 말

계몽

열 啓 + 어릴 蒙

지식이 없는 사람들을 가르쳐서 올바른 지식을 가지게 함.

예 지식인들은 국민들의 **계몽**을 위해 힘썼다.

친절한 샘 '개화'는 외국의 발전한 사상과 문물을 받아들여 생각과 생활 방식이 바뀌는 것을 뜻해요. 개화기 무렵에 많은 국민들이 문맹 상태였다고 하는데요, '문맹'은 배우지 못하여 글을 읽거나 쓸 줄을 모르는 것을 뜻해요.

신학문

새로울 新 + 배울 學 + 물을 問

개화기에 서양에서 우리나라에 들어온 새 학문.

예 개화기 학자들은 주로 청나라에서 서양의 **신학문**을 접하였다.

친절한 샘 개화기에 정부는 국민에게 애국심을 일깨우고 신학문을 가르치기 위해 근대 학교를 설립했는데, 1886년 정부에서 세운 최초의 근대식 학교는 '육영 공원'입니다. 이 학교에서는 영어를 위주로 세계사와 지리·수학 등 신학문을 가르쳤다고 해요.

개혁

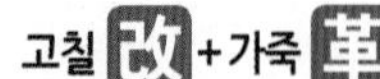

고칠 改 + 가죽 革

불합리한 제도나 기구 등을 새롭게 뜯어고침.

예 농민들은 나라의 조세 제도를 **개혁**하라며 나섰다.

친절한 샘 '개혁'과 헷갈리기 쉬운 말로 '개선'과 '혁명'이 있어요. '개선'은 부족하거나 나쁜 점을 고쳐서 더 좋아지게 하는 것을 뜻하고, '혁명'은 국가나 사회의 제도와 조직 등을 근본부터 새롭게 고치는 일을 뜻해요.

강점기

강할 强 + 차지할 占 + 때 期

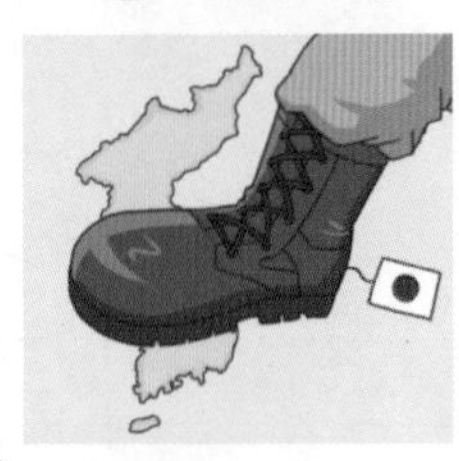

남의 물건, 영토, 권리 따위를 강제로 차지한 시기.

예 수많은 청년들이 일제의 **강점기**에 독립을 위해 싸웠다.

친절한 샘 일제 강점기는 1910년에 나라의 주권을 일본에 빼앗긴 이후 1945년에 해방되기까지 35년간의 시기를 가리켜요. 다시는 반복되지 말아야 할 아픈 역사랍니다. 남의 물건이나 권리를 강제로 빼앗는 것을 '강탈'이라고 해요.

공출

이바지할 供 + 날 出

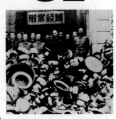

국민이 국가의 요구에 따라 물자나 식량 등을 의무적으로 내어놓음.

예 가혹한 식량 **공출**로 식민지의 백성들은 먹을 것이 없었다.

친절한 샘 '공(供)'으로 시작하는 말 중에서 '공급'은 요구나 필요에 따라 물건이나 돈 등을 제공하는 것을 뜻해요. 그리고 '공양'은 어른에게 좋은 음식을 대접하며 잘 모시는 것을 뜻해요.

징병

부를 徵 + 군사 兵

나라에서 병역 의무가 있는 사람을 강제로 불러 모아 일정 기간 동안 군인의 임무를 수행하게 함.

예 삼촌은 **징병**의 의무를 다하고 돌아왔다.

친절한 샘 '징용'은 나라에서 강제로 국민을 데려다가 일하게 하는 것을 뜻해요. 일제 강점기에 많은 조선인이 징용되어 탄광과 공장 등에서 고된 노동에 시달렸어요.

순사

돌 巡 + 조사할 査

일제 강점기에 둔, 경찰관의 가장 낮은 계급의 사람.

예 칼을 찬 **순사**가 난데없이 나타나 청년을 잡아갔다.

친절한 샘 일제 강점기에 순사들은 독립운동만이 아니라 시시콜콜한 일상사까지 감시하고 탄압하였어요. 우는 아이를 달랠 때 썼던 "호랑이 온다!"라는 말이 이 시기에는 "순사 온다!"로 바뀌었다고 하니 당시 사람들이 순사를 얼마나 무서워했는지 짐작이 가죠?

저항

거스를 抵 + 막을 抗

어떤 힘이나 조건에 굽히지 않고 거역하거나 견딤.

예 독립운동가들은 일제에 대한 **저항**을 계속하였다.

친절한 샘 저항하지 못하고 적이나 상대편의 힘에 눌려 자신의 뜻을 굽히고 따르는 것을 '항복'이라고 해요. 이와 비슷하게 다른 사람의 뜻이나 명령에 그대로 따르는 것을 '굴복', '복종'이라고 하죠.

광복

빛 光 + 돌아올 復

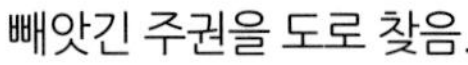

빼앗긴 주권을 도로 찾음.

예 **광복**을 맞은 국민들은 거리로 나와 환호성을 질렀다.

친절한 샘 '광복'과 비슷한 말에 '해방'과 '독립'이 있어요. '해방'은 자유를 억압하는 것으로부터 벗어난 것을 뜻하고, '독립'은 남에게 의존하거나 매여 있지 않은 것을 뜻해요.

의사

옳을 義 + 선비 士

나라와 민족을 위해 몸을 바쳐 일한 의로운 사람.

예 윤봉길 **의사**는 조국을 위해 목숨을 바쳤다.

친절한 샘 나라를 위하여 절개와 의리를 굳게 지키며 충성을 다하여 싸운 사람을 가리키는 말로 '열사'도 있어요. 의사나 열사처럼 정의를 위하여 옳은 일을 일으키는 것을 '의거'라고 하죠.

어휘 더하기

형태와 발음을 구분해야 하는 말

빗 [빋]

머리카락을 가지런하게 할 때 쓰는 물건.

예 빗으로 머리를 빗었다.

빚 [빋]

남에게 빌려 써서 갚아야 하는 돈.

예 열심히 일해서 빚을 모두 갚았다.

빛 [빋]

해, 달, 전등, 불 등에서 나와 사물을 밝게 비추는 것.

예 빛이 찬란하게 빛나고 있다.

'빗', '빚', '빛'은 형태가 비슷하기 때문에 구별하지 못하고 잘못 쓰는 경우가 종종 있답니다. 심지어 발음도 잘못하는 경우가 있지요. 각각을 발음하면 [빋]으로 같지만, 뒤에 '이'를 붙이면 '빗이[비시]', '빚이[비지]', '빛이[비치]'로 발음이 다르답니다.

(　　) 안에 들어갈 알맞은 낱말을 써 보세요.

방 안에 (　　)이 들지 않아 컴컴해서 머리를 손질할 (　　)을 찾지 못하겠어.

문제로 확인하기

01 **빈칸에 들어갈 낱말의 초성과 뜻을 보고, 알맞은 낱말을 써 넣어 문장을 완성해 보세요.**

1 안창호는 서양인 선교사가 세운 구세학당에서 (ㅅ ㅎ ㅁ)을/를 공부했다.
개화기에 서양에서 우리나라에 들어온 새 학문.

2 대학생인 큰오빠는 군대에 가기 위해 어제 (ㅈ ㅂ) 검사를 받으러 병무청에 갔다.
나라에서 병역 의무가 있는 사람을 강제로 불러 모아 일정 기간 동안 군인으로 복무하게 함.

3 일제 강점기에는 서슬 퍼런 (ㅅ ㅅ)들의 감시에 우리말을 제대로 가르칠 수 없었습니다.
일제 강점기에 둔, 경찰관의 가장 낮은 계급. 또는 그 계급의 사람.

02 **다음 두 낱말의 뜻을 참고하여, 아래 문장의 빈칸에 들어가기에 알맞은 낱말을 찾아 써 보세요.**

공출 : 국민이 국가의 요구에 따라 물자나 식량 등을 의무적으로 내어놓음.
공급 : 요구나 필요에 따라 물건이나 돈 등을 제공함.

1 지진 피해를 입은 나라에 세계 각지에서 구호품 ☐☐이 계속되었다.

2 일제는 전국에 ☐☐ 명령을 내려 전쟁에 필요한 물자를 거둬들이게 하였다.

03 **빈칸에 들어갈 말을 바르게 묶은 것은 어느 것인가요?**

- 19세기 후반 사회가 (㉠)되면서 여성들의 교육 기회도 늘어났다.
- 정치 (㉡)을/를 추진하여 낡고 부패한 제도를 개선하기 위해 노력하였다.
- 최용신은 강연회를 열거나 책을 발행하여 글을 모르는 사람들을 (㉢)하고자 하였다.

	㉠	㉡	㉢
①	개화	계몽	개혁
②	개화	개혁	계몽
③	개혁	개화	계몽
④	개혁	계몽	개화
⑤	계몽	개혁	개화

04 빈칸에 들어갈 알맞은 말을 오른쪽에서 찾아 선으로 이어 보세요.

1 말 한 마디로 천 냥 (   )도 갚는다는 말이 있어. • • ㉠ 빗
2 강한 (   ) 때문에 눈을 제대로 뜰 수 없었다. • • ㉡ 빚
3 소원아, 머리를 정리하게 (   ) 좀 빌려줘. • • ㉢ 빛

05 다음 문장에서 밑줄 친 부분의 올바른 발음을 써 보세요.

1 무지개에는 여러 가지 빛이 있어요.
[   ]

2 우리가 부모님께 진 빚은 평생을 두고도 다 갚지 못한다.
[   ]

06 ㉠~㉣에 알맞은 낱말을 <보기>에서 찾아 쓰세요.

이곳은 우리나라의 독립을 위해 일제에 (㉠   )하셨던 분들의 숭고한 정신이 깃든 곳이야.
독립운동가들은 혹독했던 일제 (㉢   )에도 희망을 잃지 않았던 것 같아요.
제가 존경하는 안중근 (㉡   )의 의거와 관련된 자료도 볼 수 있겠군요.
삼일절과 (㉣   )절에 태극기 다는 것을 깜빡했던 게 부끄럽네.

보기
광복 복종 의사 저항 강점기

문제로 확인하기

07~09 **다음 글을 읽고 물음에 답해 보세요.**

징병이다 ㉠징용이다 하면서 밭에서 일하다가도 끌려가는 세상입니다. 공출도 뻔질나서 ㉡기름진 쌀은 다 일본으로 실어 가고, 대신 주는 배급 쌀엔 싸라기가 늘었습니다. 그러더니 그것마저 비행기 기름용으로 짜고 남은 콩깻묵을 끼워 주며 양을 줄였습니다. 우물집 두섭이네도 견디다 못해 개다리소반 등짐에다 깨진 바가지 주렁주렁 매달고 만주로 떠났습니다. 이젠 총알을 만든다고 놋그릇, 놋대야에 돌쟁이 숟가락까지 훑어갑니다.

"그래도…… 좋은 세상은…… 꼭 온다. 봐라, 밖은 지금…… ㉮캄캄한 밤이다. 하지만…… 한잠 자고 나면…… ㉯아침이 와 있지 않던."

방구 아저씨는 눈 끔뻑이며 느릿느릿 말했습니다. 그러면서 열흘 붉은 꽃 없고 달도 차면 기우는 법이라고 쥐 오줌 얼룩진 천장을 보고 중얼거렸습니다.

– 손연자, '방구 아저씨'

07 **밑줄 친 ㉠의 뜻을 바르게 설명한 것은 무엇인가요?**

① 여럿 가운데에서 적당한 사람을 골라 뽑음.
② 죄를 지은 사람을 일정한 장소에 잡아 가둠.
③ 나라에서 강제로 국민을 데려다가 일하게 함.
④ 옳지 않은 일을 하거나 죄를 지은 사람에게 벌을 줌.
⑤ 나라에서 병역 의무가 있는 사람을 강제로 불러 모아 군인으로 복무하게 함.

08 **밑줄 친 ㉡과 반대되는 의미로 사용된 낱말을 찾아 쓰세요.**

____

09 **윗글의 시대적 배경으로 볼 때, ㉮와 ㉯가 가리키는 것을 <보기>에서 각각 찾아 쓰세요.**

보기

개혁 광복 통일 개화기 일제 강점기

㉮: ______________

㉯: ______________

관용 표현 익히기

정답과 해설 14쪽

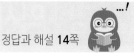

■ **다음 만화를 보고, 밑줄 친 말의 뜻을 추측하여 말해 보세요.**

호랑이도 제 말 하면 온다.

깊은 산에 있는 호랑이조차도 자신에 관하여 이야기하면 찾아온다는 뜻으로, 어느 곳에서나 그 자리에 없다고 남을 흉보아서는 안 된다는 뜻을 지닌 속담입니다. 다른 사람에 관한 이야기를 하는데 공교롭게 그 사람이 나타날 때에도 자주 쓰이죠. 호랑이도 제 말 하면 온다니까 다른 사람에 관해 이야기할 때에는 좋은 말만 하기로 해요.

하룻강아지 범 무서운 줄 모른다.

'하룻강아지'는 태어난 지 얼마 안 되는 어린 강아지를 뜻해요. 아직 상황 판단이 안 되니 호랑이가 얼마나 무서운 줄 모르는 거겠죠? 이 속담은 철없이 함부로 덤비는 경우를 이를 때에 사용한답니다.

활동

다음 속담의 뜻을 참고하여, 빈칸에 '호랑이'가 들어가는 속담에 모두 ✔표시를 하세요.

□ ㉠(　　)에게 물려 가도 정신만 차리면 산다.
뜻 아무리 위급한 경우를 당하더라도 정신만 똑똑히 차리면 위기를 벗어날 수가 있다.

□ ㉡(　　)의 입이 될지라도 소의 꼬리는 되지 마라.
뜻 크고 훌륭한 자의 뒤를 쫓아다니는 것보다는 차라리 작고 보잘것없는 데서 남의 우두머리가 되는 것이 낫다.

□ ㉢(　　) 없는 골에 토끼가 왕 노릇 한다.
뜻 뛰어난 사람이 없는 곳에서 보잘것없는 사람이 득세한다.

□ ㉣못된 (　　) 엉덩이에 뿔이 난다.
뜻 되지못한 것이 엇나가는 짓만 한다.

기습

기이할 奇 + 엄습할 襲

적이 생각지 않았던 때에, 갑자기 들이쳐 공격함. 또는 그런 공격.

예 적들이 **기습** 공격을 해 왔다.

친절한 샘 '엄습'은 뜻하지 아니하는 사이에 습격하는 것을 뜻하고, '습격'은 갑자기 덮쳐서 공격하는 것을 뜻해요. 공통적으로 쓰인 한자 '습(襲)'에는 쳐들어간다는 뜻이 포함되어 있답니다.

무참히

없을 無 + 참혹할 慘

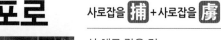

몹시 끔찍하고 비참하게.

예 우리 국토가 적들에게 **무참히** 짓밟혔다.

친절한 샘 '慘(참혹할 참)'이 들어간 말 중에 널리 쓰이는 말에는 '처참히'와 '비참히'가 있어요. '몹시 무서워 떨릴 정도로 슬프고 끔찍하게'를 뜻하는 말이죠. 전쟁은 사람들의 삶을 무참히 망가뜨린답니다.

왜란

왜국 倭 + 어지러울 亂

왜인(일본인)이 쳐들어와서 일으킨 전쟁.

예 임진년(1592)에 **왜란**이 일어났다.

친절한 샘 임진왜란(1592년)은 일본인이, 병자호란(1636년)은 만주인이 침략해 온 전쟁입니다. '호란'은 호인(만주인)들이 일으킨 난리를 뜻해요. 외부에서 침략해 온 것과 달리 나라 안에서 정권을 차지하려고 벌어지는 큰 싸움을 '내란'이라고 해요. 또 부패한 정치에 반대하여 백성들이 일으키는 폭동을 '민란'이라고 해요.

포로

사로잡을 捕 + 사로잡을 虜

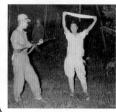

산 채로 잡은 적.

예 그는 전쟁 중에 **포로**로 잡혀갔다.

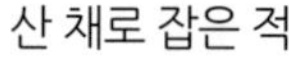

친절한 샘 '잡다'는 뜻을 지닌 한자 '捕'가 들어간 말로 '체포'가 있어요. '체포'는 죄를 지었거나 죄를 지었을 것으로 의심되는 사람을 잡는 것을 뜻해요. 그리고 체포할 때에 죄인을 묶는 끈을 '포승줄'이라고 해요.

의병

옳을 義 + 군사 兵

외적을 물리치기 위하여 백성들이 스스로 조직한 군대.

예 나라가 위험에 빠지자 농민들은 낫을 들고 **의병**에 참여했다.

친절한 샘 '의병'과 달리 국가에 소속되어 있던 정규 군대를 '관군'이라고 하고, 봉급을 주며 부려 쓰는 병사를 '용병'이라고 해요. 요즘에는 스포츠에서 용병 선수라는 말을 많이 듣죠?

토벌

칠 討 + 칠 伐

무력으로 쳐서 없앰.

예 왕은 적을 **토벌**한 장군에게 큰 상을 내렸다.

친절한 샘 '정벌'도 '토벌'과 마찬가지로 적이나 나쁜 무리를 힘으로 물리치는 것을 뜻하고, '소탕'은 모조리 잡거나 없애 버리는 것을 뜻해요.

잔해

쇠잔할 殘 + 뼈 骸

부서지거나 망가져 못 쓰게 되어 남아 있는 물체.

예 그는 부서진 집의 **잔해** 속에서 아이를 구했다.

친절한 샘 '폐허'는 건물 등이 파괴되어 못 쓰게 된 터를 뜻해요. 잔해가 많을 수밖에 없겠죠? 전쟁이라는 비극은 한반도 전역을 폐허로 만들었어요. 이러한 비극이 절대 반복되어서는 안 되겠죠?

전사

싸울 戰 + 죽을 死

전쟁터에서 싸우다 죽음.

예 어머니께서는 삼촌의 **전사** 소식을 전해 듣고 쓰러지셨다.

친절한 샘 '전사'와 뜻이 비슷한말로 '전몰'이 있어요. '순국'은 나라를 위해 목숨을 바치는 것을 뜻해요. 국민의 생명을 지키기 위해 목숨을 바친 '전몰 장병'과 '순국 선열'은 현충원에 모셔져 있어요.

수난

받을 受 + 어려울 難

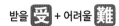

견디기 힘든 어려운 일을 당함.

예 우리 민족은 거듭된 **수난**을 잘 이겨 냈다.

친절한 샘 <수난이대>라는 소설이 있어요. 일제 강점기에 징용으로 끌려가 한쪽 팔을 잃은 아버지와, 6·25 전쟁에 참전하였다가 한쪽 다리를 잃은 아들의 모습을 통해 우리 민족이 겪은 고통과 그 극복 의지를 상징적으로 보여 주는 작품입니다.

복구

회복할 復 + 옛 舊

고장 나거나 파괴된 것을 이전의 상태로 되돌림.

예 폭격으로 파괴된 다리를 **복구**하였다.

친절한 샘 '복(復)' 자가 들어간 말을 좀 더 알아볼까요? '극복'은 나쁜 조건이나 힘든 일 등을 이겨 내는 것을 뜻하고, 그리하여 원래의 상태로 돌이키는 것을 '회복'이라고 해요. '복구'와 모양이 비슷한 '복귀'는 원래의 자리나 상태로 되돌아가는 것을 뜻해요.

어휘 더하기

'-이'가 결합하는 말과 '-히'가 결합하는 말

'-이'를 쓰는 경우

사물의 이름을 나타내는 낱말이 반복되거나, '-하다'가 붙는 말 중에서 'ㅅ'으로 끝나는 말 뒤에 붙여 씀.

예 줄줄이, 따뜻이

'-히'를 쓰는 경우

발음이 분명하지 않아 구별하기 어려운 경우와 '-하다'가 붙을 수 있는 말 뒤에 붙여 씀.

예 조용히, 고요히

엄마 닭을 따라 봄나들이에 나선 병아리들은 '나란이' 걸어갈까요, '나란히' 걸어갈까요? 교실 청소는 '깨끗이' 해야 할까요, '깨끗히' 해야 할까요?

왼쪽의 내용을 공부하니 이제는 정확한 표기가 무엇인지 알 수 있겠죠? '나란히'와 '깨끗이'가 맞아요.

(　　) 안에 들어갈 알맞은 낱말을 골라 ○표 하세요.

낱말을 바르게 표기해야 자신이 생각하는 것을 (정확이/ 정확히) 전달할 수 있습니다.

문제로 확인하기

01 **다음 문장의 밑줄 친 낱말과 바꾸어 쓸 수 있는 낱말을 <보기>에서 골라 써 보세요.**

보기

병사 소탕 전몰 징벌 쓸쓸히 처참히

1 최영 장군이 이끈 고려군은 침략해 온 왜구들을 토벌하는 데 성공하였다. (　　　)

2 현충원에는 나라를 지키다 전사한 군인들의 유해가 안장되어 있다. (　　　)

3 내 노래에 대한 그의 가혹한 평가에 자존심이 무참히 짓밟히는 느낌이 들었다. (　　　)

02 **다음 낱말들에 공통적으로 쓰인 한자 '포(捕)'의 뜻으로 적절한 것은 무엇인가요?**

체포(逮捕) 포로(捕虜) 포승줄(捕繩-)

① 심다 ② 얻다 ③ 잡다
④ 버리다 ⑤ 싸우다

03 **밑줄 친 낱말의 뜻을 오른쪽에서 찾아 선으로 바르게 이어 보세요.**

1 정부는 폭우로 인한 피해 지역의 복구 대책을 발표했다. •

2 그는 명예 회복을 위해 다음 시합에도 출전하기로 했다. •

3 어린아이들은 그 나름의 시련 극복 과정을 통해 성장해 나간다. •

4 국가대표에서 은퇴했던 김 선수가 복귀 선언을 했다. •

• ㉠ 나쁜 조건이나 힘든 일 등을 이겨 냄.

• ㉡ 고장 나거나 파괴된 것을 이전의 상태로 되돌림.

• ㉢ 원래의 자리나 상태로 되돌아감.

• ㉣ 잃었던 것을 되찾거나 나빠졌던 것을 원래의 상태로 돌이킴.

04 밑줄 친 낱말이 바르게 표기된 것만을 모두 고른 것은 무엇인가요?

㉮ 지연이는 점심시간에 틈틈히 음악을 듣는다.
㉯ 이순신 장군의 업적은 역사에 영원히 기록될 것이다.
㉰ 그 지역은 겹겹이 산에 가로막혀 있어 교통이 불편하다.
㉱ 그는 어려움 속에서도 희망을 잃지 않고 꿋꿋이 살아간다.
㉲ 준희는 옷을 말끔이 차려입고 부모님과 함께 여행을 떠났다.

① ㉮, ㉯
② ㉮, ㉯, ㉱
③ ㉮, ㉰, ㉲
④ ㉯, ㉰, ㉱
⑤ ㉯, ㉰, ㉱, ㉲

05 ㉠~㉣에 알맞은 낱말을 〈보기〉에서 찾아 쓰세요.

보기
기습 역습 왜란 의병 폐허 호란

문제로 확인하기

06~08 **다음 글을 읽고 물음에 답해 보세요.**

이순신이 물러난 뒤 원균이 삼도 수군통제사*가 되었습니다. 원균은 삼도 수군통제사가 되자마자 부산을 ㉠치라는 명령을 받았습니다. 원균 역시 처음에는 그렇게 할 수 없다고 했습니다. 그렇지만 계속해서 명령이 떨어지자 따를 수밖에 없었습니다. 결과는 뻔했습니다. 조선 수군은 (㉡) 져서 원균은 죽고, 배는 부서졌으며, 싸움에 나갔던 병사들은 대부분 죽거나 포로가 되었습니다.

1597년 8월, 나라에서는 이순신을 다시 삼도 수군통제사로 세웠습니다. 이순신은 전라도로 내려가면서 남은 배와 군사를 모았습니다. 그나마 여기저기 상한 배 12척과 120여 명의 군사를 모을 수 있었습니다. 나라에서는 아예 바다를 포기하고 육군으로 싸우라고 했습니다.

– 이강엽, '제게 12척의 배가 있으니'

***수군통제사**: 조선 시대에 바다에서 국방과 치안을 맡아보던 군대인 수군을 통솔하던 정이품 무관의 벼슬

06 **밑줄 친 ㉠과 바꿔 쓰기에 알맞은 낱말은 무엇인가요?**

① 방어하라는 ② 포위하라는 ③ 사수하라는
④ 처벌하라는 ⑤ 정벌하라는

07 **뒤에 이어지는 내용을 고려할 때, ㉡에 들어갈 알맞은 말은 무엇인가요?**

① 무난하게 ② 무리하게 ③ 무모하게
④ 무심하게 ⑤ 무참하게

08 **윗글을 읽고 친구들끼리 이야기를 나눈 것입니다. 글의 내용을 바르게 이해하지 못한 사람은 누구인가요?**

① 지호: 원균에 앞서 삼도 수군통제사를 지낸 사람은 이순신이야.
② 슬기: 원균은 삼도 수군통제사가 되자마자 부산을 치라는 명령을 내렸어.
③ 서현: 부산에서 일본군과 싸웠던 조선의 수군은 많은 피해를 입었어.
④ 윤석: 조선 수군이 크게 패하고 원균이 죽자 이순신은 다시 삼도 수군통제사가 돼.
⑤ 선미: 나라에서는 남은 배와 수군만으로는 바다를 지키기 어렵다고 판단했나 봐.

관용 표현 익히기

정답과 해설 15쪽

■ 다음 만화를 보고, 밑줄 친 말의 뜻을 추측하여 말해 보세요.

✎ **'오십보백보(五十步百步)'**

중국 양나라의 혜왕에게 맹자가 들려 준 이야기 속에서 나온 말입니다. 전쟁에 패하여 병사들이 도망치는데, 오십 걸음 도망친 병사가 백 걸음 도망친 병사에게 겁쟁이라고 비웃었다고 해요. 둘 다 도망치는 처지는 같은데도 말이죠. 이 이야기에서 비롯된 '오십보백보'는 조금 낫고 못한 정도의 차이는 있으나 본질적으로는 차이가 없음을 나타낼 때에 쓰이는 말입니다.

예 서진이와 윤호의 축구 실력은 오십보백보야.

✎ 다음 한자를 따라 써 보면서 '오십보백보'의 뜻을 외워 보세요.

五 다섯 오	十 열 십	步 걸음 보	百 일백 백	步 걸음 보
五	十	步	百	步

五	十	步	百	步

활동

다음 속담 중에서 '오십보백보'와 유사한 뜻을 지닌 속담에 ✔표시를 하세요.

- ☐ 세 살 버릇이 여든까지 간다.
- ☐ 소 잃고 외양간 고친다.
- ☐ 도토리 키 재기.
- ☐ 종로에서 뺨 맞고 한강에서 눈 흘긴다.

과거

품등 科 + 들 擧

고려와 조선 시대에 실시했던 관리를 뽑기 위한 국가 시험.

예 옛날에는 **과거**를 통해 인재를 뽑았다.

친절한 샘 과거 시험에 합격하는 것을 '급제'라고 하고, 그 중에서도 첫째 등급에서 첫째로 합격한 사람을 '장원'이라고 해요. 요즘에도 백일장에서 일등을 하면 '장원'이라고 하죠?

귀양

죄인을 먼 시골이나 섬 등으로 보내 일정 기간 동안 제한된 지역 안에만 살게 하던 형벌.

예 그는 죄를 짓고 외딴 섬으로 **귀양**을 갔다.

친절한 샘 '귀양'을 다른 말로 '유배'라고도 해요. 죄의 가볍고 무거움에 따라 거리가 달랐는데, 무거운 죄를 지은 사람은 외딴 섬과 같은 먼 곳으로 귀양을 보냈다고 해요.

거간꾼

살 居 + 사이 間 + 꾼

사고파는 사람 사이에 들어 흥정을 붙이는 일을 하는 사람.

예 **거간꾼**을 통해서 소를 팔았다.

친절한 샘 텔레비전 드라마 제목에도 쓰였던 '객주'는 다른 지역에서 온 상인들의 거처를 제공하며 물건을 맡아 팔거나 흥정을 붙여 주는 일을 하던 상인을 뜻해요.

보부상

포대기 褓 + 짐질 負 + 장사 商

봇짐장수와 등짐장수를 통틀어 이르는 말.

예 그는 **보부상**을 하며 여러 지역을 떠돌아다녔다.

친절한 샘 보부상은 지방의 여러 시장을 돌아다니며 생산자와 소비자를 이어 주는 역할을 하였어요. 서로 돕는 정신과 규율, 예절이 아주 강하였으며, 나라가 위급할 때마다 식량을 조달하는 따위의 많은 일을 하였다고 해요.

주막

술 酒 + 막 幕

시골 길가에서 밥과 술을 팔고, 돈을 받고 나그네를 묵게 하는 집.

예 장날이면 장터 **주막**에는 사람들이 북적였다.

친절한 샘 주막의 가장 두드러진 기능은 손님에게 술과 밥을 팔고, 잘 곳을 제공하는 것이었어요. 또 많은 사람이 오가는 곳이어서 정보의 중심지 구실을 하였어요.

달구지

소나 말이 끄는, 짐을 싣는 수레.

예 아버지께서는 짐을 잔뜩 실은 **달구지**를 타고 읍내로 나가셨다.

친절한 샘 사람을 태우는 것으로는 '가마'가 있었어요. '가마'는 옛날에 안에 사람을 태우고 둘 또는 네 사람이 들고 이동하던 작은 집 모양의 탈것을 뜻해요.

유물

남길 遺 + 만물 物

앞선 시대에 살았던 사람들이 후대에 남긴 물건.

예 조상들의 **유물**을 통해 당시의 생활상을 짐작할 수 있다.

친절한 샘 '유적지'는 역사적인 자취나 유물이 있는 곳을 뜻해요. 유적지에 묻혀 있던 유물이 밖으로 나오는 것을 '출토'라고 하죠. 유물을 불법적으로 몰래 파내는 짓은 '도굴'이라고 하는데, 이건 범죄랍니다.

시묘

모실 侍 + 무덤 墓

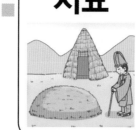

부모님이 돌아가시면 3년간 그 무덤 옆에서 움막을 짓고 삶.

예 그는 부모님 **시묘**를 모두 지낸 효자였다.

친절한 샘 '성묘'라는 말은 자주 들었죠? '성묘'는 조상의 산소에 가서 인사를 드리고 산소를 돌보는 것을 뜻해요. 그리고 '제사'는 신이나 죽은 사람의 영혼에게 음식을 바쳐 정성을 나타내는 것을 뜻해요.

마름

(옛날에) 땅 주인을 대신하여 농지를 관리하는 사람.

예 마을 사람들은 **마름**의 횡포로 고통을 겪었다.

친절한 샘 땅 주인을 '지주'라고 하고, 일정한 대가를 내고 지주에게 땅을 빌려서 농사짓는 농민을 '소작농'이라고 해요. 지주를 대신해서 소작농을 직접 상대하는 일은 마름이 하였어요.

사또

(옛날에) 백성이나 하급 관리가 자기 고을을 다스리는 최고 관리를 부르던 말. = 원님

예 변학도가 남원 고을의 **사또**로 부임하였다.

친절한 샘 고을을 잘 다스리기보다는 백성의 재물을 탐내어 빼앗는 나쁜 관리를 '탐관오리'라고 해요. 이런 관리들은 '암행어사'가 찾아내어 왕에게 '파직'을 청했어요. '파직'은 관직에서 물러나는 것을 뜻해요.

어휘 더하기

형태는 같지만 의미가 다른 말(동형어)

차다[1] 반 비다
일정한 공간에 더 들어갈 수 없이 가득하게 되다.

차다[2]
발을 뻗어서 어떤 것을 힘껏 지르거나 받아 올리다.

차다[3] 반 벗다
물건을 허리나 팔목, 발목 등에 매어 달거나 걸거나 끼우다.

차다[4] 반 따뜻하다
온도가 낮아 따뜻한 느낌이 없다.

우리말에서 '차다'는 왼쪽과 같이 다양한 의미로 쓰이는 단어입니다. 각각의 의미에 따라 반대말도 다르게 나타납니다.

글에서 '차다'가 어떤 의미로 쓰였는지 정확하게 파악하기 위해서는 앞뒤 내용을 잘 살펴야 합니다.

다음 문장에서 밑줄 친 말의 반대말을 써 보세요.

(1) 책꽂이에 책이 가득 <u>찼다</u>.
(2) 방바닥이 <u>차서</u> 보일러를 틀었다.

문제로 확인하기

01 **유사한 뜻을 지닌 낱말끼리 바르게 묶은 것은 무엇인가요?**

㉮ 과거 – 급제	㉯ 귀양 – 유배
㉰ 사또 – 원님	㉱ 달구지 – 가마

① ㉮, ㉯　② ㉮, ㉰　③ ㉯, ㉰
④ ㉮, ㉯, ㉰　⑤ ㉯, ㉰, ㉱

02 **빈칸에 들어갈 낱말을 차례대로 바르게 나열한 것은 무엇인가요?**

돌쇠: 박 서방이 동네 사람들에게 함부로 구는데 참을 수가 없어. 자기가 땅 주인도 아니면서 마치 (㉠)(이)나 되는 것처럼 위세를 부리는 꼴이라니…….
동이: 그러게. 자기는 그저 땅 주인을 대신해서 농지를 관리하는 (㉡)일 뿐인데 말이야.
대길: 그래도 어쩌겠나. 우리처럼 남의 땅을 빌려서 농사짓는 (㉢)들은 고양이 앞에 쥐 신세인 거지 뭐.

	㉠	㉡	㉢
①	지주	소작농	마름
②	지주	마름	소작농
③	마름	지주	소작농
④	마름	소작농	지주
⑤	소작농	마름	지주

03 **다음 글에서 설명하는 직업으로 알맞은 것은 무엇인가요?**

옛날에 각 지역의 시장을 중심으로 돌아다니면서 생산자와 소비자 사이에서 물건을 팔던 상인을 가리킵니다. 짐을 보자기에 싸서 이거나 걸머지고 다니는 봇짐장수와 짐을 등이나 지게에 지고 다니는 등짐장수가 합쳐진 말입니다. 이들은 국가의 일정한 보호를 받는 대신 국가에 큰일이 생겼을 때 국가에 동원되어 정치적인 활동을 하기도 했습니다. 예를 들어 임진왜란 때 행주산성 전투에서는 수천 명이 동원되어 식량과 무기를 운반하고, 직접 전투에도 가담하여 왜군을 물리치는 데 공을 세웠다고 합니다.

① 객주　② 의병　③ 거간꾼
④ 노점상　⑤ 보부상

04 밑줄 친 낱말의 뜻을 오른쪽에서 찾아 선으로 바르게 이어 보세요.

1. 냉장고가 가득 <u>차서</u> 더 넣을 수 없어. •
2. 나는 발로 축구공을 힘껏 <u>찼다</u>. •
3. 지수는 손목에 시계를 <u>차고</u> 있었다. •
4. 그의 손발이 얼음장처럼 <u>찼다</u>. •

- • ㉠ 온도가 낮아 따뜻한 느낌이 없다.
- • ㉡ 물건을 허리나 팔목, 발목 등에 매어 달거나 걸거나 끼우다.
- • ㉢ 일정한 공간에 더 들어갈 수 없이 가득하게 되다.
- • ㉣ 발을 뻗어서 어떤 것을 힘껏 지르거나 받아 올리다.

05 ㉠~㉢에 알맞은 낱말을 <보기>에서 찾아 쓰세요.

오늘 여행 갈 곳이 삼한의 대표적인 (㉠)라고 했죠?
맞아. 그곳에서 청동으로 만든 그릇과 무기들이 많이 (㉡)되었다고 해.
그런 (㉢)들을 통해 선조들의 삶을 이해할 수 있을 거야. 기대되지?
네. 그 지역 사람들이 즐겨 먹는 음식도 기대돼요.

보기

도굴 유물 유산 출토 유적지

문제로 확인하기

06~08 다음 글을 읽고 물음에 답해 보세요.

1792년 진주 목사로 있던, 정약용의 아버지가 돌아가셨어요. 정약용은 벼슬을 그만두고 아버지의 무덤을 지키는 '시묘살이'를 했어요. 조선 시대에는 부모님이 돌아가시면 삼 년간 그 무덤 앞에 움막을 짓고 살면서 부모님의 명복을 빌었거든요.

……

서른세 살 때, 정약용은 정조의 비밀 명령을 받고 (㉠)이/가 되었어요. (㉠)은/는 임금을 대신해 지방 관리들이 백성을 잘 다스리는지 알아보는 중요한 벼슬이었어요.

어느 날 연천 지역을 돌던 정약용은 주막에서 들려오는 이야기 소리에 귀가 번쩍 뜨였어요.

"아이고, 못 살겠다. 흉년이 들어 나라에서는 세금을 면제해 주었다는데, 왜 우리 사또는 세금을 걷는 거야? 그걸로 자기 재산 불리려는 속셈을 누가 모를 줄 알고? 흉년이 들어 먹을 것도 없는데 욕심 많은 사또 때문에 아주 죽겠네그려."

정약용은 서둘러 사실을 알아보았어요. 그러고는 ㉡백성의 재물을 빼앗아 자기 배를 불린 연천 현감 김양직을 크게 벌했어요.

– 김은미, '정약용'

06 **㉠에 공통으로 들어갈 알맞은 말은 무엇인가요?**

① 사또 ② 양반 ③ 원님
④ 판서 ⑤ 암행어사

07 **다음 초성을 참고하여, 밑줄 친 ㉡과 같은 관리를 무엇이라고 하는지 써 보세요.**

ㅌ ㄱ ㅇ ㄹ

08 **윗글을 읽고 친구들끼리 이야기를 나눈 것입니다. 글의 내용을 바르게 이해하지 못한 사람은 누구인가요?**

① 준호: 정약용은 아버지가 돌아가신 후에 진주 목사라는 벼슬에 올랐어.
② 시영: 삼 년이나 아버지의 무덤을 지킨 것을 보니 정약용은 효자였나 봐.
③ 지은: 정약용에게 비밀 명령을 내린 것을 보니 정조는 정약용의 능력을 믿었나 봐.
④ 동우: 당시 연천 지역 사람들은 흉년과 사또의 횡포 때문에 살기 어려운 지경이었어.
⑤ 윤아: 연천 현감 김양직은 나라의 정책과 달리 백성들에게 세금을 걷어 자기가 가졌어.

■ 다음 만화를 보고, 밑줄 친 말의 뜻을 추측하여 말해 보세요.

✎ **'일석이조(一石二鳥)'**

돌 한 개를 던져 새 두 마리를 잡는다는 뜻으로, 동시에 두 가지 이익을 얻음을 뜻하는 한자 성어입니다.

예 지수는 좋아하는 팝송을 들으며 영어를 공부하는 일석이조의 방법을 선택했다.

✎ 다음 한자를 따라 써 보면서 '일석이조'의 뜻을 외워 보세요.

一 하나 일	石 돌 석	二 두 이	鳥 새 조
一	石	二	鳥

一	石	二	鳥

활동

다음 속담 중에서 '일석이조'와 유사한 뜻을 지닌 속담에 모두 ✔표시를 하세요.

☐ ㉠ 꿩 먹고 알 먹는다.

☐ ㉡ 돌다리도 두들겨 보고 건너라.

☐ ㉢ 까마귀 날자 배 떨어진다.

☐ ㉣ 도랑 치고 가재 잡는다.

가계

집 家 + 꾀할 計

경제 단위로서의 가정.

예 아이들의 사교육비가 **가계**에 큰 부담을 주는 것으로 나타났다.

친절한 샘 집에서 '가계부'를 본 적이 있죠? 집안 살림의 수입과 지출을 기록하는 책인데, '가계'에 장부를 뜻하는 '부'를 더한 말이랍니다. 참, 모양이 비슷하다고 해서 '가게'랑 헷갈리면 안 돼요.

독점

홀로 獨 + 차지할 占

생산과 시장을 지배하여 이익을 모두 차지함.

예 특정 회사의 시장 **독점**은 높은 가격과 질 나쁜 제품이라는 결과를 불러올 수 있다.

친절한 샘 소수의 기업이 시장을 지배하는 것을 '과점'이라고 하는데, 독점과 합쳐서 '독과점'이라고 해요. 동네에 하나뿐인 빵집이 가격을 마음대로 올린다면 독점을 하는 거겠죠?

불매

아닐 不 + 살 買

상품 등을 사지 않음.

예 불량 식품을 속여 팔아 온 회사에 대해 소비자들이 **불매** 운동을 시작했다.

친절한 샘 '살 買(매)'와 '팔 賣(매)'는 발음이 같으니 잘 구분해야 해요. 상품을 산다는 뜻의 '구매'와 상품을 판다는 뜻의 '판매(販賣)'는 '매'의 한자가 달라요. 강제로 물건을 사게 하는 '강매(强賣)'도 있답니다.

생산자

날 生 + 낳을 産 + 놈 者

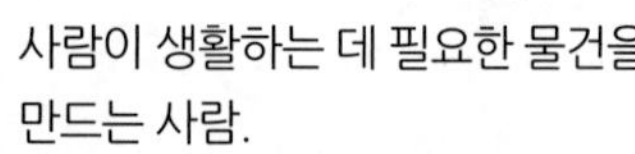

사람이 생활하는 데 필요한 물건을 만드는 사람.

예 이 장난감은 **생산자**가 직접 판매하기 때문에 가격이 싸다.

친절한 샘 생산자가 만든 물건이나 서비스 등을 돈을 주고 사는 사람을 '소비자'라고 해요. '직거래'는 생산자와 소비자가 직접 만나 거래하기 때문에 서로에게 이익이 되죠.

원산지

근원 原 + 낳을 産 + 땅 地

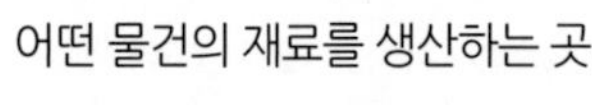

어떤 물건의 재료를 생산하는 곳.

예 어머니께서는 식품의 **원산지**를 꼼꼼히 살피며 장을 보셨다.

친절한 샘 원산지의 재료를 들여와 가공해서 어떤 물품을 만들어 내는 곳을 '생산지'라고 해요. 우리가 미국에서 수입한 옥수수로 팝콘을 만들었다면 원산지는 미국이고 생산지는 한국인 거죠.

유통

흐를 流 + 통할 通

상품이 생산자에게서 소비자에게 올 때까지 거래되는 활동.

예 신선한 식품을 소비자에게 제공하기 위해 **유통** 단계를 줄였다.

친절한 샘 주로 식품과 같이 시간이 지나면 상하거나 변질되는 종류의 상품이 시중에 유통될 수 있는 기한을 '유통 기한'이라고 하는 건 알죠? 물건 살 때 잘 살펴봐야 해요!

이윤

이로울 利 + 윤택할 潤

물건이나 서비스를 생산·판매해 얻게 되는 순수한 이익.

예 박 사장은 **이윤**을 올리기 위해 상품 가격을 터무니없이 높게 잡았다.

친절한 샘 일정 기간 벌어들인 돈에서 그 돈을 버는 데 쓴 비용을 뺀 금액을 이윤 또는 '이익'이라고 해요. 떡볶이 만드는 데 1,000원의 '비용'이 들었는데 벌어들인 돈이 1,000원이라면 이윤은 없는 거예요.

임금

품팔이 賃 + 쇠 金

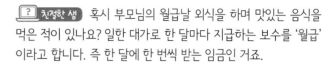

일을 한 대가로 받는 돈.

예 새로 옮긴 회사는 **임금**은 적지만 근로 환경도 좋고 일도 재미있다.

친절한 샘 혹시 부모님의 월급날 외식을 하며 맛있는 음식을 먹은 적이 있나요? 일한 대가로 한 달마다 지급하는 보수를 '월급'이라고 합니다. 즉 한 달에 한 번씩 받는 임금인 거죠.

적자

붉을 赤 + 글자 字

쓴 돈이 번 돈보다 많아서 생기는 손실 금액.

예 버는 돈의 대부분을 집세로 내면 **적자**가 생길 수밖에 없다.

친절한 샘 '흑자'는 번 돈이 쓴 돈보다 많아 이익이 생기는 것을 뜻해요. 옛날에 장부에 기록할 때 검은색 잉크가 비싸서 돈이 있을 때는 잉크로, 돈이 없을 때는 짐승의 피로 글자를 써서 흑자와 적자가 생겼답니다.

무역

바꿀 貿 + 바꿀 易

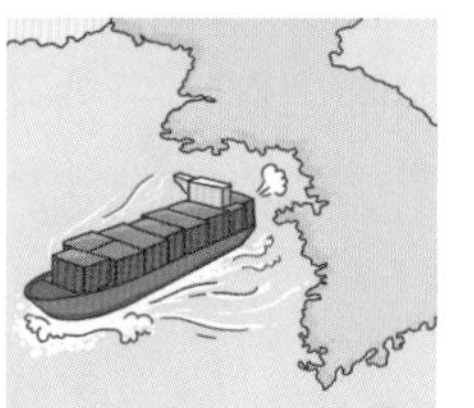

나라와 나라 사이에 서로 물건을 사고파는 일.

예 우리 회사는 아시아의 **무역** 시장을 확보하기 위해 노력하고 있다.

친절한 샘 생산자의 노동에 정당한 대가를 지불하면서 소비자에게는 좀 더 좋은 물건을 공급하려는 윤리적인 무역을 '공정 무역'이라고 해요. 이런 제품을 구입하면 인권 보호에 도움을 줄 수 있어요.

어휘 더하기

'최(最)' 자로 시작하는 말

최신(最新)

가장 새로움. 또는 가장 앞서 있음.

예 최신 시설을 갖춘 종합 체육관이 증축될 예정이다.

최선(最善)

여럿 가운데서 가장 낫거나 좋음. 또는 그런 일.

예 나는 글을 잘 쓰기 위한 최선의 방법으로 꾸준히 책을 읽었다.

최소화(最小化)

크기를 가장 작게 함.

예 그는 로봇 크기 최소화에 성공하여 세계적으로 인정을 받았다.

'최대(最大)', '최초(最初)', '최강(最强)'의 공통점이 뭘까요? 세 단어 모두 '최(最)' 자로 시작한다는 거죠. '최(最)'는 다른 말 앞에 붙어 '가장, 제일'의 뜻을 더하는 접사예요.

그럼 연습해 볼까요? 많은 나이를 '고령(高齡)'이라고 할 때, 가장 많은 나이는 뭐라고 할까요? 그렇죠. '최(最)' 자를 붙여서 '최고령(最高齡)'이라고 한답니다.

다음 문장의 밑줄 친 단어에서 '최'의 뜻이 '가장, 제일'이 아닌 것을 찾아 ○표 하세요.

최고로 뛰어난 사람들이 모여 그에게 최면을 걸었지만 결국 아무것도 알아내지 못하고 시간만 낭비한 최악의 결과를 맞이했다.

문제로 확인하기

01 **빈칸에 들어갈 낱말의 초성과 뜻을 보고, 알맞은 낱말을 써 넣어 문장을 완성해 보세요.**

1 아버지께서는 직접 생산한 배추를 시장에 가서 (ㅈ ㄱ ㄹ)(으)로 팔아 더 많은 이익을 얻으셨다.
생산자와 소비자가 직접 만나 거래함.

2 하루 종일 축구공을 만드는 아이의 (ㅇ ㄱ)은/는 고작 몇천 원이에요.
일을 한 대가로 받는 돈.

3 장기간의 경기 불황으로 (ㄱ ㄱ) 및 기업의 자금 사정이 좋지 않다.
경제 단위로서의 가정.

02 **다음 낱말들에 공통적으로 쓰인 한자 '賣'의 뜻으로 가장 알맞은 것은 무엇인가요?**

강매(强賣) 매각(賣却) 매상(賣上) 매표소(賣票所)

① 팔다 ② 사다 ③ 주다
④ 남다 ⑤ 갖다

03 **빈칸에 들어갈 낱말을 바르게 묶은 것은 무엇인가요?**

- 지수는 만 원 정도의 (㉠)을 들여 아이의 장난감을 직접 만든다.
- 경제가 어려워지고 국민들이 소비를 줄이자 기업들도 (㉡)을 내기가 어려웠다.
- 우리나라는 수출이 수입보다 많아서 이번 달에 (㉢)를 기록했다.

	㉠	㉡	㉢
①	비용	이윤	적자
②	이윤	비용	흑자
③	이익	비용	적자
④	비용	이윤	흑자
⑤	비용	이익	적자

04 **다음 □ 안에 공통으로 들어갈 글자를 쓰세요.**

- □고급: 어떤 것의 질에 있어서 가장 높은 등급.
- □연소: 어떤 모임이나 집단에서 가장 어린 나이.
- □우수: 여러 사람이나 물건 가운데 가장 뛰어남.

05 다음 두 낱말의 뜻을 참고하여, 아래 문장에 들어가기에 알맞은 낱말을 찾아 써 보세요.

독점 : 개인이나 한 단체가 생산과 시장을 지배하여 이익을 모두 차지하는 상태.

과점 : 소수의 기업에 의해 시장이 지배되는 상태.

1. 이 제품 시장은 단 세 개의 기업이 대부분의 이윤을 얻고 있는 아주 심각한 ☐☐ 시장이다.
2. 이 회사가 해외 원전과의 단독 계약 체결로 국내 석유 시장의 ☐☐ 판매권을 갖게 되었다.

06 ㉠~㉣에 알맞은 낱말을 <보기>에서 찾아 쓰세요.

우와~. 이 통조림 가격이 엄청 싸네. 더구나 하나 사면 하나를 덤으로 준대.
정말? 수상한데? 혹시 (㉠) 기한이 얼마 안 남은 거 아니야?
게다가 (㉡)도 잘 살펴보는 게 좋아요. 어느 나라 재료를 써서 만든 것인지는 알아야죠.
그런데 그 통조림을 만든 기업이 최근 비윤리적인 일을 해서 (㉢)들이 (㉣) 운동을 벌이고 있어요. 우리도 그 통조림 사지 말고 다른 통조림 사요.

보기

구매　불매　유통　판매　생산자　소비자　원산지

07~09 **다음 글을 읽고 물음에 답해 보세요.**

공정 무역 제품을 사용해야 하는 까닭은 다음과 같습니다. 첫째, 생산자에게 돌아갈 정당한 이익을 지켜 줍니다. 흔히 볼 수 있는 과일 가운데 하나인 바나나의 경우, 우리가 3천 원짜리 바나나 한 송이를 산다면 약 45원만이 생산자인 농민에게 이익으로 돌아갑니다. 그 까닭은 바나나 생산국에서 우리 손에 오기까지 바나나 농장 주인, 수출하는 회사, 수입하는 회사, 슈퍼마켓이 총수익의 98.5퍼센트를 가져가기 때문입니다. 공정 무역에서는 생산자 조합과 공정 무역 회사를 만들어 이러한 중간 유통 단계를 줄이고 실제로 바나나를 재배하는 생산자의 이익을 보장해 주었습니다.

둘째, 아이들을 위험에서 보호할 수 있습니다. 다국적 기업들은 물건의 생산 (㉠)을 낮추려고 임금이 상대적으로 낮은 어린이를 고용하기도 합니다. 예를 들어 우리가 좋아하는 초콜릿은 열대 과일인 카카오를 주재료로 해서 만듭니다. 카카오는 열대 지방에서만 자라는 식물로 아래의 「초콜릿 감옥」 동영상 자료에서처럼 그 지방 어린이들이 학교도 가지 못하고 카카오를 재배하고 수확하는 경우가 많습니다. 하지만 공정 무역은 "안전하고 노동력 착취 없는 노동 환경이 유지되어야 한다."라는 조건을 지켜야 하기 때문에 아이들의 노동력 착취를 막을 수 있습니다.

– '공정 무역 제품을 사용합시다.' (6–2–가, 3단원)

07 **윗글에서 다음 의미를 갖는 낱말을 찾아 쓰세요.**

나라와 나라 사이에 서로 물건을 사고파는 일

08 **다음 초성을 참고하여 ㉠에 들어갈 낱말을 쓰세요.**

ㅂ ㅇ

09 **윗글의 중심 내용을 다음과 같이 정리했을 때, □ 안에 들어갈 낱말을 순서대로 쓰세요.**

주장 : 공정 무역 제품을 사용해야 한다.

근거1	근거2
생산자에 돌아갈 정당한 이익을 지켜 준다. ↳ 중간 □□ 단계를 줄이기 때문에	아이들을 위험에서 보호할 수 있다. ↳ 상대적으로 □□이 낮은 어린이를 고용할 수 없기 때문에

관용 표현 익히기

정답과 해설 18쪽

■ 다음 만화를 보고, 밑줄 친 관용구의 뜻을 추측하여 말해 보세요.

금을 긋다

'금'은 접거나 긋거나 하여 생긴 자국을 말합니다. 보통 우리는 이쪽과 저쪽의 경계선을 정할 때 금을 긋죠. 그래서 이 관용구는 보통 한도나 한계선을 정한다는 의미로 사용합니다. 예를 들어 우리는 친구일 뿐이라며 금을 긋는다면, 이는 친구 이상 더 가까운 사이는 될 수 없다는 뜻인 거죠. 친구까지가 딱 우리의 한계선이라는 의미를 주는 겁니다.

금이 가다

위의 경우와 달리 이때의 '금'은 갈라진 틈에 생긴 가느다란 흔적을 말합니다. 따라서 '금이 가다.'는 것은 어떤 것이 갈라져서 틈이 생겼다는 것을 의미합니다. 이 표현은 사람 사이의 관계에 사용되는 관용구로 그 의미는 '친하던 사이가 좋지 않게 되다.'입니다. 친구 사이가 갈라져서 틈이 생긴 것이고, 그래서 금이 갔다고 나타내는 것이죠. 사물에 금이 간 것을 다시 봉합할 수 있듯이 사람 사이의 관계도 다시 좋아질 수 있지 않을까요?

활동

제시된 뜻을 참고하여 다음 (　　) 안에 들어갈 알맞은 말을 쓰세요.

☐ 부부 사이에서도 경제적인 부분에는 금을 (　　) 사는 사람들이 많다.

뜻 한도나 한계선을 정하다.

☐ 엄마: 준서는 잘 있니?
민수: 엄마, 저 준서하고 우정에 금이 (　　) 지 오래되었어요.

뜻 친하던 사이가 좋지 않게 되다.

공약

공변될 公 + 맺을 約

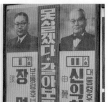

정당이나 입후보자가 어떤 일을 하겠다고 국민에게 한 약속.

예 이번 선거에서 후보들이 내건 **공약**들이 다 비슷비슷했다.

친절한 샘 지키지 못할 헛된 약속을 '공약(空約)'이라고 해요. '공약(公約)'과 발음이 똑같죠? 국민들에게 약속한 '공약(公約)'을 실천하지 않으면 '공약(空約)'이 되어 버리니 약속을 잘 지켜야겠죠?

공청회

공변될 公 + 들을 聽 + 모일 會

사회적으로 중요한 문제를 결정하기 전에 국민의 의견을 듣는 공개적인 회의.

예 국회는 새 교육 정책에 대한 의견을 듣기 위해 **공청회**를 개최했다.

친절한 샘 국가 기관에서 어떤 문제에 대해 내용을 듣고 물어보는 모임을 '청문회'라고 해요. 국회에서 장관 등의 후보를 검증하기 위해 열리는데, 공청회와 달리 대상자에게 질문을 던진답니다.

독재

홀로 獨 + 마를 裁

모든 권력을 차지하여 자기 마음대로 하는 정치.

예 우리는 **독재**에서 벗어나 민주 정치를 확립했다.

친절한 샘 독재 정치를 펼치는 나라를 '독재 국가'라고 해요. 이와 달리 나라의 주권이 국민에게 있어 그에 따라 국민이 정치에 참여할 수 있는 나라를 '민주 국가'라고 한답니다.

시민

시장 市 + 백성 民

헌법에 의한 모든 정치적 권리를 가진 사람.

예 국회는 **시민**들에게 소득에 따른 세금을 부과하고 있다.

친절한 샘 사회적인 문제를 해결하기 위해 시민들이 스스로 만든 단체를 '시민 단체'라고 해요. 대표적으로 1971년에 설립된 국제 환경 보호 단체인 '그린피스'가 있습니다.

유권자

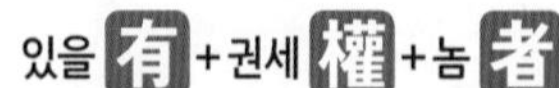

있을 有 + 권세 權 + 놈 者

선거할 권리를 가진 사람.

예 그는 젊은 **유권자**들의 지지를 얻어 국회 의원에 당선되었다.

친절한 샘 '선거권'은 선거에 참가하여 투표할 수 있는 권리를 말하고, '피선거권'은 선거에 후보자로 나가서 당선될 수 있는 권리를 말해요. 학급 회장이 되려면 피선거권이 있어야 하는 거죠.

절차

마디 節 + 버금 次

일을 해 나갈 때 거쳐야 하는 순서나 방법.

예 입학 **절차**에 따라 서류 전형 후에 면접이 있을 예정이다.

친절한 샘 투표 절차는 어떻게 될까요? 먼저 신분증으로 본인 확인을 하고, 확인이 끝나면 선거 용지를 줘요. 그러면 그 용지에 '기표'하고 이를 투표함에 넣으면 돼요. 기표는 보통 도장을 찍는답니다.

주권

주인 主 + 권세 權

국가의 의사나 정책을 최종적으로 결정하는 권력.

예 우리나라는 1948년이 되어서야 나라의 **주권**을 되찾게 되었다.

친절한 샘 대한민국 헌법 제1조 2항을 아시나요? '대한민국의 주권은 국민에게 있고 모든 권력은 국민으로부터 나온다.'예요. 대한민국을 다스리는 권력은 통치자가 아닌 국민에게 있다는 것을 분명히 하고 있죠.

집회

모을 集 + 모일 會

여러 사람이 어떤 목적을 위해 일시적으로 모이는 일.

예 시청 앞에서 대규모 **집회**가 열렸다.

친절한 샘 한곳에 모인 많은 사람을 '군중'이라고 하는데, 이들이 다른 사람들의 말과 행동에 쉽게 영향을 받는 심리 상태를 '군중 심리'라고 한답니다.

투표

던질 投 + 표 票

선거를 하거나 어떤 일을 결정할 때 정해진 용지에 의견을 표시하여 내는 일.

예 민주주의 사회에서는 시민들의 **투표**로 대표가 선출된다.

친절한 샘 투표함을 열고 투표의 결과를 알아보는 것을 '개표'라고 하는데, 이때 찬성표를 얻는 것을 '득표'라고 합니다. 아무래도 표를 많이 얻어야 선거에서 뽑혀 '당선'될 수 있겠죠?

행사하다

다닐 行 + 부릴 使

권리의 내용을 실제로 이루다.

예 지수는 성인이 되어 투표권을 **행사할** 수 있게 되었다.

친절한 샘 '묵비권을 행사하겠습니다.'라는 말을 들어 봤죠? 심문을 받을 때 자기에게 불리한 진술을 하지 않을 수 있는 권리를 말하는데, 이럴 때에도 '행사하다'는 말을 쓴답니다.

어휘 더하기

신체를 이용하여 단위를 나타내는 말

뼘

엄지손가락과 다른 손가락을 한껏 벌린 길이.

예 민준이는 여동생보다 두어 뼘 정도 키가 크다.

아름

두 팔을 둥글게 모아 만든 둘레 안에 들 만한 분량을 세는 단위.

예 인심 좋은 아주머니는 나물을 한 아름만큼 주셨다.

길

사람의 키 정도의 길이.

예 사람이 빠지면 나올 수 없도록 구덩이를 두 길 정도로 깊게 팠다.

길이를 재야 하는데 주변에 '자'가 없을 때 손바닥을 쫙 펴서 두 손가락의 거리로 길이를 잰 적이 있죠? 그것을 '뼘'이라고 한답니다. 또는 둘레가 엄청나게 큰 나무 기둥을 두 팔을 벌려 안아 본 적도 있죠? 그때 내 양손이 서로 닿지 않았다면, 그 나무의 둘레 길이는 한 아름이 넘는 거예요.

다음 ( ) 안에 들어갈 알맞은 낱말을 고르세요.

민준이는 배가 나와 허리둘레가 한 (뼘 / 아름 / 길)은 넘어 보였다.

문제로 확인하기

01 **<보기>의 밑줄 친 '나'에 해당하는 것은 무엇인가요?**

보기

'나'는 경제, 노동, 인권, 환경, 평화 등 여러 영역에서 활동해요. 나의 활동은 정부가 정책을 결정하는 데 큰 영향을 미친답니다. 나는 사람들이 자발적으로 만든 모임으로 사회 공동체의 발전을 위해 일하고 있어요.

① 군중 ② 공청회 ③ 청문회 ④ 민주 국가 ⑤ 시민 단체

02 **빈칸에 공통으로 들어갈 낱말을 쓰세요. (초성 힌트: ㅈㅊ)**

- 복잡했던 행정 □□가 바쁜 현대인들의 생활에 맞춰 간소화되고 있다.
- 신입 사원들은 엄격한 심사 □□를 거쳐 온 사람들인 만큼 실력이 좋았다.
- 우리 가족은 서류가 구비되는 대로 이민 □□를 밟을 계획이다.

03 **밑줄 친 낱말의 의미로 알맞은 것은 무엇인가요?**

박 전 의원은 피선거권을 상실하여 앞으로 국회 의원 선거에 나갈 수 없게 되었다.

① 선거에서 후보자에게 투표할 수 있는 권리
② 선거에 나갈 후보자를 추천할 수 있는 권리
③ 선거 일정을 계획하고 조정할 수 있는 권리
④ 선거에 후보자로 나가서 당선될 수 있는 권리
⑤ 선거에서 부정한 행동을 한 사람을 신고할 수 있는 권리

04 **밑줄 친 낱말의 쓰임이 어색한 것은 무엇인가요?**

① 많은 민주 투사들이 독재 정치의 폐해를 바로잡기 위해 노력했다.
② 교황은 언론을 통제하고 국민들을 탄압하고 있는 독재주의 정부를 비판했다.
③ 독재에 대한 투쟁 끝에 우리는 국민 선거로 대통령을 선출할 수 있게 되었다.
④ 입법, 사법, 행정이 분리되는 삼권 분립을 통해 독재 정치의 기틀이 마련되었다.
⑤ 우리는 독재가 얼마나 많은 고통과 사회 비리를 낳는지를 생생하게 경험하였다.

05 **다음 대화의 (   ) 안에 알맞은 낱말을 각각 고르세요.**

영수: 아빠, 오늘 무슨 날이에요? 웬 꽃을 한 (아름 / 뼘 / 길)이나 사 오셨어요?
아빠: 엄마 생일이잖아. 아들이 무심하네. 그런데 지금 보니 우리 영수가 키가 많이 컸구나.
영수: 그럼요. 아마 아빠랑 한 (아름 / 뼘 / 길) 정도밖에 차이가 안 날 걸요?

06 **밑줄 친 낱말의 뜻을 오른쪽에서 찾아 선으로 바르게 이어 보세요.**

1 아무리 합리적인 사람이라도 무리에 속하면 <u>군중 심리</u>에 휩쓸리기 쉽다. •

2 이 법의 존속 여부는 시민들의 <u>투표</u> 결과에 따라 결정해야 한다. •

3 그들은 나라의 <u>주권</u> 회복을 위해 대외적으로 노력하며 독립에 힘썼다. •

• ㉠ 선거를 하거나 어떤 일을 결정할 때 정해진 용지에 의견을 표시하여 내는 일.

• ㉡ 많은 사람이 모였을 때 다른 사람들의 말과 행동에 쉽게 영향을 받는 심리 상태.

• ㉢ 국가의 의사나 정책을 최종적으로 결정하는 권력.

07 **㉠~㉢에 들어갈 알맞은 낱말을 <보기>에서 찾아 쓰세요.**

요즘 미세 먼지로 인해 학생들의 건강이 크게 위협받고 있습니다. 그래서 제 (㉠)은 각 교실에 공기 청정기를 설치하겠다는 것입니다.
돈이 많이 들 텐데 그게 가능할까요? (㉡) 여러분들은 현명하게 판단해 주시기 바랍니다.
맞아요. 여러분의 소중한 투표권을 신중하게 (㉢) 할 것이라 믿습니다.

보기

공약 서약 시민 지지 행사 유권자

08~10 다음 글을 읽고 물음에 답해 보세요.

6월 민주 항쟁까지 시민들은 주로 대규모 ㉠집회에 참여하는 방식으로 사회 공동의 문제를 해결했다. 이후에는 촛불 집회와 같은 대규모 집회와 캠페인, 서명 운동, 1인 시위 등 다양한 방식으로 사회 공동의 문제를 해결하는 데 참여하고 있다. 특히 정보 통신 기술이 발달함에 따라 시민들은 누리 소통망 서비스(SNS)를 활용해 사회의 여러 가지 문제에 대해 자신의 의견을 제시하기도 한다.

그 밖에도 시민들은 선거나 투표에 참여하기도 하고 신문이나 텔레비전, 인터넷 등을 이용하여 자신의 의견을 제시하기도 한다. 또 (㉡)에 참석하거나 정당이나 시민 단체에 가입해 사회 공동의 문제를 해결하려고 노력하고 있다.

오늘날 시민들은 사회 공동의 문제를 평화적이고 민주적인 방법으로 해결하고 있다. 그에 따라 더 많은 시민이 사회 공동의 문제를 해결하는 데 참여하게 되었다.

– 사회교과서(6–1, 2단원)

08

밑줄 친 ㉠의 의미로 알맞은 것은 무엇인가요?

① 서로 친하고 화목하게 지내기 위해서 하는 모임
② 여러 사람이 어떤 목적을 위해 일시적으로 모인 모임
③ 어떤 문제에 대하여 여러 사람이 옳고 그름을 따지며 논의하는 모임
④ 국가 기관에서 어떤 문제에 대하여 내용을 듣고 그에 대하여 물어보는 모임
⑤ 사회적으로 중요한 문제를 결정하기 전에 국민의 의견을 듣는 공개적인 회의

09

다음 초성을 참고하여 ㉡에 들어갈 말을 쓰세요.

ㄱ ㅊ ㅎ

10

윗글의 내용을 잘못 이해한 것은 무엇인가요?

① 시민들은 시민 단체에 가입하여 사회 문제를 해결하기 위해 노력한다.
② 시민들이 선거권을 행사하는 것은 자신의 의견을 제시하는 한 가지 방법이다.
③ 정보 통신 기술의 발달은 시민들이 자신의 의견을 제시하는 데 도움이 되었다.
④ 오늘날 시민들은 대중 매체의 영향을 받아 자신의 의견을 형성하는 경우가 많다.
⑤ 요즘 시민들은 대규모 집회뿐만 아니라 다양한 방식으로 사회 문제 해결에 참여한다.

정답과 해설 **20**쪽

■ **다음 만화를 보고, 밑줄 친 속담의 뜻을 추측하여 말해 보세요.**

쥐구멍에도 볕들 날 있다

옛날 흙으로 만든 집의 벽에는 쥐들이 드나들 만큼의 작은 구멍이 뚫려 있곤 했는데, 이를 '쥐구멍'이라고 했습니다. 너무나 작은 구멍이라서 햇볕이 그곳까지 들기가 어려웠죠. 그런데 그곳까지 따뜻한 햇볕이 들어왔으니 얼마나 좋은 날이겠어요? 그래서 이 속담은 몹시 고생하는 생활에도 좋은 일이 생기는 날이 있다는 것을 의미합니다. 즉 지금은 캄캄한 쥐구멍처럼 힘들고 어려운 삶을 살더라도 언젠간 햇볕이 들 날이 있을 거라는 희망을 나타내는 거죠.

쥐구멍을 찾다

여러분은 창피함을 느꼈을 때 어떤 마음이 들었나요? 어딘가로 숨어 버리고 싶은 마음이 들지 않았나요? 그럴 때에는 아무리 작은 장소라도 그곳으로 숨고 싶은 심정일 거예요. 그럴 때 쓰는 말이 쥐구멍에라도 숨고 싶다는 말입니다. 그래서 이 속담은 부끄럽거나 매우 곤란하여 어디에라도 숨고 싶을 때 사용한답니다.

활동

다음 속담은 모두 '쥐'가 들어가는 속담입니다. (　　) 안에 들어갈 말을 써 보세요.

- ☐ (　　)가 뒷걸음질 치다가 쥐 잡는다 　뜻 어쩌다 우연히 이루거나 알아맞힌다는 말.
- ☐ (　　) 쥐 생각 　뜻 마음과 달리 겉으로만 생각해 주는 척함.
- ☐ (　　) 앞에 쥐 　뜻 무서운 사람 앞에서 꼼짝 못함을 뜻하는 말.
- ☐ (　　) 안에 든 쥐 　뜻 곤란하고 어려운 상황에서 벗어날 수 없는 처지.

16강 | 사회 3

공범

함께 共 + 범할 犯

함께 범죄를 저지른 사람.

예 그는 이번 도난 사건의 **공범** 중 한 명으로 경찰에 체포되었다.

친절한 샘 혼자서 범죄를 계획하고 저지른 범인은 '단독범'이라고 해요. 그리고 범죄를 저지른 것으로 의심을 받는 사람을 '용의자'라고 하는데, 실제로 범죄를 저지른 것이 확인되면 '진범'이 되죠.

구속

잡을 拘 + 묶을 束

법원이나 판사가 죄를 지은 사람을 일정한 장소에 잡아 가둠.

예 그는 유력한 용의자이지만 **구속**을 하기에는 증거가 부족하다.

친절한 샘 판결이 내려질 때까지 범죄자나 범죄의 혐의가 있는 사람을 잠시 가두어 두는 곳을 '구치소'라고 하는데, 구속을 하기 위해서는 법원의 구속 명령서인 '구속 영장'이 필요하답니다.

납세

들일 納 + 세금 稅

세금을 냄.

예 국내에 거주하는 사람은 국내외의 모든 소득에 대하여 **납세** 의무가 있다.

친절한 샘 어떠한 항목에 대해 세금을 정해서 그것을 내도록 하는 것을 '과세'라고 해요. 그런데 세금의 전부 또는 일부를 내지 않는 경우가 있잖아요? 그것을 '탈세'라고 하는데 아주 나쁜 행위예요.

법규

법도 法 + 법 規

법으로 정해져서 지켜야 할 규칙이나 규범.

예 경찰은 교통 **법규**를 위반한 운전자에게 벌금을 부과하였다.

친절한 샘 법규는 지키지 않았을 때 '제재'를 받지만, 도덕은 제재를 받지 않아요. '도덕'은 사회의 구성원들이 양심 등에 비추어 스스로 마땅하다고 여겨 자율적으로 지키는 것이기 때문이죠.

소송

하소연할 訴 + 송사할 訟

법률에 따라 옳고 그름을 결정해 달라고 법원에 요구함.

예 **소송**에서 진 민준이는 거액의 보상금을 물어 주게 되었다.

친절한 샘 소송에는 두 가지가 있어요. '민사 소송'은 개인 간의 권리나 이익으로 인한 다툼을 해결하는 재판 절차이고, '형사 소송'은 법을 어긴 사람에게 형벌을 내리기 위한 재판 절차랍니다.

인권

사람 人 + 권세 權

인간으로서 당연히 가지는 기본적인 권리.

예 선생님께서는 항상 학생들의 **인권**을 존중하는 의미에서 교실에서 존댓말을 쓰셨다.

친절한 샘 1948년 국제 연합 총회에서 세계 인권 선언문이 통과되었는데, 인권에 대한 기본적인 생각이 잘 담겨 있어요. 제1조에서 '모든 사람들은 존엄성과 권리를 갖고 동등하게 태어난다.'고 말하고 있어요.

저작권

나타날 著 + 지을 作 + 권세 權

창작물에 대해 저작한 사람이 가지는 권리.

예 김 씨는 **저작권**을 침해한 혐의로 벌금을 물었다.

친절한 샘 창작을 할 때 다른 사람의 작품의 일부를 몰래 따와 쓰는 것을 '표절'이라고 해요. 이는 저작권을 '침해'하는 행위죠. 발명이나 기술에 관해 독점적으로 갖는 권리는 '특허권'이라고 한답니다.

참정권

참여할 參 + 정사 政 + 권세 權

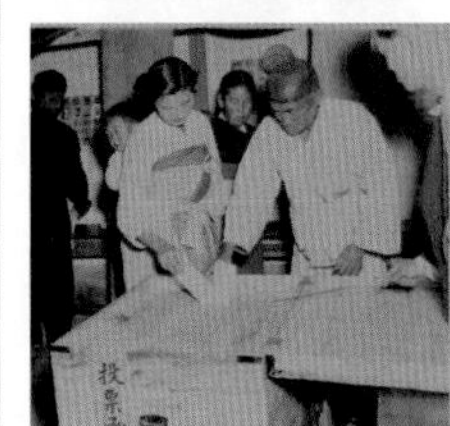

국민이 정치에 참여할 수 있는 권리.

예 과거에는 여성의 **참정권**을 인정하지 않는 나라들이 많았다.

친절한 샘 정치에 참여하려면 투표권을 가져야 하는데요, 우리나라 국민들이 최초로 참정권을 행사한 선거는 1948년 5월 10일 제헌 국회 의원 총선거였습니다.

청구

청할 請 + 구할 求

다른 사람에게 돈이나 물건 등을 달라고 요구함.

예 교통사고를 당한 후 지수는 보험 회사에 병원비를 **청구**하였다.

친절한 샘 전기료, 수도료 등과 같이 국가나 공공 단체가 국민에게 부과하는 세금을 '공과금'이라고 하는데, 부모님들은 매달 이러한 공과금을 내라고 적혀 있는 공과금 '청구서'를 받는답니다.

피고인

입을 被 + 아뢸 告 + 사람 人

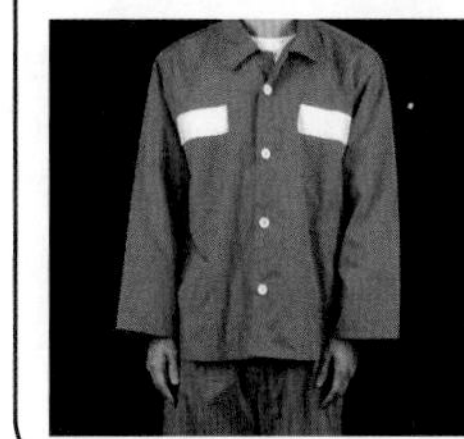

범죄를 저질렀을 가능성이 있어 재판을 받는 사람.

예 검사는 **피고인**의 범죄 사실을 밝히기 위해 증인을 신청했다.

친절한 샘 법을 위반한 점에 대해 심판을 요청하는 사람을 '검사'라 하고, 피고인을 대신해 권리를 주장하는 사람을 '변호인'이라고 해요. 재판을 진행하고 판결을 내리는 사람은 '판사'죠.

어휘 더하기

동일한 한자어 '보(保)'로 이루어진 말

보건(保健)

병의 예방이나 치료 등을 통해 건강을 잘 지킴.

예 식사를 한 후 삼 분 안에 이를 닦는 것이 구강 보건을 위해 좋다고 한다.

보증(保證)

어떤 사람이나 사물에 대하여 책임지고 틀림이 없음을 증명함.

예 무상 수리를 할 수 있는 보증 기간이 만료되었습니다.

보전(保全)

변하는 것이 없도록 잘 지키고 유지함.

예 환경 보전을 잘해서 후손들에게 지금의 자연을 그대로 물려주자.

학교에서 몸이 아프면 가는 곳이 어디죠? 맞아요. 바로 '보건실(保健室)'이죠. 그런데 '보건실'에 쓰이는 '보건(保健)'이 무슨 뜻인지 아세요? '보건(保健)'은 '보전할 보(保)'와 '굳셀 건(健)'으로 이루어진 말인데, 한 마디로 건강을 잘 지키는 것이랍니다. 이렇듯 한자어 '보(保)'는 어떤 것을 잘 지키고 유지하는 것을 의미합니다.

( ) 안에 들어갈 알맞은 낱말을 골라 보세요.

수질 오염이 더 이상 심각해지지 않도록 국가적 차원에서의 수질 (보증 / 보전) 활동이 필요하다.

문제로 확인하기

01 **빈칸에 들어갈 단어의 뜻을 보고, <보기>에서 알맞은 낱말을 골라 문장을 완성해 보세요.**

보기

납세 도덕 법규 소송 탈세

1 국회는 깨끗한 환경 보전을 위해 관련 ( )을/를 신설하였다.
법으로 정해져서 지키거나 따라야 할 규칙이나 규범.

2 유명 연예인이 거액의 ( )을/를 시도하다 경찰에 붙잡혔다.
납세자가 세금의 전부 또는 일부를 내지 않음.

3 그는 인터넷에 악성 댓글을 남겼다가 명예 훼손 혐의로 ( )을/를 당하였다.
사람들 사이에 일어난 다툼을 법률에 따라 판결해 달라고 법원에 요구함.

02 **빈칸에 들어갈 알맞은 낱말을 차례대로 바르게 나열한 것은 무엇인가요?**

- (㉠): 판사님, (㉡)인 ○○○이 제작사의 허가 없이 영화를 올린 것을 인정합니다. 선처를 부탁드립니다.
- (㉢): 저희는 ○○○의 누리집 활동 내역이 담긴 자료를 증거로 제출합니다. ○○○의 행동으로 영화사는 큰 피해를 입었습니다. 극장 관객 수가 크게 줄었고, 영화 제작사는 경제적 어려움을 겪었습니다. 따라서 무거운 형벌을 내려야 합니다.

	㉠	㉡	㉢
①	변호인	피고인	검사
②	검사	피고인	변호인
③	변호인	증인	검사
④	검사	의뢰인	변호인
⑤	변호인	피고인	의뢰인

03 **밑줄 친 낱말의 뜻을 오른쪽에서 찾아 선으로 바르게 이어 보세요.**

1 요즘 장애인의 인권 문제가 커다란 사회적 이슈로 떠오르고 있습니다. •

2 민주주의 국가에서는 모든 국민이 동등하게 참정권을 가진다. •

3 인기 가수의 표절 시비 때문에 저작권 문제가 논란거리로 떠올랐다. •

• ㉠ 창작물에 대해 저작자나 그 권리를 이어받은 사람이 가지는 권리.

• ㉡ 인간으로서 당연히 가지는 기본적인 권리.

• ㉢ 국민이 정치에 참여할 수 있는 권리.

04

밑줄 친 낱말의 '보'의 뜻이 '어떤 것을 잘 지키고 유지하다.'인 것을 바르게 묶은 것은 무엇인가요?

㉠ 그는 보상을 기대하지 않고 친구에게 돈을 빌려주었다.
㉡ 내 아내는 세상의 모든 보배와도 바꿀 수 없을 만큼 소중한 사람이다.
㉢ 지수는 눈길에 미끄러지지 않으려고 보폭을 좁게 해서 걸었다.
㉣ 보건 교육을 받은 아이들은 올바르고 규칙적인 식생활을 하겠다고 말했다.
㉤ 경주에는 훼손되지 않고 잘 보전이 되어 온 문화 유적들이 많다.

① ㉠, ㉡　② ㉡, ㉢　③ ㉢, ㉣
④ ㉣, ㉤　⑤ ㉢, ㉣, ㉤

05

빈칸에 공통으로 들어갈 말을 쓰세요.

• 가스가 누설되는 부분이 있어 실제 쓴 양보다 더 많은 가스 요금이 ☐☐ 되었다.
• 자동차 사고로 인해 차가 크게 손상돼서 보험 회사에 수리비를 ☐☐ 했다.

06

㉠~㉣에 알맞은 낱말을 <보기>에서 찾아 쓰세요.

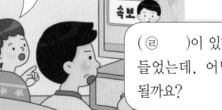

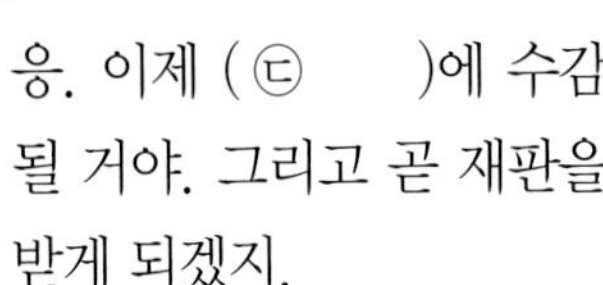

이번 사건의 유력한 (㉠)인 ○○씨에게 (㉡) 영장이 발부* 되었습니다.
속보
아빠, ○○씨에게 영장이 발부되었다고 하는데 그러면 어떻게 되는 거예요?
응. 이제 (㉢)에 수감될 거야. 그리고 곧 재판을 받게 되겠지.
(㉣)이 있다고 들었는데, 어떻게 될까요?
알 수 없지. 단독범일 수도 있고. 재판을 하면 진실이 밝혀지겠지.

*발부: 증명서 따위를 발급함.

보기

공범　구속　진범　교도소　구치소　용의자

07~09 다음 글을 읽고 물음에 답해 보세요.

인공 지능이 내장된 로봇을 소유한 기업이나 로봇 자체에 세금을 부과하자는 주장이 나오고 있다. 로봇이 인간의 일거리를 대신할 것이므로 로봇세를 거둬 실직자에게 기본 소득을 지급하자는 주장이다. 하지만 로봇세 도입은 아직 실행하기에 때가 너무 빠르다.

첫째, 로봇세 도입은 로봇 산업 발전에 도움이 되지 않는다. 로봇은 인간의 일을 대신함에 따라 위험하거나 단순하고 반복적인 일로부터 인간을 해방시킬 수 있다. 그런데 아직 제대로 개발되지 않은 로봇에게 ㉠세금을 부과한다면 로봇 개발자에게는 세금 이상의 부담으로 작용할 것이다. 이는 로봇 산업 발전에 방해 요인이 될 수 있다.

둘째, 지금은 로봇세가 아니라 로봇 기술 개발에 더 집중할 때다. 로봇을 구성하는 많은 기술은 (㉡) 등록 대상이다. 그런데 이 기술을 외국의 대기업들이 (㉢)하고 있다고 해도 과언이 아니다. 우리나라 기업에서 로봇을 만든다고 해도 그 안에 있는 기술이 외국 것이라면, 막대한 사용료를 외국 기업들에게 지급해야 한다.

– '로봇세, 아직은 너무 빠르다'

07 밑줄 친 ㉠의 의미를 갖는 낱말은 무엇인가요?

① 감세 ② 과세 ③ 납세
④ 증세 ⑤ 탈세

08 다음 초성을 참고하여 ㉡과 ㉢에 들어갈 낱말을 각각 쓰세요.

㉡: ㅌ ㅎ ㄱ

㉢: ㄷ ㅈ

09 윗글에서 글쓴이가 주장하는 것으로 알맞지 않은 것은 무엇인가요?

① 로봇세 도입은 로봇 산업 발전에 방해 요인이 될 수 있다.
② 현재의 시점에서 로봇세를 부과하는 것은 때가 너무 이르다.
③ 로봇세 도입보다는 로봇 기술을 개발하는 것이 더 중요한 때이다.
④ 로봇세를 부과하면 로봇을 개발하는 사람에게는 큰 부담이 될 것이다.
⑤ 로봇을 구성하는 많은 기술은 모든 사람들이 함께 나누어야 하는 기술이다.

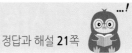

관용 표현 익히기

정답과 해설 21쪽

■ 다음 만화를 보고, 밑줄 친 말의 뜻을 추측하여 말해 보세요.

'설상가상(雪上加霜)'

눈 위에 서리가 덮인다는 뜻으로, 난처한 일이나 불행한 일이 잇따라 일어남을 이르는 말입니다.

예 전국적으로 큰 홍수가 난 데다가 설상가상으로 전염병까지 돌아 당국에 비상이 걸렸다.

다음 한자를 따라 써 보면서 '설상가상'의 뜻을 외워 보세요.

雪 눈 설	上 위 상	加 더할 가	霜 서리 상
雪	上	加	霜

雪	上	加	霜

활동

1. 다음 한자 성어 중에서 '설상가상'과 반대의 뜻을 지닌 것에 ✔표시를 하세요.

☐ 용두사미(龍頭蛇尾) ☐ 일사천리(一瀉千里)
☐ 괄목상대(刮目相對) ☐ 금상첨화(錦上添花)

2. 다음 관용구 중에서 '설상가상'과 유사한 뜻을 지닌 것에 ✔표시를 하세요.

☐ 엎친 데 덮친다. ☐ 꼬리표가 붙다.
☐ 눈 뜨고 볼 수 없다. ☐ 귀를 의심하다.

고령화 높을 高 + 나이 齡 + 될 化

나라의 전체 인구에서 노인이 많아지는 것.

예 **고령화**가 진행되면서 노년층의 취업률이 높아지고 있다.

친절한 샘 '고령화'와 비슷한말은 '노령화'이고, '고령'과 비슷한말에는 '노령' 또는 '노년'이 있습니다. 인간의 수명이 늘어나면서 노인이 많아져서 고령화가 발생하는 것입니다.

다문화 많을 多 + 글월 文 + 될 化

한 사회 안에 여러 나라의 문화가 섞여 있는 것.

예 이 나라는 다양한 사람들이 어울려 살고 있는 **다문화** 국가이다.

친절한 샘 국적이 다른 남녀의 결혼을 '국제결혼'이라고 하는데, 이를 통해 다문화 가정이 형성돼요. 우리나라는 1990년대 이후 다문화 가정이 급격하게 증가하여 현재는 다문화 사회가 되었답니다.

대중교통 큰 大 + 무리 衆 + 사귈 交 + 통할 通

여러 사람이 이용하는 버스나 지하철 따위의 교통수단.

예 출퇴근 시에는 지하철과 같은 **대중교통**을 이용하는 편이 좋다.

친절한 샘 신문, 텔레비전 등과 같이 많은 사람에게 정보와 사상을 전달하는 수단을 '대중 매체'라고 해요. 이때 '대중'이란 사회를 이루고 있는 대부분의 사람을 말한답니다.

대체하다 대신할 代 + 바꿀 替

비슷한 다른 것으로 바꾸다.

예 세계 여러 나라에서 석유를 **대체할** 연료를 찾기 위해 노력하고 있다.

친절한 샘 '갈다'는 어떤 자리에 있는 사람을 다른 사람으로 바꾼다는 뜻이고, '교체하다'는 특정한 역할을 하던 사람이나 사물, 제도 등을 다른 사람, 사물, 제도 등으로 바꾼다는 뜻이에요.

실직자 잃을 失 + 벼슬 職 + 놈 者

직업을 잃은 사람.

예 김 씨는 한 회사의 사장이었지만 지금은 **실직자** 신세이다.

친절한 샘 일할 생각과 능력이 있는 사람이 일자리를 잃거나 일할 기회를 얻지 못하는 상태를 '실업'이라고 해요. '실직'과 달리 처음부터 일자리를 얻지 못하는 상태도 포함한답니다.

양극화 두 兩 + 지극할 極 + 될 化

서로 점점 더 달라지고 멀어짐.

예 정부는 빈부 격차가 **양극화**하는 것을 막을 정책을 준비하였다.

친절한 샘 가난할수록 더 가난해지는 것을 '빈익빈'이라 하고, 부자가 더욱 부자가 되는 것을 '부익부'라고 해요. 이러한 격차가 커지면 경제적 양극화는 더욱 심해지죠.

언론

말씀 言 + 논의할 論

신문이나 방송 등에서 어떤 사실이나 의견을 널리 알리는 것.

예 현대 사회는 신문, 방송 등 **언론**의 영향력이 강력해졌다.

친절한 샘 한 사회의 사람들이 공통으로 가진 의견을 '여론'이라고 해요. 언론은 여론을 형성하는 데 큰 영향을 미치기 때문에, 항상 한쪽에 치우치지 않도록 공정하게 사실을 전달해야 해요.

유망하다

있을 有 + 바랄 望

앞으로 잘될 것 같은 희망이나 가능성이 있다.

예 미래가 **유망한** 신진 디자이너들의 옷을 선보이는 패션쇼가 열렸다.

친절한 샘 '희망하다'는 앞일에 대하여 기대를 갖고 바라는 것이고, '전망하다'는 앞날을 미리 예상하는 거예요. 앞날에 대해 어떤 태도를 취하는지 잘 구분해서 이해해야겠죠?

저출산

낮을 低 + 날 出 + 낳을 産

아이를 적게 낳음.

예 최근 **저출산**으로 인해 초등학교의 학생 수가 줄어들고 있다.

친절한 샘 아이를 적게 낳고 노인이 많아지는 것을 '저출산 고령화'라고 합니다. 이렇게 되면 나라에 일할 사람이 적어져서 사회 발전에 큰 어려움이 생기게 된답니다.

첨단

뾰족할 尖 + 끝 端

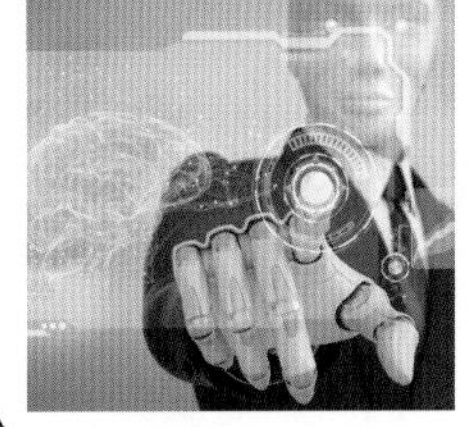

시대나 유행, 기술 등의 맨 앞장.

예 우리 회사의 디자이너들은 계절마다 유행의 **첨단**을 걷는 도시로 출장을 간다.

친절한 샘 '첨단'은 물체의 '뾰족한 끝'을 뜻하는데, 이 부분이 가장 앞으로 튀어나왔기에 '맨 앞장'을 의미하는 것입니다. 최근 우주 항공, 로봇 산업과 같이 고도의 기술이 필요한 첨단 산업이 발달하고 있죠.

어휘 더하기

'무(無)' 자로 시작하는 말

무분별(無分別)

분별할 줄 모르거나 분별이 없음.

예 무분별한 국토 개발이 아름다운 우리의 강토를 파괴했다.

무의식적(無意識的)

자기의 행동이나 상태를 자기 스스로 깨닫지 못하는 가운데 일어나는 것.

예 수면 중의 호흡은 무의식적으로 진행되므로 통제가 어렵다.

무비판(無批判)

옳고 그름, 좋고 나쁨을 판단하지 않음.

예 어떤 의견에 대해 일관되게 무비판으로 대응하는 것은 옳지 않다.

'무감각(無感覺)', '무관심(無關心)', '무사고(無事故)'는 모두 '무(無)'로 시작하는 말이에요. 이때 '무(無)'는 '그것이 없음.'의 뜻을 더하는 접두사랍니다. 예를 들어 '무감각(無感覺)'은 '감각(感覺)이 없음.'을 의미하는 거죠. 반대말로 접두사 '유(有)'가 있어 '유의미(有意味)' 같은 단어를 만든답니다.

다음 문장의 밑줄 친 단어에서 '무'의 뜻이 '그것이 없음.'이 아닌 것을 찾아 ○표 하세요.

- 서자는 무시와 차별을 당하는 일이 많았다. ( )
- 어제 본 뮤지컬은 무대가 화려해서 좋았다. ( )
- 회사는 요구 사항의 무조건 수용을 약속했다. ( )

문제로 확인하기

01 **(　　) 안에 들어갈 낱말을 가장 적절하게 묶은 것은 무엇인가요?**

• 민준이는 훌륭한 법관이 되기를 (㉠)하면서 열심히 공부를 했다.
• 스포츠 경기는 예상 밖의 변수로 인해 결과가 어떻게 될지 (㉡)하기 어렵다.
• 장래가 (㉢)했던 무용수를 주저앉힌 것은 한순간에 일어난 교통사고였다.

	㉠	㉡	㉢		㉠	㉡	㉢
①	희망	유망	전망	②	희망	전망	유망
③	전망	희망	유망	④	전망	유망	희망
⑤	유망	전망	희망				

02 **문맥상 밑줄 친 낱말의 뜻에 가장 가까운 낱말은 무엇인가요?**

자본주의 사회는 <u>빈익빈 부익부</u>가 가속화되어 사회 계층 간의 갈등이 심해진다.

① 고령화　② 근대화　③ 도시화
④ 산업화　⑤ 양극화

03 **(　　) 안에 공통적으로 들어갈 낱말로 가장 적절한 것은 무엇인가요?**

• 독재자는 (　　　)을/를 이용해서 사람들에게 사상 교육을 시켰다.
• 일부 청소년은 (　　　)의 영향에 민감하고 스타에 대한 우상화가 강하다.
• 텔레비전과 같은 (　　　)들은 좀 더 책임감을 가져야 한다.

① 대중교통　② 대중 매체　③ 대중문화
④ 대중오락　⑤ 대중음악

04 **다음 □ 안에 들어갈 말을 쓰세요. (초성 힌트: ㅇㄹ)**

뉴스나 광고는 사람들에게 새로운 정보를 알려 줄 뿐만 아니라 어떤 일을 긍정적이거나 비판적 시각으로 보게 해요. 또 여러 사람의 생각에 영향을 주어 □□을/를 형성하기도 하죠.

05 (　　) 안에 아래 문장의 밑줄 친 단어가 들어가기에 어울리지 않는 것은 무엇인가요?

> 정부는 다문화 여성들의 원활한 의사소통을 위해 구마다 통역 센터를 운영했다.

① (　　) 시대에 여성계는 앞장서서 출산 장려 운동에 적극 동참했다.
② 그는 아버지가 한국인이고 어머니가 일본인인 (　　) 가정에서 태어났다.
③ 그는 매주 일요일 저녁마다 (　　) 가정 아동들한테 한국어를 가르쳐 주고 있다.
④ 우리가 (　　) 시대를 살아가려면 민족 간 문화의 상대성을 인정하는 자세가 필요하다.
⑤ 점차 (　　) 가정이 늘어나고 있어서 우리나라도 더 이상 단일 민족 국가라고 보기 어렵다.

06 다음 □ 안에 공통으로 들어갈 말을 쓰세요.

- 가위질: (비유적으로) □□ 기사나 영화 작품 등을 검열하여 그 일부분을 삭제하는 일.
- 논설위원: □□ 기관에서 정치, 경제, 사회 등의 문제에 관해 전문적 지식을 갖고 논하거나 기관의 입장을 밝히는 사람.
- 특파원: 뉴스의 취재와 보도를 위해 외국에 보내진 □□사 기자.

07 ㉠~㉢에 알맞은 낱말을 <보기>에서 찾아 쓰세요.

인공 지능은 (㉠　　) 사회가 되면서 점차 노동력이 부족해지는 문제를 해결할 수 있을 것입니다.
아니요. 오히려 인공 지능이 인간의 일자리를 빼앗을 것입니다.
맞아요. 요즘 우리 사회에는 대학을 졸업한 지 몇 년이 넘었는데 아직도 (㉡　　)인 사람들이 많습니다.
인공 지능이 인간을 (㉢　　)하여 일을 하게 되면 굳이 일을 하지 않아도 인간은 행복하게 살 수 있을 것입니다.

보기

대체　고령화　다문화　실업자　실직자　친환경

08~10 다음 글을 읽고 물음에 답해 보세요.

1인 가구가 늘어나며 ㉠저출산 · ㉡고령화에 따라 빈집은 늘어날 것으로 전망된다. 이러한 사회적 변화에 따라 '빈집 코디네이터'라는 새로운 직업이 생기고, 이 직업에 종사하는 이들은 빈집의 활용 방안을 연구하고 고객에게 제시한다.

디지털 장의사 역시 1인 가구 증가와 대인 관계 축소라는 사회 변화에 따라 나타날 수 있는 직업이다. ㉢고인이 생전에 인터넷에 올린 사진이나 글을 찾아 삭제하는 일을 하는 디지털 장의사는 현재 장례를 치르는 직업만큼 중요하게 여겨질 가능성이 높다.

전기 차 정비원은 에너지 ㉣고갈 문제 때문에 만든 (㉤) 자동차인 전기 차 수리를 전문으로 하는 사람이다. 전기 차는 이전 차들과 달리 배기가스나 오염 물질을 거의 배출하지 않고, 에너지 효율 역시 높은 편이다. 전기 차를 타는 것만으로도 미세 먼지를 줄이는 데 일조하는 셈이다. 전기 차는 이전 자동차와 달리 환경을 전혀 오염시키지 않는 완벽한 차이므로 빠른 속도로 ㉥보급될 것이다.

– '미래 사회에는 어떤 직업이 주목받을까?'

08 밑줄 친 단어의 뜻으로 알맞지 않은 것은 무엇인가요?

① ㉠: 한 사회에서 일정 기간 동안 아기를 낳는 비율이 낮은 현상.
② ㉡: 한 사회 안에 여러 민족이나 여러 나라의 문화가 섞여 있는 것.
③ ㉢: 죽은 사람.
④ ㉣: 자원이나 물질 등이 다 써서 없어짐.
⑤ ㉥: 어떤 것을 널리 퍼뜨려 여러 곳에 미치게 하거나 여러 사람이 누리게 함.

09 다음 초성을 참고하여 ㉤에 들어갈 낱말을 쓰세요.

ㅊ ㅎ ㄱ

10 윗글의 내용을 잘못 이해한 것은 무엇인가요?

① 에너지 고갈의 문제 때문에 전기 차를 만들게 되었다.
② 전기 차는 환경을 오염시키지 않는 대신 에너지 효율은 높지 않은 편이다.
③ '전기 차 정비원'은 전기 차를 수리할 수 있는 전문적인 능력을 갖춘 사람이다.
④ '빈집 코디네이터'는 고객들에게 빈집의 활용 방안을 제시하는 새로운 직업이다.
⑤ '빈집 코디네이터'와 '디지털 장의사'는 1인 가구의 증가와 관련이 있는 직업들이다.

관용 표현 익히기

■ 다음 만화를 보고, 밑줄 친 속담의 뜻을 추측하여 말해 보세요.

✎ 소 잃고 외양간 고친다

외양간은 말과 소를 기르던 곳을 말하는데, 주로 나무를 이용해서 울타리를 만들었어요. 그런데 이 울타리가 허술해지면 어떻게 될까요? 소가 허술한 울타리를 뚫고 도망가게 되겠죠. 그렇게 소를 잃고 난 후에는 외양간을 고쳐 봐야 아무 소용이 없겠죠. 그래서 이 속담은 '일이 이미 잘못된 뒤에는 바로잡으려 애써도 아무 소용이 없다.'는 뜻으로 사용한답니다.

✎ 쇠뿔도 단김에 빼라

쇠뿔은 '소의 뿔'을 말하며, 단김은 '열기가 아직 식지 않았을 때'를 말합니다. 예전에 소의 뿔을 뽑을 때 뿔이 단단히 박혀 있기 때문에 뿔을 불로 달구어서 뺐던 것에서 나온 말입니다. 즉 단단히 박힌 소의 뿔을 뽑으려면 불로 달구어 놓은 김에 해치워야 한다는 거죠. 따라서 이 속담은 어떤 일이든지 하려고 생각했으면 한창 열이 올랐을 때 망설이지 말고 곧바로 행동으로 옮겨야 한다는 것을 의미합니다.

활동

1. '소 잃고 외양간 고치는 사람'에게 충고해 줄 한자 성어로 가장 알맞은 것에 ✔표시를 하세요.

- ☐ 유비무환(有備無患)
- ☐ 새옹지마(塞翁之馬)
- ☐ 조삼모사(朝三暮四)
- ☐ 아전인수(我田引水)

2. 다음에서 '쇠뿔도 단김에 빼라'와 반대되는 속담에 모두 ✔표시를 하세요.

- ☐ 아는 길도 물어 가라.
- ☐ 돌다리도 두들겨 보고 건너라.
- ☐ 누울 자리 봐 가며 발을 뻗어라.
- ☐ 오르지 못할 나무는 쳐다보지도 말아라.

국제기구

나라 國 + 가 際 + 틀 機 + 얽을 構

특정한 목적을 위하여 여러 나라가 모여 만든 조직체.

예 **국제기구**는 국가 간의 갈등을 해소하는 데 앞장섰다.

친절한 샘 '국제 연합(UN)'은 지구촌의 평화 유지를 위해 만든 대표적인 국제기구예요. 그런데 뜻이 같은 개인들이 모여 지구촌 갈등과 문제를 해결하려고 활동하는 조직도 있는데, 이를 '비정부 기구(NGO)'라고 한답니다.

기아

주릴 飢 + 주릴 餓

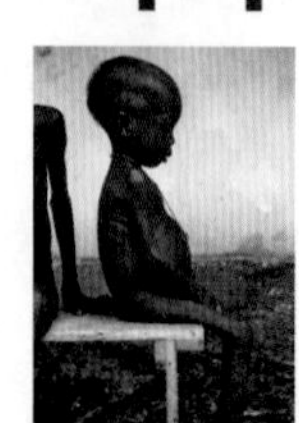

먹을 것이 없어 굶주림.

예 전 세계에는 아직 **기아**로 죽어 가는 뼈만 앙상한 어린아이들이 많다.

친절한 샘 먹을 양식이 모자라 굶주리는 것을 '기근'이라고 하고, 가난하여 생활하기가 어려운 것을 '빈곤'이라고 합니다. 세계 어린이 인구의 23.8%가 영양 부족이라고 하니 너무 가슴이 아파요.

난민

어려울 難 + 백성 民

전쟁이나 재해 등으로 집이나 재산을 잃은 사람.

예 전쟁으로 고향을 잃은 **난민**들이 배를 타고 주변 나라로 흩어졌다.

친절한 샘 유엔 난민 기구에서는 2018년에 전 세계 난민이 7,000만 명이라고 했습니다. 여러분이 생각한 것보다 굉장히 많죠? 이런 난민들이 발생하지 않도록 국제 사회에서는 많은 노력을 기울이고 있답니다.

내전

안 內 + 싸울 戰

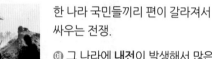

한 나라 국민들끼리 편이 갈라져서 싸우는 전쟁.

예 그 나라에 **내전**이 발생해서 많은 국민들이 고통을 받고 있다.

친절한 샘 '내전'의 반대말은 '대외전'입니다. 다른 나라와 싸우는 대외전과 다르게 같은 국민끼리 싸우는 내전이 일어나면 전쟁이 끝난 이후에도 국민이 단결하는 데 많은 어려움이 생긴답니다.

다국적 기업

많을 多 + 나라 國 + 서적 籍 + 꾀할 企 + 업 業

세계 곳곳에 회사와 공장을 세워 생산과 판매를 하는 세계적 규모의 기업.

예 이 회사는 아시아 여러 나라에 공장을 둔 **다국적 기업**이다.

친절한 샘 '빅맥 지수'라고 들어 봤나요? 각국의 맥도널드 빅맥 햄버거의 가격을 달러로 환산한 것인데, 이를 통해 그 나라 돈의 가치를 살필 수 있답니다. 이런 것이 가능한 것도 다국적 기업의 특성 때문이겠죠?

분쟁

어지러울 紛 + 다툴 爭

서로 물러서지 않고 치열하게 다툼.

예 정부는 국민들의 안전을 위해 **분쟁** 지역으로의 여행을 금지한다고 밝혔다.

친절한 샘 인도는 주로 힌두교를 믿는 나라예요. 그런데 인도 북부 '카슈미르'라는 지역의 주민들은 주로 이슬람교를 믿고 있어 분쟁이 치열하답니다.

원조

도울 援 + 도울 助

어려움을 겪는 사람이나 단체에 물건이나 돈 등을 주어 도움.

예 우리나라도 살기가 어려울 때는 외국의 **원조**를 받았다.

친절한 샘 산업의 근대화와 경제 발전이 선진국에 비하여 뒤떨어진 나라를 '개발 도상국'이라고 해요. 개발 도상국에 대한 국제 원조는 큰 도움을 주죠. 우리나라도 비슷한 경험이 있답니다.

온난화

따뜻할 溫 + 따뜻할 暖 + 될 化

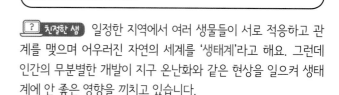

기온이 높아지는 현상.

예 전 세계 곳곳에서 **지구 온난화**로 이상 기후가 나타나고 있다.

친절한 샘 일정한 지역에서 여러 생물들이 서로 적응하고 관계를 맺으며 어우러진 자연의 세계를 '생태계'라고 해요. 그런데 인간의 무분별한 개발이 지구 온난화와 같은 현상을 일으켜 생태계에 안 좋은 영향을 끼치고 있습니다.

체결

맺을 締 + 맺을 結

계약이나 조약 등을 맺음.

예 새로운 협정의 **체결**로 무역이 보다 자유로워질 것이다.

친절한 샘 돈을 주고받는 거래에서 서로 지켜야 할 의무나 책임을 문서에 적어 약속하는 것을 '계약'이라고 해요. 이 때 계약을 지키기로 약속하고 미리 치르는 돈을 '계약금'이라고 한답니다.

협약

도울 協 + 맺을 約

공동의 목적을 이루기 위해 여러 사람이 의논하여 약속을 맺음. 또는 그 약속.

예 그들은 비밀리에 **협약**에 서명했다.

친절한 샘 2015년 12월 12일, 프랑스 파리에서 '파리 기후 협정'이 이루어졌어요. 전 세계 195개의 나라가 지구촌 환경 문제 해결을 위해 노력하기로 약속을 한 거예요. 우리도 같이 노력해 볼까요?

어휘 더하기

'예(豫)' 자로 시작하는 말

예고(豫告)

어떤 일이 일어나기 전에 미리 알림.

예 나는 일을 그만두겠다고 회사에 예고를 하였다.

예상(豫想)

앞으로 있을 일이나 상황을 짐작함. 또는 그런 내용.

예 항상 꼴찌만 하던 반이 예상외로 이번 시험에서 일등을 차지했다.

예견(豫見)

앞으로 일어날 일을 미리 알거나 짐작함.

예 무리하게 공사 기간을 단축할 때부터 예견된 일이었다.

여러분, 영화 좋아하죠? 영화의 내용을 미리 알리기 위해 그 내용의 일부를 뽑아 모은 것을 뭐라고 할까요? 네. '예고편(豫告篇)'이라고 합니다. 이때 사용하는 '예(豫)'라는 글자의 뜻이 '미리'입니다. 그래서 '예고(豫告)'는 미리 알려 준다는 뜻이 되는 거죠. 그러면 자리나 물건 등을 사용하기 위해 미리 약속하는 것을 뭐라고 할까요? 네. '예약(豫約)'입니다. 이제 알겠죠?

다음 빈칸에 들어갈 알맞은 말을 쓰세요.

☐☐: 어떤 대회에서 본선에 나갈 자격을 얻기 위해 미리 하는 시합.

문제로 확인하기

01 **(   ) 안에 공통으로 들어갈 낱말로 알맞은 것은 무엇인가요?**

- 정부가 북한에 경제적 (   )을/를 하면서 대북 관계가 점점 개선되고 있다.
- 세계의 많은 국가들은 아프리카의 굶주리는 아이들을 위해 물적 (   )을/를 하고 있다.
- 그 나라는 독립을 쟁취한 후 자유세계의 우방으로부터 많은 (   )을/를 받았다.

① 구조 ② 물자 ③ 배려
④ 원조 ⑤ 호소

02 **다음은 '지구촌 □□을 줄이자.'는 의미를 담은 공익 광고의 모습입니다. □ 안에 들어갈 낱말을 쓰세요. (초성 힌트: ㅂㅈ)**

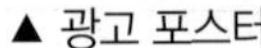
▲ 광고 포스터

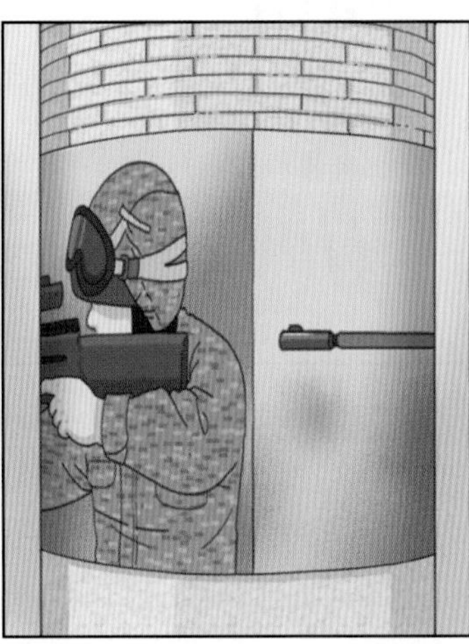
설치 모습 ▶

03 **대화의 밑줄 친 ㉠과 ㉡을 의미하는 낱말을 알맞게 짝지은 것은 무엇인가요?**

학생: ㉠<u>한 나라 안에서 일어난 전쟁</u>이 왜 지구촌의 문제가 되는 건가요?
선생님: 세계의 여러 나라들이 서로 밀접하게 연결되어 있기 때문이에요. ㉡<u>전쟁으로 살 곳을 잃은 사람들</u>이 주변 나라에 도움을 청하면 국제 사회에서 영향을 주니까요.

① 내전 - 빈민 ② 내전 - 난민 ③ 분쟁 – 이주민
④ 분쟁 – 빈민 ⑤ 분쟁 – 난민

04 **낱말의 뜻을 참고하여 □ 안에 들어갈 낱말을 쓰세요.**

□□ 문제를 해결하려고 지구촌 사람들은 구호 활동, 식량 증대, 캠페인, 자립 활동 지원, 교육 여건 개선 등 다양한 노력을 하고 있다.
→ 뜻 : 먹을 것이 없어 굶주림.

05 밑줄 친 낱말 '예'의 뜻이 나머지 넷과 다른 하나는 무엇인가요?

① 올해는 **예**년과 다르게 해외여행을 가는 사람들이 늘었다.
② 공부를 잘하기 위해서는 **예**습과 복습을 철저히 해야 한다.
③ 다음 달 평양에서는 남북한 친선 농구 경기가 열릴 **예**정이다.
④ 봄에는 날씨가 건조해서 산불이 나기 쉬우므로 **예**방에 힘써야 한다.
⑤ 엎치락뒤치락하는 경기 점수로 인해 우승팀 **예**상을 할 수가 없었다.

06 다음 글의 □ 안에 들어갈 알맞은 말을 쓰세요.

우리가 일상에서 사용하는 제품들을 보면, 본사와 생산 공장이 각각 다른 국가에서 이루어진 것을 볼 수 있어요. 이렇게 여러 국가에서 생산과 판매 활동을 하는 기업을 □□□□□이라고 해요.

07 ㉠~㉢에 알맞은 낱말을 〈보기〉에서 찾아 쓰세요.

자~. 오늘은 지구촌 갈등 해결을 위해 노력하는 단체들에 대해 발표해 봅시다.
전 특정한 목적을 위하여 여러 나라가 모여 만든 (㉠)에 대해 조사했어요.
저는 (㉡)에 대해 조사해 왔는데요. '국경 없는 의사회'의 경우 인종이나 종교, 성별 등과 관계없이 의료 도움이 필요한 사람들을 돕고 있어요.
제가 조사한 단체는 '그린피스'라는 단체인데, (㉢)를 파괴하는 핵 실험을 반대하고 자연 보호 운동을 하고 있어요.

보기

국가 　 생태계 　 국제기구 　 비정부 기구 　 지구 온난화

08~10 다음 글을 읽고 물음에 답해 보세요.

지구 온난화를 막기 위해 전 세계 국가들이 참여한 보편적 기후 변화 협정이 프랑스 파리에서 (㉠)됐습니다. 이번 파리 협정의 핵심은 지구의 기온 상승 폭을 산업화 이전 대비 섭씨 2도 아래로 억제하는 것입니다.

또한, 선진국들이 온실가스 감축을 위해 2020년까지 매년 우리 돈 118조 원의 기금을 개발 도상국에 지원하도록 하는 내용도 담겼습니다. 이번 파리 협정은 선진국들에게만 온실가스 감축 의무가 있던 교토 의정서와 달리 개발 도상국을 포함한 195개 당사국 모두가 지켜야 하는 첫 협약입니다.

08 **윗글에 나온 낱말의 뜻을 오른쪽에서 찾아 선으로 바르게 이어 보세요.**

1 협약 •

2 개발 도상국 •

3 지구 온난화 •

• ㉠ 산업의 근대화와 경제 발전이 선진국에 비하여 뒤떨어진 나라

• ㉡ 지구의 기온이 높아지는 현상

• ㉢ 공동의 목적을 이루기 위해 여러 사람이 의논하여 약속을 맺음. 또는 그 약속

09 **다음 초성을 참고하여 ㉠에 들어갈 말을 쓰세요.**

ㅊ ㄱ

10 **윗글을 읽고 친구들끼리 나눈 대화입니다. 글의 내용을 바르게 이해하지 못한 사람은 누구인가요?**

① 학생1: 파리 기후 협약은 지구 온난화의 문제점을 해결하기 위한 것이군.
② 학생2: 교토 의정서에는 개발 도상국들의 온실가스 감축 의무가 없었나 봐.
③ 학생3: 선진국들이 개발 도상국에게 경제적 지원을 하는 내용도 포함되었어.
④ 학생4: 개발 도상국들이 온실가스 감축을 하지 않으면 이 협약을 무시하는 거야.
⑤ 학생5: 기온 상승 폭을 산업화 이전 대비 섭씨 2도 아래로 낮추지 않는 나라는 벌금을 물게 될 거야.

조선 시대에는 사람들이 어떤 물건들을 사용했을까요?

빈칸에 들어갈 알맞은 말을 <보기>에서 찾아 써 보세요.

보기

대야　사발　화로　개다리소반

1 □□□□□: 상다리 모양이 개의 다리처럼 휜 소반.

2 □□: 주로 세수할 때 물을 담아 쓰는 둥글고 넓적한 그릇.

3 장독: 간장, 된장, 고추장 등을 담아 두거나 담그는 독.

4 여물통 : 말이나 소를 먹이기 위하여 말려서 썬 짚이나 마른풀을 담는 통.

5 □□: 위는 넓고 아래는 좁으며 굽이 있는 사기그릇.

6 □□: 불씨가 꺼지지 않도록 지키거나 방을 따뜻하게 하기 위해 숯불을 담아 놓는 그릇.

걸작

뛰어날 傑 + 지을 作

문학, 음악, 미술의 창작물 중에서 뛰어난 작품.

예 빈센트 반 고흐는 짧은 생애에도 불구하고 많은 **걸작**을 남겼다.

친절한 샘 '명작'은 예술 작품 가운데 훌륭하고 유명한 작품을 가리키는 말입니다. 솜씨가 서투르고 보잘것없는 작품은 '졸작'이 됩니다.

계발

열 啓 + 필 發

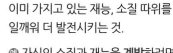

이미 가지고 있는 재능, 소질 따위를 일깨워 더 발전시키는 것.

예 자신의 소질과 재능을 **계발**하려면 다양한 경험을 해야 한다.

친절한 샘 '계발'은 슬기, 재능, 소질 등 사람이 지닌 특성을 일깨워 더 발전시키는 것을 말합니다. 그리고 '개발'은 토지, 자원, 기술 등 물질과 관련한 것을 쓸모 있게 만드는 일을 뜻하지만 '계발'과 같은 뜻으로 쓰이기도 합니다.

공방

장인 工 + 방 房

도자기나 책상, 장식품 같은 갖가지 공예품을 만드는 곳.

예 ○○ 예술 마을에는 예쁜 공예품을 만드는 **공방**들이 많이 있다.

친절한 샘 '공예품'은 가구, 도자기, 장신구 등 쓸모 있고 아름다운 물건을 말해요. '공업'은 자연물에 사람의 힘을 더해 새로운 물건을 만드는 일을 뜻합니다. '수공업'은 손과 간단한 도구를 사용해 물건을 만드는 작은 규모의 공업을 말하지요. '공방'은 '공장'과 달리, 수공업으로 물건을 만드는 것이 특징입니다.

도공

질그릇 陶 + 장인 工

도자기를 만드는 전문가.

예 하늘빛을 닮은 고려청자의 색깔은 고려 **도공**들의 놀라운 솜씨를 보여 준다.

친절한 샘 '도자기'는 '질그릇'을 뜻하는 '도(陶)'와 '사기그릇'을 뜻하는 '자(瓷)'를 합친 말입니다. 질그릇은 진흙만으로 구워 만든 그릇으로 겉면에 윤기가 없지요. 사기그릇은 고령토 따위를 원료로 사용해 높은 온도로 구워 만든 그릇으로 겉면이 희고 윤기가 납니다.

모방

본뜰 模 + 본받을 倣

다른 것을 본뜨거나 본받음.

예 예술 작품에서는 **모방**보다 창조를 더 소중히 여긴다.

친절한 샘 이미 있는 것을 모방해 만드는 일을 '모조'라고 해요. '모조품'은 '모조'한 물건을 말합니다. '위조'는 남을 속일 목적으로 진짜처럼 꾸며서 만드는 일을 뜻합니다.

문하생

문 門 + 아래 下 + 날 生

한 스승에게 배우는 제자를 일컫는 말.

예 그는 율곡 선생님의 **문하생** 중 가장 뛰어난 제자였다.

친절한 샘 '문하생'의 '문하'는 '가르쳐 주시는 스승의 아래'라는 뜻입니다. 스승의 가르침 아래 열심히 공부하는 사람들이 '문하생'이지요.

문화재

글월 文 + 될 化 + 재물 財

조상이 남긴 문화유산 중 보존할 만한 가치가 있는 것.

예 그는 우리 **문화재**를 지키는 데 평생을 바쳤다.

친절한 샘 문화재에는 '유형 문화재'와 '무형 문화재'가 있습니다. '유형 문화재'는 건축물, 회화, 조각, 서적 등 모양이 있어 만질 수 있는 문화재를 말합니다. '무형 문화재'는 연극, 음악, 공예 기술처럼 모양이 없어 만질 수 없는 문화재를 뜻합니다. '무형 문화재'의 기능을 가진 사람을 '인간문화재'라고 합니다.

선율

돌 旋 + 법 律

소리의 높낮이가 길이나 리듬과 어울려 나타나는 음의 흐름. '가락', '멜로디'라고도 함.

예 아름다운 **선율**의 음악을 들으면서 마음이 편안해졌다.

친절한 샘 높이가 다른 여러 소리가 서로 잘 어울려서 날 때 그 소리를 일컬어 '**화음**'이라고 합니다. 여러 소리가 조화를 잘 이루어 하나로 고르게 들리면 '**협화음**'이라고 해요. 그 반대이면 '**불협화음**'이라고 합니다.

연주

펼칠 演 + 아뢸 奏

다른 사람 앞에서 악기로 공연을 펼쳐 음악을 들려주는 일.

예 피아노를 **연주**하면서 노래를 불렀다.

친절한 샘 '**반주**'는 노래를 할 때 함께 따라서 연주하는 것을 말합니다. '**합주**'는 여럿이 두 개 이상의 악기를 가지고 연주하는 일이에요. 혼자 연주하는 것은 '**독주**'라고 합니다. 변화를 주어 연주하면 '**변주**'가 됩니다.

연희

펼칠 演 + 놀 戲

판소리, 탈춤, 줄타기, 땅재주 등 말과 동작으로 여러 사람 앞에서 재주를 부리는 일.

예 국립 국악원에 가면 다양한 전통 **연희**를 관람할 수 있다.

친절한 샘 '연희(演戲)'의 '연(演)'은 '다른 사람 앞에서 무언가를 펼쳐 보여 주는 행위.'를 뜻해요. 악기로 공연을 펼쳐 보이면 '**연주(演奏)**'가 되고, 말과 동작으로 공연을 펼쳐 보이면 '**연희(演戲)**'가 됩니다. 배우가 극본에 따라 어떤 사건이나 인물을 말과 동작으로 보여 주면 '**연극(演劇)**'이 되고요.

어휘 더하기

'삼가다'와 '삼가하다', '설레다'와 '설레이다'

삼가다 삼가고, 삼가, 삼가서

① 말과 행동을 조심스럽게 하다.

② 경계하다. 꺼려서 가까이 하지 않다.

예 어른 앞에서는 행동을 삼가야 한다.

설레다 설레고, 설레니, 설레면, 설레어

마음이 가라앉지 않고 들떠서 두근거리다.

예 그를 만나러 갈 생각에 벌써부터 마음이 설렌다.

신중한 태도를 나타내는 말로 '삼가다'가 맞는 표현이고, '삼가하다'는 틀린 표현입니다.

• 인터넷에 악성 댓글은 (삼가해 / 삼가) 주시기 바랍니다.

마음이 들떠서 두근거리는 상태를 나타내는 말은 '설레다'가 맞는 표현이고, '설레이다'는 틀린 표현입니다. 그래서 '가슴이 설렘'으로 써야지, '가슴이 설레임'이라고 쓰면 안 돼요.

다음 빈칸에 들어갈 알맞은 말에 동그라미 치세요.

• 거짓말은 (삼가야 / 삼가해야) 할 행동입니다.

• (설레는 / 설레이는) 마음을 갖고 공연 무대에 섰다.

문제로 확인하기

01 **빈칸에 들어갈 낱말의 초성과 뜻을 보고, 알맞은 낱말을 써 넣어 문장을 완성해 보세요.**

1 인사동에는 전통 공예품을 만들어 파는 (ㄱ ㅂ)이/가 많이 있다.
도자기나 책상, 장식품 같은 갖가지 공예품을 만드는 곳.

2 두 성악가는 함께 노래 부르며 아름다운 (ㅎ ㅇ)(으)로 듣는 이들을 감동하게 했다.
높이가 다른 여러 소리가 서로 잘 어울려서 나는 것.

3 석굴암은 우리나라 불교 미술을 대표하는 (ㄱ ㅈ)입니다.
문학, 음악, 미술의 창작물 중에서 뛰어난 작품.

02 **가로 세로 열쇠를 참고하여 다음 빈칸에 들어갈 알맞은 말을 써 보세요.**

1

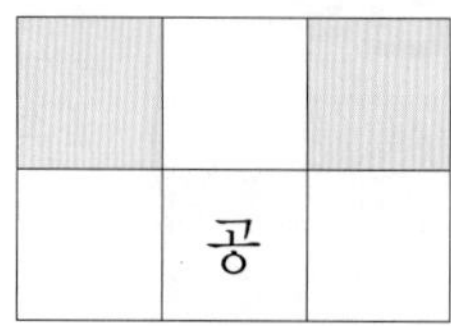

[가로 열쇠]

- 손과 간단한 도구를 사용해 물건을 만드는 작은 규모의 공업 예 보통 전통 도자기는 ○○○으로 제작된다.

[세로 열쇠]

- 도자기를 만드는 전문가.

2

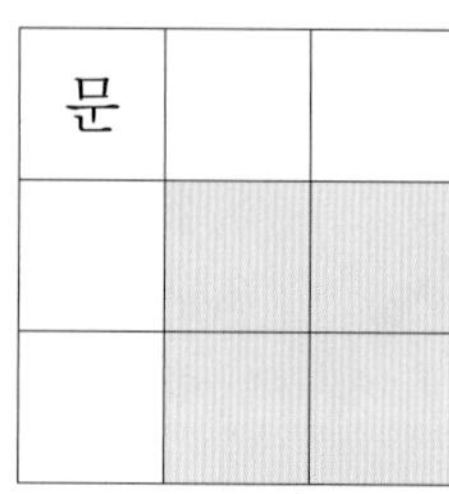

[가로 열쇠]

- 조상이 남긴 문화유산 중 보존할 만한 가치가 있는 것.

[세로 열쇠]

- 한 스승에게 배우는 제자를 일컫는 말
예 그와 나는 김정희 선생님의 ○○○이다.

03 **빈칸에 들어갈 낱말을 바르게 묶은 것은 무엇인가요?**

- 신기술을 (㉠)하지 않으면 다른 회사에 뒤쳐질 것입니다.
- 제가 이번에 그린 그림은 남들에게 보여 주기에 부끄러운 (㉡)입니다.
- 이 조각품은 진짜가 아니라 똑같이 본떠서 만든 (㉢)입니다.

	㉠	㉡	㉢
①	계발	명작	모조품
②	개발	걸작	위조품
③	모방	졸작	모조품
④	계발	명작	위조품
⑤	개발	졸작	모조품

04 빈칸에 들어갈 알맞은 낱말을 오른쪽에서 찾아 선으로 바르게 이어 보세요.

1 타악기를 잘 (   )하려면 리듬 감각이 필요하다. •   • ㉠ 반주

2 피아노와 두 대의 바이올린으로 (   )를 하였다. •   • ㉡ 연주

3 기타 (   )에 맞춰 모두 함께 노래를 불렀다. •   • ㉢ 합주

05 다음의 뜻을 지닌 단어를 말 상자에서 찾아 쓰세요.

• 뜻: 진흙만으로 구워 만든 그릇으로 겉면에 윤기가 없는 것.

공	사	질	금	그	파	리	수	릇	업

06 ㉠~㉢에 알맞은 낱말을 〈보기〉에서 찾아 쓰세요.

전통 악기의 흥겨운 (㉠   )에 저절로 어깨가 들썩여져요.
정말 그렇구나. 탈춤은 우리나라를 대표하는 전통 (㉡   ) 중 하나이지.
두 사람 다 휴대폰 꺼 놨어요? 공연장에서는 휴대폰 사용을 (㉢   ) 해요.

보기

선율 연극 연희 삼가야 불협화음

문제로 확인하기

07~09 다음 글을 읽고 물음에 답해 보세요.

우리 조상들은 왜 줄을 만들어 서로 당기는 놀이를 했을까요? 그것은 농사와 관련이 깊어요. 오랜 세월 동안 농사를 지어 온 우리 조상들의 가장 큰 소망은 풍년이었어요. 농사가 잘되려면 물이 가장 중요하고요. 그런데 우리 조상들은 용이 물을 다스리는 신이라고 생각했답니다. 그래서 용을 ㉠닮은 줄을 만들고 흥겹게 줄다리기를 해서 용을 기쁘게 하는 행동을 하는 거예요. 물의 신인 용을 즐겁고 기쁘게 해야 풍년이 들 테니까요.

조상들은 대보름이면 모든 일을 제쳐 두고 줄다리기 준비에 정성을 쏟았어요. 그리고 마을 사람이 모두 함께 줄다리기를 했지요. 온 마을이 참여해서 집마다 짚을 거두고 놀이에 필요한 돈과 일손을 내어 줄을 만들어 놀이를 한다는 게 생각처럼 쉬운 일은 아니랍니다. 그런데도 해마다 거르는 법이 없었어요. 여기에는 봄기운이 시작되는 정월에 풍년을 기원하고, 줄다리기라는 큰 행사를 치르면서 마을 사람들이 마음을 한데 모아 무사히 한 해 농사를 지으려는 지혜가 담겨 있어요. 영산 줄다리기는 1969년에 국가 (㉡) 제26호로 지정되었답니다.

– '줄다리기, 모두 하나 되는 대동 놀이'(국어 5–2 2. 지식이나 경험을 활용해요)

07 밑줄 친 ㉠과 바꿔 쓰기에 가장 적절한 표현은 무엇인가요?

① 계발한 ② 모방한 ③ 모조한
④ 위조한 ⑤ 창조한

08 다음 낱말의 뜻을 참고하여 ㉡에 들어가기에 알맞은 낱말을 골라 쓰세요.

- 유형 문화재: 건축물, 회화, 조각, 서적 등 모양이 있어 만질 수 있는 문화재.
- 무형 문화재: 연극, 음악, 공예 기술처럼 모양이 없어 만질 수 없는 문화재.
- 인간문화재: '무형 문화재'의 기능을 가진 사람.

09 윗글의 '줄다리기'를 설명한 내용으로 적절하지 않은 것은 무엇인가요?

① 물의 신인 용을 기쁘게 하려는 행동이다.
② 곡식을 수확하는 계절인 가을에 행해졌다.
③ 풍년을 기원하는 농부들의 마음이 담겨 있다.
④ 오래전 조상들로부터 이어져 내려온 민속 놀이이다.
⑤ 마을 사람들 모두가 힘을 모아 준비하고, 함께 행했던 놀이이다.

관용 표현 익히기

정답과 해설 26쪽

■ 다음 만화를 보고, 밑줄 친 한자 성어의 뜻을 추측하여 말해 보세요.

'유유상종(類類相從)'

'비슷한 무리끼리 서로 어울린다.'는 뜻을 지닌 한자 성어입니다. 친구를 사귈 때에는 보통 생각이나 행동, 습관, 취미 등이 서로 비슷한 사람들끼리 어울리게 마련이잖아요. 이러한 사람들의 모습에서 온 말이 바로 '유유상종'입니다. 속담 중에 '초록은 동색', '가재는 게 편'이라는 말이 있는데 이 역시 '유유상종'과 비슷한 의미로 쓰여요.

예 맨날 뭉쳐 다니면서 짓궂은 장난이나 하고! 너희들이야말로 정말 '유유상종'의 본보기로구나.

다음 한자를 따라 써 보면서 '유유상종'의 뜻을 외워 보세요.

類 무리 류	類 무리 류	相 서로 상	從 따를 종
類	類	相	從

類	類	相	從

활동

다음 속담 중에서 '유유상종'과 유사한 뜻을 지닌 속담에 ✔표시를 하세요.

- ☐ 가재는 게 편.
- ☐ 우물 안 개구리.
- ☐ 못된 송아지 엉덩이에 뿔이 난다.
- ☐ 초록은 동색.

Ⅲ
자연·과학·국어 용어

20강 자연과 관련한 말

21강 소중한 지구와 관련한 말

22강 기술, 산업과 관련한 말

23강 생활 속 과학과 관련한 말

24강 생명 활동과 관련한 말

25강 운문과 관련한 말

26강 산문과 관련한 말

27강 글 읽는 힘을 길러 주는 말

28강 우리 말글과 관련한 말

벌목

칠 伐 + 나무 木

산이나 숲에 있는 나무를 벰.

예 울창하였던 숲이 **벌목**으로 벌거벗은 모습이 되었다.

친절한 샘 세계의 허파라고 불리는 아마존의 숲에서 무분별한 벌목이 벌어지고 있어 큰 문제라고 하죠? 무덤과 그 주변의 풀을 베어서 깨끗이 하는 것은 '木(나무 목)' 대신 '草(풀 초)'를 써서 '벌초'라고 해요.

묘목

싹 苗 + 나무 木

다른 곳으로 옮겨 심기 위하여 키우는 어린 나무.

예 아버지께서 무궁화 **묘목**을 사 오셨다.

친절한 샘 나무의 싹은 묘목이고, 논에 옮겨 심기 위하여 기른 벼의 싹은 '모'라고 한답니다. 그래서 모를 논으로 옮겨 심는 일을 '모내기'라고 해요.

산등성이

뫼 山 + 등성이

길게 뻗은 산줄기의 가장 높은 부분들이 이어진 것. = 등성이

예 탐험가는 **산등성이**를 따라 이동하였다.

친절한 샘 '산비탈'은 산에 가파르게 기울어져 있는 곳을 가리키고, 산비탈이 끝나는 아랫부분을 '산기슭'이라고 해요. 산등성이와 산등성이 사이에 낮고 길이 난 부분은 '고개'라고 하지요.

산천

뫼 山 + 내 川

산과 강 등의 자연.

예 내 고향 **산천**으로 돌아가고 싶다.

친절한 샘 '산천'처럼 자연을 가리키는 말로 '강산', '산수', '산하' 등이 있어요. 농경을 기반으로 살아왔던 우리 선조들은 산과 강을 신성하게 여기기도 했답니다.

고원

높을 高 + 언덕 原

높은 곳에 펼쳐진 넓은 벌판.

예 가파른 숲속 길을 한참 올라가니 **고원**이 펼쳐졌다.

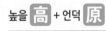

친절한 샘 사회 시간에 '개마고원'이라는 지명을 들어 본 적 있죠? 북한의 함경남도에 있는데, 한반도에서 가장 높고 넓은 고원으로 '한반도의 지붕'이라고 불린답니다.

풍광

바람 風 + 빛 光

자연이나 지역의 아름다운 모습.

예 바다의 아름다운 **풍광**이 펼쳐졌다.

친절한 샘 자연의 아름다운 모습을 '풍경'이라고도 하죠? '풍채', '풍모'는 사람의 겉모습을 말해요. 또, 자연의 아름다운 모습을 일컫는 말로 '경관', '경치'도 있어요.

토양

흙 土 + 흙 壤

식물을 자라게 할 수 있는 흙.

예 기름진 **토양**에서 작물이 잘 자란다.

친절한 샘 물이 오염된 것은 '수질 오염'이라고 하고, 흙이 오염된 것을 '토양 오염'이라고 하는데, 유해한 물질을 잘못 처리하면 토양이 오염되어 작물과 사람에게 큰 피해를 입혀요.

서식지

깃들일 棲 + 숨쉴 息 + 땅 地

생물이 보금자리를 만들어 사는 곳.

예 자이언트 판다의 **서식지**는 주로 대나무 숲이다.

친절한 샘 '서식지'가 주로 동물에게 쓰인다면, 사람이 보금자리를 만들어 사는 곳은 '주거지', '거주지'라고 하죠. 계절에 따라 서식지를 이동하는 새는 '철새'라고 해요.

습성

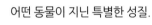

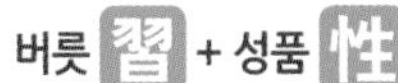

버릇 習 + 성품 性

어떤 동물이 지닌 특별한 성질.

예 나는 길고양이의 **습성**을 연구하고 있다.

친절한 샘 유사한 말로 '생태'가 있어요. '생태'는 생물들이 살아가는 모양이나 상태를 나타내는 말이에요.

풍랑

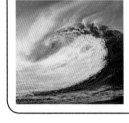

바람 風 + 물결 浪

바람과 물결.

예 바다에서 **풍랑**을 만나 위험에 처했다.

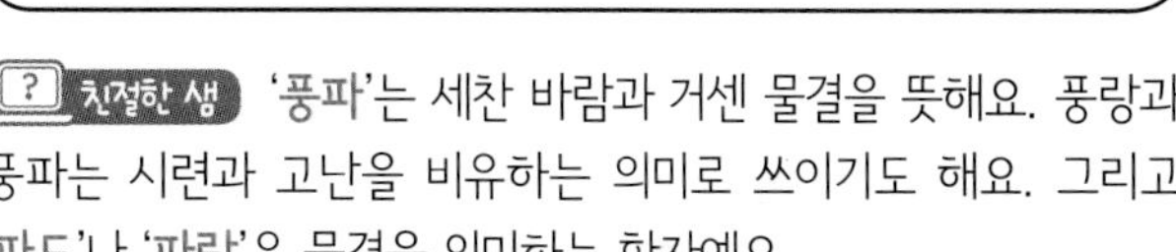

친절한 샘 '풍파'는 세찬 바람과 거센 물결을 뜻해요. 풍랑과 풍파는 시련과 고난을 비유하는 의미로 쓰이기도 해요. 그리고 '파도'나 '파랑'은 물결을 의미하는 한자예요.

어휘 더하기

먹거리에 붙는 접두사

풋–: 처음 나온, 덜 익은

예 풋고추, 풋나물, 풋사과

햇–: 그 해에 난

예 햇과일, 햇곡식

돌–: 품질이 떨어지는, 야생의

예 돌배, 돌미나리

개–: 야생 상태의, 품질이 떨어지는

예 개살구, 개망초

논밭에서 나는 것들의 상태를 말해 주는 접두사들입니다. '풋사과', '풋감'이라고 하면 완전히 익지 않은 상태의 과일이고, '햇감자', '햇과일'이라고 하면 해묵은 과일이 아닌, 그해에 갓 나온 것을 말합니다. 반면 '돌–', '개–'는 야생에서 자란 것, 품질이 떨어지는 것을 말합니다. '돌배', '개살구' 등이 그렇죠.

(　　) 안에 들어갈 알맞은 낱말을 쓰세요.

• 보기에만 좋고 실제로는 좋지 못한 것을 두고 말하는 속담은 무엇일까요? 빛 좋은 (　　)

문제로 확인하기

01 **빈칸에 들어갈 단어의 뜻을 보고, 〈보기〉에서 알맞은 말을 골라 문장을 완성해 보세요.**

보기

산천 습성 토양 풍랑 서식지 산등성이

1 우리 집은 산골에 있어 (   )을/를 넘어 학교를 다녀야 했다.
길게 뻗은 산줄기의 가장 높은 부분들이 이어진 것.

2 습지는 많은 동식물의 (   )(이)므로 보호해야 한다.
생물이 보금자리를 만들어 사는 곳.

3 사마귀는 돌 밑, 바위 틈에 알을 낳는 (   )이/가 있다.
어떤 동물이 지닌 특별한 성질.

4 배가 모진 (   )에 휩쓸리는 일이 없도록 유의하십시오.
바람과 물결.

5 그곳은 (   )이/가 비옥하여 농사를 짓기에 좋습니다.
식물을 자라게 할 수 있는 흙.

6 우리나라의 행정 구역은 주로 (   )을/를 경계로 나뉜다.
산과 강 등의 자연.

02 **주어진 낱말의 뜻을 오른쪽에서 찾아 선으로 바르게 이어 보세요.**

1 벌목 •   • ㉠ 다른 곳으로 옮겨 심기 위하여 키우는 어린 나무.

2 묘목 •   • ㉡ 무덤과 그 주변의 풀을 베어서 깨끗이 하는 것.

3 벌초 •   • ㉢ 세찬 바람과 거센 물결.

4 풍파 •   • ㉣ 산이나 숲에 있는 나무를 벰.

03 다음 두 낱말의 뜻을 참고하여, 아래 문장에 들어가기에 알맞은 낱말을 찾아 써 보세요.

풍광 : 자연이나 지역의 아름다운 모습.

풍채 : 사람의 체격이나 겉모습.

1 사진작가들은 ☐☐이 좋은 곳으로 촬영을 계획하고 장비를 챙겨 이동했다.

2 ☐☐ 좋은 신사분이 저쪽에서 기다리십니다.

04 ㉠~㉣에 알맞은 낱말을 <보기>에서 찾아 쓰세요.

이 나무, 우리 할아버지께서 (㉢)을/를 심어 키우셨던 거예요. 고향 (㉣)에 돌아오니 옛 기억도 나고 좋네요.
벌써 (㉠)들이 나올 때가 됐나요?
아직은 (㉡)예요. 맛이 덜 들었어요.

보기

모 묘목 산천 토양 풋감 거주지 햇과일

05~07 다음 글을 읽고 물음에 답해 보세요.

산림청에서는 일부 지역의 숲이 빠르게 해충들의 집중 서식지가 되고 있는 문제를 해결하기 위해 대규모 벌목을 결정했습니다. 이 해충들은 특히 해발 600미터 이상의 고원에서 ㉠서식하고 있는데요, 해당 산림을 관리하고 있던 당국자들과 근처 주민들은 이번 조치를 어쩔 수 없는 것이라고 받아들이면서도 우리 ㉡산천을 푸르게 지키던 숲들이 사라지게 되는 것을 우려하고 있습니다. 주민의 이야기를 들어보겠습니다.

"가슴 아프긴 하지만 십 년이면 강산도 변한다는데, 이런 일도 있고 저런 일도 있는 거겠죠. 어쩌겠습니까. 더 건강한 숲으로 가꿔 봅시다."

산림청에서는 해충 문제가 해결되는 대로 하루빨리 묘목들을 심어 숲을 되살릴 것이며, 앞으로는 전문가들과 협의하며 곤충들의 습성을 신속히 파악하여 이런 안타까운 상황을 막도록 하겠다고 발표하였습니다.

05 **밑줄 친 ㉠과 바꿔 쓰기에 알맞은 낱말은 무엇인가요?**

① 먹고 ② 살아가고 ③ 날아다니고
④ 어지럽히고 ⑤ 퍼져 나가고

06 **밑줄 친 ㉡과 유사한 뜻을 가진 낱말이 아닌 것은 무엇인가요?**

① 강산 ② 산림 ③ 산수
④ 산하 ⑤ 자연

07 **윗글의 내용을 잘못 이해한 것은 무엇인가요?**

① 주민들은 숲들이 사라지는 것을 슬퍼하고 있다.
② 주로 높은 지대의 숲들이 해충들의 서식지가 되고 있다.
③ 해충 문제를 해결하기 위해 숲의 나무들을 베기로 결정했다.
④ 앞으로는 곤충들의 특징을 빨리 파악하여야 숲을 지킬 수 있다.
⑤ 숲이 사라지지 않도록 다른 지역의 나무들을 하루빨리 심기로 했다.

관용 표현 익히기

정답과 해설 27쪽

■ 다음 만화를 보고, 밑줄 친 말의 뜻을 추측하여 말해 보세요.

'첩첩산중(疊疊山中)'

여러 산이 겹치고 겹친, 깊은 산속을 말합니다. 도시와 먼 곳을 과장해서 말할 때 쓰기도 합니다.

예 구조대는 첩첩산중에서 길을 잃고 실종되었던 사람들을 구조하였다.

'산전수전(山戰水戰)'

산과 물에서의 전투를 다 겪는다는 말로, 세상의 온갖 고생과 어려움을 다 겪은 경우를 가리킬 때 쓰는 말입니다.

예 그는 어릴 적부터 안 해본 일이 없을 정도로 산전수전을 다 경험했다.

다음 한자를 따라 써 보면서 '첩첩산중'의 뜻을 외워 보세요.

疊 겹쳐질 첩	疊 겹쳐질 첩	山 뫼 산	中 가운데 중
疊	疊	山	中

疊	疊	山	中

활동

다음 속담 중 '산전수전'과 유사한 뜻을 지닌 속담에 ☑표시를 하세요.

- ☐ 찬밥 더운밥 다 먹어 보았다.
- ☐ 단맛 쓴맛 다 보았다.
- ☐ 사공이 많으면 배가 산으로 간다.
- ☐ 엎친 데 덮친 격이다.

공존

함께 共 + 있을 存

함께 존재함.

예 인간과 자연은 **공존**해야 한다.

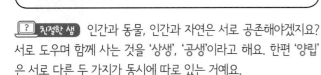

친절한 샘 인간과 동물, 인간과 자연은 서로 공존해야겠지요? 서로 도우며 함께 사는 것을 '상생', '공생'이라고 해요. 한편 '양립'은 서로 다른 두 가지가 동시에 따로 있는 거예요.

복원

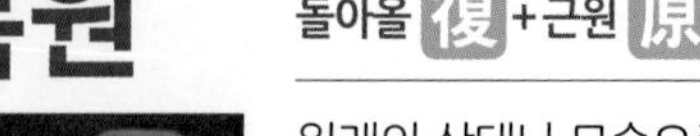

돌아올 復 + 근원 原

원래의 상태나 모습으로 돌아가게 함.

예 불탄 숭례문을 **복원**해서 다행이다.

친절한 샘 '복구', '환원'도 원래의 상태로 되돌리는 것을 말해요. '회복'도 이전의 상태를 되찾는 것인데, 아팠던 몸이 건강해진 것을 가리킬 때도 쓰여요.

순환

좇을 循 + 고리 環

하나의 과정을 지나 다시 처음 자리로 돌아오는 것을 되풀이함.

예 혈액 **순환**이 잘 되어야 건강해요.

친절한 샘 '악순환'은 나쁜 일이 나쁜 결과를 내고 또 그 결과가 원인이 되어 다시 나쁜 결과를 내는 현상이 계속 되풀이되는 것이에요. 반대말은 '선순환'이라고 합니다. 나쁜 일이 악순환되지 않도록, 잘못된 것이 있으면 빨리 고쳐야겠죠?

원천

근원 源 + 샘 泉

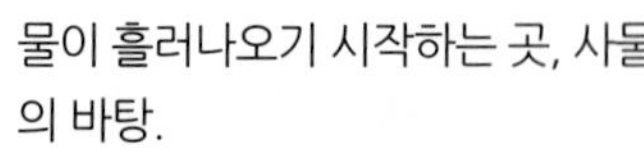

물이 흘러나오기 시작하는 곳, 사물의 바탕.

예 책은 지식의 **원천**이다.

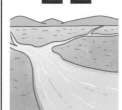

친절한 샘 근원을 나타내는 한자 '源(원)'은 활용되는 단어가 많아요. '전원'은 전기를 얻는 원천, '수원'은 물을 얻는 원천이에요. 어떤 것이 시작된 곳을 '발원지'라고 하고, 그런 시작을 '기원'이라고 해요. 말의 기원은 '어원'이지요.

아열대

버금 亞 + 더울 熱 + 띠 帶

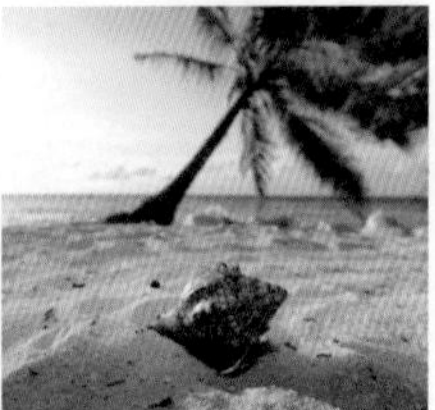

온대와 열대의 중간 기후대.

예 이번 휴가는 따뜻한 **아열대** 지방으로 가자.

친절한 샘 지구 온난화로 인해 지구의 온도가 상승하면서 빙하가 녹아내려 해수면이 상승하고, 이상 기후가 일어나고 있어요. 우리나라는 온대 기후에 속했지만 이상 기후 현상으로 여름이 점차 더워지고 바다에선 아열대 어류가 나타나기도 한다고 해요.

온실가스

따뜻할 溫 + 집 室 + gas

지구 대기를 오염시켜 온실 효과를 일으키는 가스들.

예 전 세계가 **온실가스** 배출을 줄여야 한다.

친절한 샘 온실가스가 대기 중에 많아져서 지구의 온도가 점점 올라가는 현상을 지구 온난화라고 해요. 석탄이나 석유와 같은 화석 연료를 사용할 때 나오는 이산화 탄소가 대표적인 원인으로 꼽혀요.

친환경

친할 親 + 고리 環 + 지경 境

자연 환경을 손상시키지 않으며 그대로의 상태와 잘 어울리는 일.

㉠ 태양열 같은 **친환경** 에너지를 개발해야 한다.

친절한 샘 온실가스를 줄이는 친환경적인 산업은 '저탄소 녹색 산업'이라고 하고, 화학 약품을 쓰지 않고 천적이나 자연적 방법을 이용하는 친환경 농법을 '유기농법'이라고 해요.

희귀종

드물 稀 + 귀할 貴 + 씨 種

쉽게 만날 수 없어 매우 귀한 물건이나 품종.

㉠ 멸종 위기에 처한 사막여우는 세계적인 **희귀종**이다.

친절한 샘 '깃대종'은 어느 지역의 대표가 되는 동식물의 종이에요. 우리나라 덕유산의 반딧불, 부천의 복사꽃이 대표적 '깃대종'이에요. 우리나라 한려 해상 국립 공원에는 겨울 철새 아비, 팔색조 등의 희귀종이 살고 있어요.

고갈

마를 枯 + 목마를 渴

물, 자원이나 물질 등이 다 써서 없어짐.

㉠ 석유 **고갈**에 대비해야 한다.

친절한 샘 목마름을 해결하거나 비가 내려 가뭄을 벗어나는 것은 '해갈'이라고 하지요. '소진'은 점점 줄어들어서, 다 써서 없어지는 것이고, '마모'는 마찰이 일어난 부분이 닳아 없어지는 것이에요.

생태계

날 生 + 모양 態 + 이을 係

여러 생물들이 서로 영향을 미치면서 사는 세계.

㉠ 환경 오염은 **생태계**를 파괴한다.

친절한 샘 생태계가 먹고 먹히는 먹이사슬이 순환하는 과정이 안정되어 있다면 '평형'을 이루고 있다고 하고, 그 안정을 깨뜨리는 것을 '교란' 시킨다고 합니다.

어휘 더하기

정(淨)이 들어가는 낱말

정화[淨化]

더러운 것이나 순수하지 않은 것을 깨끗하게 하는 것.

㉠ 우리 반이 함께 환경 정화 활동을 가기로 했다.

자정[自淨]

오염된 물이나 땅이 저절로 깨끗해짐.

㉠ 지구는 오염으로부터 자정 작용을 할 수 있다.

청정[淸淨]

맑고 깨끗함.

㉠ 청정 구역이 쓰레기로 오염되었다.

'정(깨끗할 淨)'은 깨끗함을 나타내는 한자로, 맑고 깨끗함을 의미하는 한자어에 쓰입니다. 우리의 자연은 더러운 것을 순수하게 하는 '정화'를 스스로 할 수 있는 '자정' 기능을 가지고 있다고 합니다. 더러운 물을 깨끗하게 '정화'하는 기계는 '정수기'라고 부르고, 공기를 정화하는 기계는 '공기 청정기'라고 부르죠.

( ) 안에 들어갈 낱말을 순서대로 써 보세요.

자연이 아무리 (　　) 능력을 가지고 있다고 하더라도 공기 오염 정도가 심각하면 집에 공기 (　　)가 필요하다.

문제로 확인하기

01 **빈칸에 들어갈 낱말의 초성과 뜻을 보고, 알맞은 낱말을 써 넣어 문장을 완성해 보세요.**

1 멸종 위기의 (ㅎ ㄱ ㅈ)인 팔색조가 올해도 거제도를 찾았다.
쉽게 만날 수 없어 매우 귀한 물건이나 품종.

2 화석 연료 (ㄱ ㄱ)에 대비해야 한다.
물, 자원이나 물질 등이 다 써서 없어짐.

3 사람과 동물은 이 지구상에 (ㄱ ㅈ)하며 살아가고 있다.
함께 존재함.

4 연세 드신 분들은 치아가 점점 (ㅁ ㅁ) 되기 때문에 조심하셔야 해요.
마찰이 일어난 부분이 닳아서 작아지거나 없어짐.

02 **낱말의 의미에 어울리는 낱말을 바르게 연결하세요.**

1 원래의 상태나 모습으로 돌아가게 함. • • ㉠ 자정

2 오염된 물이나 땅이 저절로 깨끗해짐. • • ㉡ 복원

03 **<보기>의 (　　) 안에 넣어 쓸 수 없는 말은 무엇인가요?**

보기

너와 나는 같은 회사에서 (　　)하기 어렵겠다. 내가 다른 곳으로 갈게.

① 공생　② 공존　③ 기원　④ 상생　⑤ 양립

04 **<보기>의 (　　) 안에 넣어 쓸 수 있는 말은 무엇인가요?**

보기

외국에서 들어온 동물이 갑자기 증가하게 되면 천적이 없어 생태계를 마구 (　　)하게 된다.

① 공생　② 교란　③ 소진　④ 평형　⑤ 환원

05 다음 문장의 (　　) 안에 들어갈 말을 바르게 묶은 것은 무엇인가요?

- 규칙적인 식사와 수면이 건강의 (　㉠　)이다.
- 빚을 갚기 위해 또 빚을 얻는 (　㉡　)이 반복되고 있다.
- 자연스런 공기 (　㉢　) 원리와 지형을 이용하여 석빙고를 설계하였다.

	㉠	㉡	㉢
①	순환	악순환	원천
②	순환	원천	악순환
③	악순환	순환	원천
④	원천	순환	악순환
⑤	원천	악순환	순환

06 ㉠~㉢에 알맞은 말을 <보기>에서 찾아 쓰세요.

보기

생태계　아열대　친환경　화석 연료　지구 온난화

문제로 확인하기

07~09 다음 글을 읽고 물음에 답해 보세요.

자연은 한 번 파괴되면 ㉠복원되기 어렵다. 우유 한 컵을 정화하기 위해서는 우유 한 컵의 2만 배의 물이 필요하다. 자연에는 자정 능력이 있다고 해도 정도를 넘어선 오염을 감당하기는 어렵다. 생태계가 환경 오염으로 영원히 망가질 수도 있다는 위기의식이 필요하다.

또한 무분별한 화석 연료 사용으로 온실가스가 증가하고, 이에 따른 지구 온난화로 이상 기후 현상이 계속되고 있다. 이 같은 상황이 계속되면, 화석 연료가 고갈되고 빙하가 사라지는 등 결국에 우리 후손들은 생명의 원천인 이 지구에서 살아가기 어려워질 수도 있다. 지구 온난화와 이상 기후 현상이 더 이상 심해지지 않도록 친환경 에너지를 개발하고 저탄소 녹색 산업을 육성하고자 노력해야 한다.

07 **밑줄 친 ㉠과 의미가 비슷한 낱말끼리 바르게 짝지은 것은 무엇인가요?**

① 교환, 복구 ② 복구, 회복 ③ 반환, 회복
④ 반복, 복구 ⑤ 교환, 반환

08 **<보기>의 설명이 가리키는 낱말을 윗글에서 찾아 쓰세요.**

보기

㉮ 물이 흘러나오기 시작하는 곳. 사물의 바탕.
㉯ 온실가스를 줄이는 친환경적인 산업.

㉮: ____________

㉯: ____________

09 **윗글의 내용을 잘못 이해한 것은 무엇인가요?**

① 자연환경을 청정하게 유지해야 한다.
② 화석 연료가 다 없어질 가능성도 있다.
③ 우리나라의 이상 기후 현상이 다른 나라보다 심각하다.
④ 친환경 에너지를 사용하면 지구 온난화를 막을 수 있다.
⑤ 자연에는 스스로 물이나 공기를 정화할 수 있는 능력이 있다.

관용 표현 익히기

정답과 해설 28쪽

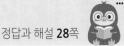

■ 다음 만화를 보고, 밑줄 친 속담의 뜻을 추측하여 말해 보세요.

✎ 가재는 게 편

가재와 게는 서로 닮은 동물이죠. 서로 닮거나 조금이라도 가까운 사이면 편을 들게 마련이라는 뜻이랍니다. 비슷한 속담으로 '팔은 안으로 굽는다.', '초록은 동색'이라는 말이 있습니다. 두 속담 모두 사람은 비슷한 처지에 있거나 가까운 사이에 있는 사람의 편을 들게 마련이라는 뜻입니다.

✎ 지렁이도 밟으면 꿈틀한다

지렁이는 무시당하는 약한 지위에 있는 동물이나 사람을 말합니다. 그런 지렁이라고 하더라도 밟히는 데까지 가만히 있지는 않습니다. 아무리 지위가 낮거나 순하던 사람이라도 너무 업신여김이 지나치면 가만히 있지 않는다는 뜻입니다.

활동

다음 대화를 읽고, (　　) 안에 들어갈 적절한 속담을 써 보세요.

(1) 성준: 우리 학교 축구부가 당연히 질 줄 알았는데 이기다니 웬일이야? 만날 지고 오기에 이번엔 응원도 안 했는데.

성희: 교장 선생님께서 축구부를 해체시킨다고 하셨다나 봐. (　　　　　　　　)는 말이 있잖아. 이번에 아주 열심히 연습하더라고.

(2) 아들: 우리 집 쌍둥이 동생들은 왜 서로 싸우다가도 금세 똘똘 뭉쳐서 저한테 대드는 걸까요.

아빠: (　　　　　　　　)이잖아. 같이 엄마 뱃속에 있던 시절을 잊지 못하나 봐.

22강 | 자연, 과학 3

기술, 산업과 관련한 말

내장하다

안 內 + 감출 藏

기계가 어떤 기능이나 장치를 겉에 보이지 않도록 속에 갖추고 있는 것.

예 인공 지능이 **내장**된 로봇을 개발하고 있다.

친절한 샘 '탑재'는 물건을 싣는다는 뜻에서 장비에 기능을 추가하는 것도 일컫는 말로 의미가 확장되었어요. 컴퓨터에 탑재된 '소프트웨어(software)'는 컴퓨터 관련 장치들의 작동에 사용되는 다양한 프로그램들이에요.

음향

소리 音 + 소리 울릴 響

물체에서 나는 소리와 그 울림.

예 공포 영화의 **음향** 효과 때문에 깜짝 놀랐다.

친절한 샘 '효과음'은 영화나 공연 등에서 장면의 실감을 더하기 위해 넣는 소리를 말해요. '음파'는 소리의 진동으로 생기는 파동이고, '초음파'는 사람이 귀로 들을 수 없는 음파인데, 각종 기술에 응용되고 있어요.

내구성

견딜 耐 + 오랠 久 + 성질 性

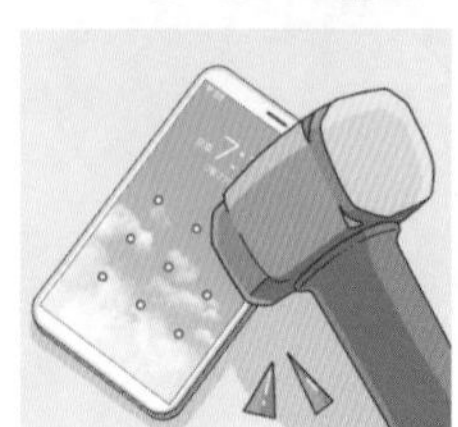

물질이 변하지 않고 오래 견디는 성질.

예 이번 제품은 **내구성**이 높아 튼튼합니다.

친절한 샘 '내열'은 높은 온도의 열을 견디는 것인데, '내열 용기'라고 하면 오븐과 같은 높은 온도도 견디는 그릇이라는 뜻이에요. '내진'은 지진을 견디는 것으로, 최근 우리나라는 건축물 내진 설계 기준을 강화하고 있어요.

단열

끊을 斷 + 더울 熱

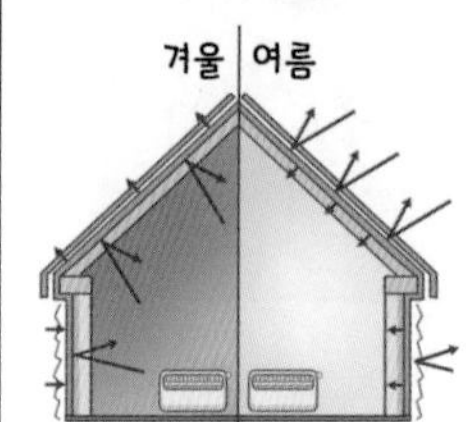

열이 나가거나 들어오지 않도록 막음.

예 주택에 **단열**이 잘되면 냉난방비가 절약된다.

친절한 샘 단열을 통해 따뜻한 온도를 일정하게 유지하는 것을 '보온'이라고 해요. '단열재'는 단열을 하는 데 쓰이는 건축용 재료로, 스티로폼, 유리솜, 코르크, 톱밥 등이 있어요.

재질

재료의 성질.

예 타지 않는 **재질**로 만들어 튼튼합니다.

친절한 샘 철로 된 재료는 '철재', 나무로 된 재료는 '목재'라고 해요. 물건을 만드는 재질은 크게 '금속'과 '비금속'으로 나뉘어요.

중금속

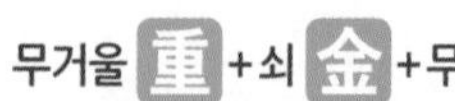

수은이나 납 같은 무거운 금속.

예 미세 먼지 속에는 **중금속** 성분이 들어 있습니다.

친절한 샘 중금속은 생물의 몸 안에서 분해되지 않고 배설되지도 않아서, 몸속에 쌓이면 위험해요. 먹이사슬의 윗 단계에 있을수록 중금속의 생물 농축이 문제가 되고 있어요.

폐기물
폐할 廢 + 버릴 棄 + 만물 物

못 쓰게 되어 버리는 물건.

예 대형 **폐기물** 처리장은 어디인가요?

친절한 샘 자신들의 거주 지역에 쓰레기 처리장, 폐기물 처리장 등 혐오 시설이 들어오는 것을 거부하는 것을 '님비(NIMBY, Not In My Back Yard)'라고 해요.

초경량
넘을 超 + 가벼울 輕 + 헤아릴 量

매우 가벼운 무게.

예 **초경량** 스마트폰이 출시되었습니다.

친절한 샘 매우 빠른 속도는 '초고속', 매우 높은 층수는 '초고층', 매우 큰 것은 '초대형', 매우 작은 것은 '초소형'이라고 하죠.

모피
털 毛 + 가죽 皮

짐승의 털이 그대로 붙어 있는 가죽. 또는 그 가죽으로 만든 옷.

예 **모피** 의류 산업을 반대하는 운동이 일고 있다.

친절한 샘 짐승의 가죽 중 돼지의 가죽은 '돈피', 호랑이의 가죽은 '호피'라고 동물의 이름을 붙여 따로 부릅니다. '철면피'는 쇠로 만든 낯가죽이라는 뜻인데, 염치가 없고 뻔뻔한 사람을 부르는 말입니다.

인공
사람 人 + 장인 工

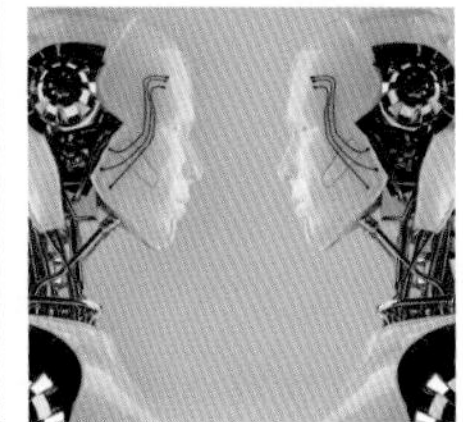

사람의 힘으로 만들어 낸 것

예 이제는 인간이 **인공** 지능을 만드는 단계에 이르렀다.

친절한 샘 인간의 기술로 자연의 한계를 넘어선 것들에는 '인공 심장', '인공위성' 등이 있어요. '인위적'도 자연의 힘이 아닌 사람의 힘으로 이루어진 것을 말하고, '인조'도 사람이 만든 물건에 붙이는 말이에요.

어휘 더하기

비유적 표현으로 쓰이는 '-돌'

걸림돌

일을 해 나가는 데에 방해가 되는 장애물을 비유적으로 이르는 말.

예 단합에 걸림돌이 되는 이기적인 행동

디딤돌

디디고 오르내릴 수 있는 돌. 어떤 문제를 해결하는 데 바탕이 되는 것.

예 남북 관계 개선의 디딤돌을 마련하였다.

주춧돌

기둥 밑에 기초로 받쳐 놓은 돌. 어떤 일의 시작이자 기초.

예 어머니가 이 단체 설립의 주춧돌이 되셨죠.

'-돌'은 곳곳에 쓰이는 경우와 역할에 따라 그것을 부르는 이름이 있는데, 그 경우를 벗어난 때에도 비유적인 표현으로 쓰이곤 해요.

다음 문장의 ( ) 안에 들어갈 낱말을 골라 ○표 하세요.

내 실력이 우리 팀 승리에 (걸림돌 , 디딤돌)이 될까 봐 걱정이야.

문제로 확인하기

01 **빈칸에 들어갈 낱말의 초성과 뜻을 보고, 알맞은 낱말을 써 넣어 문장을 완성해 보세요.**

1 해조류는 몸속에 쌓인 (ㅈ ㄱ ㅅ)을/를 내보내는 효과가 있습니다.
수은이나 납 같은 무거운 금속.

2 공업 단지에서는 각종 제품을 만들면서 생기는 (ㅍ ㄱ ㅁ)을/를 바르게 처리해야 합니다.
못 쓰게 되어 버리는 물건.

3 인공 지능이 (ㄴ ㅈ)된 로봇을 시판하기 위해서는 신중한 절차를 거쳐야 합니다.
기계가 어떤 기능이나 장치를 겉에 보이지 않도록 속에 갖추고 있는 것.

02 **다음 문장의 밑줄 친 낱말의 뜻을 <보기>에서 찾아 그 기호를 쓰세요.**

㉠ 사람의 힘으로 만든
㉡ 일을 해 나가는 데에 방해가 되는 장애물.
㉢ 열이 나가거나 들어오지 않도록 막음.
㉣ 물건을 실음.

1 항공기에 물품을 탑재하여 신속하게 이동하였다. (　　)

2 뜨거운 피자가 식지 않도록 단열 처리된 배달 상자로 배달하고 있습니다. (　　)

3 요즘은 필요한 경우에 인공적인 방법으로 비를 내리게 하기도 합니다. (　　)

4 그에게 유일한 걸림돌이란 긴 외국 생활로 한국어가 서투르다는 것이었다. (　　)

03 **밑줄 친 낱말의 뜻을 오른쪽에서 찾아 선으로 바르게 이어 보세요.**

1 음악을 좋아하는 영민은 각종 음향 기기에 관심이 많다. •

2 연극 도중 총소리, 비명소리 등의 효과음이 들려왔다. •

3 강력한 세정 기능을 가진 음파 전동 칫솔이 나왔다. •

4 동물들은 초음파를 이용해 먹이의 방향과 거리를 알아낸다. •

• ㉠ 영화나 공연 등에서 장면의 실감을 더하기 위해 넣는 소리.

• ㉡ 소리의 진동으로 생기는 파동.

• ㉢ 물체에서 나는 소리와 그 울림.

• ㉣ 주파수가 너무 높아서 사람이 귀로 들을 수 없는 음파.

04 다음 낱말들에 공통적으로 쓰인 한자 '내(耐)'의 뜻으로 가장 알맞은 것은 무엇인가요?

내열 내진 내구성

① 막다 ② 견디다 ③ 쓰이다
④ 넘어서다 ⑤ 벗어나다

05 ㉠~㉣에 알맞은 낱말을 <보기>에서 찾아 쓰세요.

안녕하세요? 요즘 날씨가 춥죠? 그래서 오늘은 따뜻한 옷을 가지고 왔는데요. 요즘 다들 좋아하시는 (㉠) 무늬 코트를 가지고 왔어요.
따뜻한 옷이라고 하면 두껍거나 무거운 옷일까 봐 걱정하시는데요. 오늘은 아주 가벼운 (㉡) 제품입니다. 이번 저희 회사에서 신기술로 개발한 (㉢)(으)로 만든 옷이거든요.
저희 회사 연구진이 새로 개발한 (㉣) 섬유 제품이죠.

보기

금속 단열 인조 재질 호피 초경량

문제로 확인하기

06~08 **다음 글을 읽고 물음에 답해 보세요.**

스마트폰 카메라가 발전하고 있습니다. 스마트폰 카메라는 편리하다는 장점 때문에 사랑 받아 왔지만 그런데도 화질이 기존 디지털카메라보다 못하다는 평가를 받았었습니다. 하지만 최근 스마트폰 제조 회사들이 선보인 카메라는 화질 면에서도 기존 디지털카메라를 따라잡았습니다. 강력한 소프트웨어를 탑재한 덕분입니다.

인물 사진에서 배경 흐리기 기능, 먼 거리의 물체를 선명하게 촬영하는 기능 등도 좋아졌습니다. 두 개, 세 개뿐 아니라 네 개의 렌즈가 ㉠내장된 카메라까지 등장하면서 예전에는 촬영 후에 인위적으로 조작해야만 보여 줄 수 있었던 화면을 손보는 것 없이 바로 보여 줄 수 있습니다.

음향 관련 기능도 발전하여 동영상 촬영물을 과거보다 더 정확하게 재생할 수 있고, 제작 기술이 발전하면서 내구성도 디지털카메라보다 좋아지고 있습니다. 야외에서 가지고 다니며 사진과 영상을 찍기에 더 편리해진 것입니다.

06 **밑줄 친 ㉠과 바꿔 쓰기에 알맞은 낱말은 무엇인가요?**

① 견디는 ② 입력된 ③ 갖추어진
④ 교체되는 ⑤ 만들어진

07 **다음 문장의 빈칸에 들어갈 말을 윗글에서 찾아 써 보세요.**

독보적인 디자인과 튼튼한 □□□을 인정받아 판매율 1위를 달성했습니다.

08 **윗글을 읽고 이해한 내용으로 바르지 않은 것은 무엇인가요?**

① 동영상을 촬영한 후 소리를 재생하는 기능도 좋아졌다.
② 화질이 발전한 것은 아니지만 다양한 기능이 추가되었다.
③ 강력한 소프트웨어가 스마트폰 카메라를 발전시키고 있다.
④ 야외 사진 촬영을 할 때 스마트폰 카메라를 이용하는 일이 더 쉬워졌다.
⑤ 스마트폰 카메라로 촬영한 후 사람의 힘으로 만들어 내야만 볼 수 있는 화면이 있었다.

관용 표현 익히기

정답과 해설 29쪽

■ 다음 만화를 보고, 밑줄 친 말의 뜻을 추측하여 말해 보세요.

'좌불안석(坐不安席)'

자리에 편안히 앉지 못한다는 뜻으로, 마음이 불안하고 걱정스러워 가만히 있지 못하고 안절부절못하는 모양을 가리키는 말입니다.

예 숙제를 해오지 않은 은정이는 수업 시간을 앞두고 좌불안석이었다.

다음 한자를 따라 써 보면서 '좌불안석'의 뜻을 외워 보세요.

座 앉을 좌	不 아니 불	安 편안할 안	席 자리 석
座	不	安	席

座	不	安	席

활동

다음 속담 중에서 '좌불안석'과 유사한 뜻을 지닌 어휘에 ☑표시를 하세요.

- ☐ 안방구석
- ☐ 바늘구멍
- ☐ 가시방석
- ☐ 바늘방석

기포

기운 氣 + 거품 泡

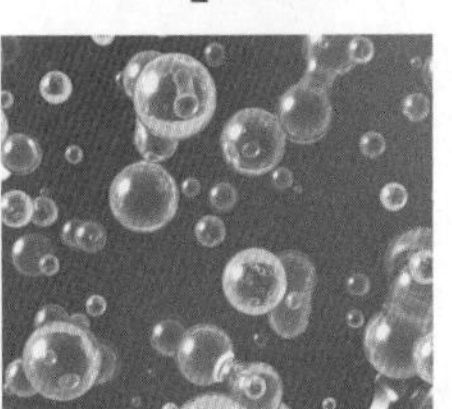

액체나 고체 속에 공기가 들어가 작은 방울 모양을 이룬 것.

예 탄산음료를 흔들자 하얀 **기포**가 올라왔다.

친절한 샘 기포는 공기 방울이고, '수포'는 물거품을 말해요. 비유적으로는 성과나 보람이 없는 것을 '수포가 되다.', '수포로 돌아가다.'라고 해요.

발효

술 괼 醱 + 발효할 酵

효모나 미생물에 의해 유기물이 분해되고 변화하는 작용.

예 우유를 **발효**한 것이 요구르트와 치즈이다.

친절한 샘 형태가 같은 '발효(發效)'라는 말은 법, 공문서의 효력이 나타나는 것을 뜻하는 말이에요. 그 효력이 나타나는 것을 '발효되다'라고 합니다.

연소

사를 燃 + 사를 燒

불에 타는 것.

예 가스나 기름이 **연소**되면서 열이 발생한다.

친절한 샘 불에 태워 없앨 때는 '소각'한다고 하고, 불에 태워 없애는 장소를 '소각장'이라고 해요. 연소와 첫 글자가 같은 '연탄'은 목탄 등의 가루를 굳혀서 만든 연료인데, 과거에는 가정에서 난방을 위해 흔히 쓰였어요.

염장

소금 鹽 + 감출 藏

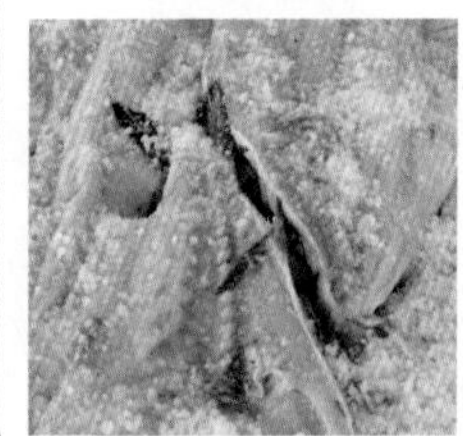

소금에 절여 저장함.

예 식품을 **염장**하면 오래 두고 먹을 수 있다.

친절한 샘 염장을 하는 이유는 식품을 보관하기 위해서죠. 미생물의 작용으로 식품이 썩는 것은 '부패'라고 하고, 비유적으로 정의롭지 못하게 변하는 것도 '부패'라고 해요. '부정부패'라는 말은 여기에서 왔어요.

원동력

근원 原 + 움직일 動 + 힘 力

사람이나 사물을 움직이게 하는 근본적인 힘.

예 규칙적인 운동이 삶의 **원동력**이다.

친절한 샘 '추진력'은 앞으로 밀어 내보내는 힘인데, 비유적으로 일을 계속해 나가는 힘을 말할 때 쓰여요. '흡인력'은 빨아들이거나 끌어당기는 힘인데, 사람의 마음을 비유적으로 표현하기도 해요.

탄력

탄알 彈 + 힘 力

① 용수철처럼 튀거나 팽팽하게 버티는 힘.
② 탄성이 있는 물체가 본래의 형태로 돌아가려는 힘.

예 고무줄이 낡아 **탄력**이 없다.

친절한 샘 '탄력'은 비유적으로 반응이 빠르고 힘이 넘치는 것도 말해요. 어려운 상황에 유연하고 빠르게 대처하는 모습을 '탄력 있다'고 말할 수 있어요.

통계

합칠 統 + 셈할 計

어떤 경우의 수를 모두 합해서 체계에 따라 수치로 나타냄.

예 학생들을 대상으로 **통계** 조사를 실시했다.

• 체계적으로 조사한 수치를 무엇이라고 할까요? (집계 / 통계)

친절한 샘 통계 자료를 조사할 때, 조사 결과를 나타낼 때 표와 그래프를 사용하면 더 보기 좋아요.

환기

바꿀 換 + 기운 氣

더럽고 탁한 공기를 맑은 공기로 바꿈.

예 창문을 열어 **환기**하자.

친절한 샘 바람이 잘 통하면, 즉 '통풍'이 좋으면 환기도 잘되지요. 환기와 통풍을 위한 구멍을 '환기구'와 '통풍구'라고 해요. 통풍을 시켜 바깥의 맑은 공기를 들어오게 하는 기구를 '환풍기'라고 해요.

유충

어릴 幼 + 벌레 蟲

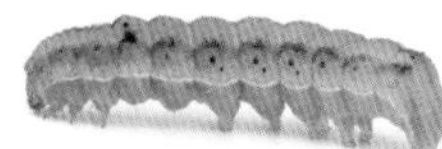

알에서 나와 다 자라지 않은 벌레.
= 애벌레

예 나비의 **유충**이 번데기가 되었다.

친절한 샘 다 자라지 않은 벌레는 유충, 다 자란 벌레는 '성충'이라고 해요. 유충이 성충이 되기 위해서는 허물을 벗는 '탈피' 또는 '변태' 과정을 거쳐야 해요.

응달

햇빛이 잘 들지 않아 그늘진 곳.
= 음지(陰地)

예 시원한 **응달**에 앉아 바람을 쐬었다.

친절한 샘 응달의 반대말은 '양달', 볕이 바로 드는 곳이에요. 비유적인 말로 '음지'는 혜택을 받지 못하는 처지, '양지'는 혜택을 받는 것, 공개되는 것을 뜻하기도 해요.

어휘 **더하기**

똑같이 생겼지만 의미가 다른 말

소화(消化)
먹은 음식물을 분해하여 흡수함.

소화기(消化器)
음식물을 소화시키기 위한 우리 몸의 기관
예 배가 아파 소화기 내과에 찾아갔다.

소화(消火)
불을 끔.

소화기(消火器)
불을 끄는 데 쓰는 기구
예 공공 기관에는 항상 소화기가 준비되어 있어야 합니다.

'소화(消化)'와 '소화(消火)'는 소리는 똑같이 나는 말이지만 의미는 다릅니다. 그래서 똑같이 소리 나는 '소화기'라는 말도 각각 다른 것을 지칭하게 됩니다. 낱말이 쓰인 앞뒤 상황을 고려하여 의미를 파악하며 읽고 사용하도록 합시다.

다음 문장에 쓰인 '소화기'는 ㉠, ㉡ 중 무슨 뜻일까요?

• 우리 집에는 소화기가 약해서 자주 체하는 사람이 여럿 있다.

㉠ 음식물을 소화하기 위한 우리 몸의 기관
㉡ 불을 끄는 데 쓰는 기구

문제로 확인하기

01 **다음 문장의 밑줄 친 빈칸에 들어갈 말을 <보기>에서 골라 써 보세요.**

보기

기포 발효 염장 유충 탄력 통계 통풍 환풍

1 건강에 좋은 (　　　　) 식품을 자주 섭취하는 것이 건강해지는 지름길이다.
효모나 미생물에 의해 유기물이 분해되고 변화하는 작용.

2 우리 조상들은 과거부터 식품을 오래 보존하기 위한 (　　　　) 기술을 전수해 왔다.
소금에 절여 저장함.

3 내가 응원하는 팀이 이길 수 있을지 지금까지의 (　　　　)을/를 보며 예상해 보고 있다.
어떤 경우의 수를 모두 합해서 체계에 따라 수치로 나타냄.

4 여름에는 (　　　　)이/가 잘되는 옷을 입어야 시원합니다.
바람이 통함.

5 매미 (　　　　)은/는 땅속에서 오랜 기간을 보내게 된다.
알에서 나와 다 자라지 않은 벌레.

02 **빈칸에 들어갈 말을 바르게 짝지은 것은 무엇인가요?**

- 캠핑 후에 쓰레기를 모두 (㉠)했다.
- 과학 시간에 (㉡) 반응을 관찰했다.
- 그 책은 한번 시작하니 덮을 수 없는 (㉢)이 있는 소설이었다.
- 부모님의 사랑이 내가 열심히 노력하는 (㉣)이 된다.
- 공이 오래돼서 (㉤)이 느껴지지 않는다.

	㉠	㉡	㉢	㉣	㉤
①	소각	연소	원동력	탄력	흡인력
②	소각	연소	원동력	흡인력	탄력
③	소각	연소	흡인력	원동력	탄력
④	연소	소각	흡인력	탄력	원동력
⑤	연소	소각	탄력	원동력	흡인력

03 밑줄 친 낱말의 뜻을 오른쪽에서 찾아 선으로 바르게 이어 보세요.

1. 어항 속에서 기포들이 뽀그르르 올라왔다. •
2. 많은 노력을 했지만 결과적으로는 그 노력이 모두 수포로 돌아갔다. •
3. 감을 말리기 위해 응달을 찾아 감을 매달았다. •
4. 실내 공기를 자주 환기해야 건강에 좋다. •

• ㉠ 더럽고 탁한 공기를 맑은 공기로 바꿈.
• ㉡ 물거품
• ㉢ 액체나 고체 속에 공기가 들어가 작은 방울 모양을 이룬 것.
• ㉣ 햇빛이 잘 들지 않아 그늘진 곳.

04 ㉠~㉢에 알맞은 낱말을 <보기>에서 찾아 쓰세요.

〈속보〉
미국 정부, 고위직 공무원 부정부패 방지법 위반으로 구속!
선진국도 국민의 세금으로 자기 배를 불리는 (㉠)한 관리들이 많구나.
그러게 말야. 한편으론, 지금까진 숨겨졌던 일이 이렇게 (㉡)(으)로 나와 다행이기도 하고.
잘못을 바로잡는 일을 멈추지 않겠다는 (㉢)이/가 대단해 보이네. 잘못을 저지르지 않는 것도 중요하지만 이미 잘못했다면 빨리 바로잡는 것도 중요하잖아.

보기

부패 양지 음지 탈피 통계 원동력 추진력

05~06 다음 글을 읽고 물음에 답해 보세요.

과거 냉장고가 없던 시절 우리는 식품을 염장하거나 발효시켜 장독대에 보관하곤 했습니다. 하지만 이젠 우리의 식생활도 크게 바뀌었죠. 집에서 담가 김장독에 묻어 ㉠응달에 조심스레 보관하며 두고 먹던 김치였지만, 이제는 김치를 담그면 김치전용 냉장고에 보관하고, 혹은 직접 담그지 않고 포장된 제품을 구입해서 먹기도 합니다.

잘 익은 김치에서는 국물 사이로 ㉡기포가 떠오르는 걸 볼 수 있는데, 이 기포가 바로 김치의 톡 쏘는 맛을 만들어 내는 이산화 탄소입니다. 이산화 탄소는 김치의 발효 과정에서 생겨나 김치 맛을 좌우하는 중요한 것이지만, 포장을 부풀게 만드는 특성 때문에 자주 포장이 망가져 김치를 팔기 어렵게 만드는 이유가 되기도 했습니다. 하지만 건강식품 김치의 인기가 원동력이 되어, 김치 포장재를 개발하는 연구는 계속 발전해 왔습니다.

05 <보기>의 그림은 윗글의 내용을 설명한 것입니다. 바르지 <u>않은</u> 것은 무엇인가요?

보기

① ㉮ ② ㉯ ③ ㉰ ④ ㉱ ⑤ ㉲

06 윗글의 밑줄 친 ㉠, ㉡과 바꿔 쓸 수 있는 말을 바르게 짝지은 것은 어느 것인가요?

① ㉠: 양지, ㉡: 물방울 ② ㉠: 음지, ㉡: 공기 방울 ③ ㉠: 환기구, ㉡: 물방울
④ ㉠: 양지, ㉡: 공기 방울 ⑤ ㉠: 음지, ㉡: 물방울

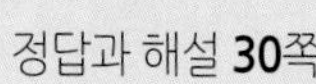

■ 다음 만화를 보고, 밑줄 친 말의 뜻을 추측하여 말해 보세요.

눈살: 두 눈썹 사이에 있는 주름.
눈살(을) 찌푸리다: 마음에 들지 않아 두 눈썹 사이를 찡그리다.
눈총: 싫거나 미워서 날카롭게 노려보는 눈길.
눈이 호강: 아름답거나 보기 좋은 것들을 한꺼번에 보았다는 뜻이에요.
눈요기: 눈으로 보기만 하면서 만족을 느끼는 것.

눈살은 '두 눈썹 사이에 있는 주름'을 말하는데, 얼굴을 찡그리면 눈살 부위가 찌푸려지기 때문에 마음에 들지 않는 상태를 '눈살을 찌푸리다'라고 말하게 되었어요. 눈총은 노려보는 눈길을 말하는데, '눈총을 맞다', '눈총을 주다'라고 하면 다른 사람에게 노려봄을 당하거나 다른 사람을 노려보는 상황을 말해요. 또 보기 좋은 것을 많이 보는 상황을 '호강'이라는 말을 써서 '눈이 호강한다.'고 하기도 하고, 배고픔을 달래는 '요기'라는 말을 '눈'에다 사용해서 '눈으로 보기만 하지만 만족스러운 것'을 '눈요기'라고 하기도 합니다.

활동

다음 중에서 밑줄 친 부분의 표현이 어색한 것에 ✔표시를 하세요.

☐ 내 동생은 공룡 전시회에 가서 좋아하는 공룡이 많아 눈살을 찌푸렸다.
☐ 성민이는 교실에서 자주 떠드는 바람에 선생님께서 자주 눈총을 주신다.
☐ 아이돌 가수들의 화려한 의상과 춤을 보며 눈이 호강을 할 수 있었다.

감염

느낄 感 + 물들일 染

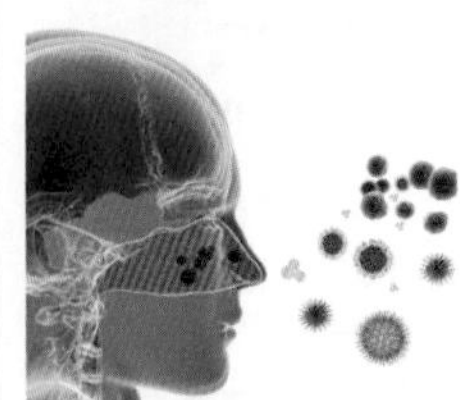

병균이 식물이나 동물의 몸 안으로 들어가 퍼짐.

예 상처가 세균에 **감염**이 되지 않도록 소독하다.

친절한 샘 병균에 몸이 감염되는 것과 달리 '전염'은 병이 다른 사람에게 옮는 것이니 구분해서 써야 해요. 몸에 들어온 균이나 바이러스에도 병에 걸리지 않는 것은 '면역'이라고 해요.

위생

지킬 衛 + 날 生

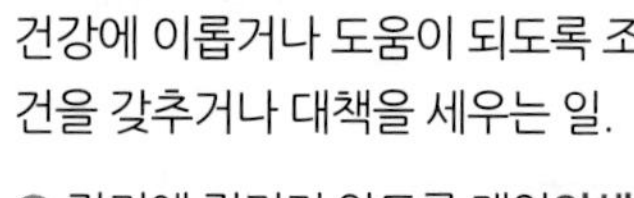

건강에 이롭거나 도움이 되도록 조건을 갖추거나 대책을 세우는 일.

예 감기에 걸리지 않도록 개인**위생**에 유의합시다.

친절한 샘 위생적이지 않은 상태는 '비위생'이라고 해요. 그리고 병을 예방하고 치료하여 건강을 잘 지키는 것을 포괄해서 '보건'이라고 해요. 학교에는 '보건실'이 있고, '보건 선생님'이 계시지요.

배양

북돋울 培 + 기를 養

① 식물을 기름. ② 인격, 실력, 능력이 자라도록 키움. ③ 세포, 균 등을 인공적으로 가꾸어 기름.

예 능력을 **배양**하기 위해 힘쓰다.

친절한 샘 잎이나 싹의 일부를 떼어 내 배양시킬 때엔 '식물 조직 배양'이라고 해요. 식물을 기른다는 뜻으로 쓰이는 '재배'라는 말도 있지요.

증후군

증세 症 + 기후 候 + 무리 群

직접적인 원인을 모른 채 한꺼번에 나타나는 여러 병적인 증세.

예 학생들 사이에 만성 피로 **증후군**이 늘어나고 있다.

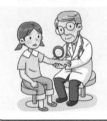

친절한 샘 증후군은 '신드롬(syndrome)'을 번역한 말이라고 해요. 병이 아니더라도 공통된 현상을 보이는 사람들이 있으면 증후군, 신드롬이라고 해요.

섬유질

가늘 纖 + 벼리 維 + 바탕 質

식물에 있는 섬유의 주된 성분을 이루는 물질.

예 **섬유질**을 섭취하면 건강에 좋다.

친절한 샘 물질의 성질을 부를 때 쓰이는 '질'은 단백질, 지방질, 무기질 등 영양소 이름에도 자주 쓰이는 한자예요. 섬유질은 채소에 많이 들어 있어요.

호흡기

부를 呼 + 숨 들이쉴 吸 + 그릇 器

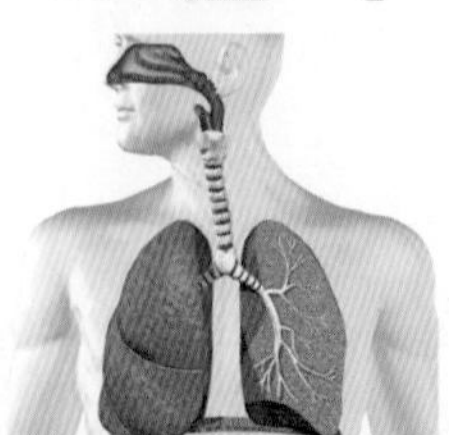

몸에서 숨을 쉬는 일을 맡은 기관.

예 환절기에는 **호흡기** 질환 환자가 많다.

친절한 샘 우리 몸이 살아가는 데 필요한 몸속 부분을 '기관(器官)'이라고 하고, 호흡기 중 코에서 폐까지 공기가 이동하는 길도 '기관(氣管)'이라고 불러요.

효험

본받을 效 + 시험 驗

어떤 일이나 작용의 좋은 보람이나 결과.

㉠ 저 약을 먹고 **효험**을 본 사람들이 많대.

친절한 샘 '효과', '효력'은 모두 어떠한 것을 하여 얻어지는 좋은 결과라는 뜻이고, '효능'은 좋은 결과를 나타내는 능력을 말해요.

난청

어려울 難 + 들을 聽

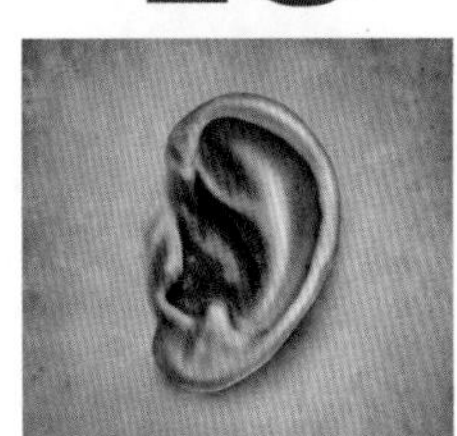

① 전파가 잘 잡히지 않아 라디오 등을 잘 들을 수 없는 상태. ② 청각 기관에 문제가 있어 잘 들을 수 없는 상태.

㉠ **난청**일지도 모르니 검사를 받아 보자.

친절한 샘 난청인 사람들이 잘 듣게 도와주는 귀에 끼는 기구는 '보청기'라고 해요. 치료하기 어려운 병은 '난치'라고 하고, 출산 과정이 순조롭지 않은 것은 '난산'이라고 해요.

노폐물

늙을 老 + 폐할 廢 + 만물 物

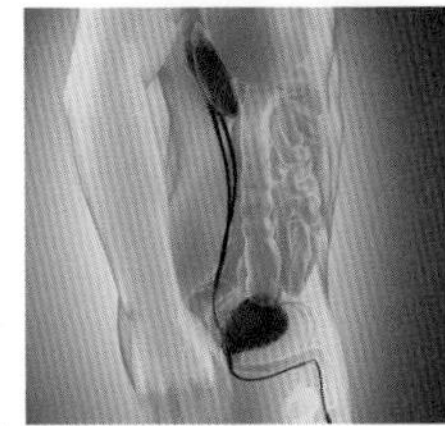

생물의 몸에 들어온 여러 물질 중 필요한 것을 흡수하여 쓰고 남은 찌꺼기.

㉠ 몸속에 **노폐물**이 쌓이면 건강에 좋지 않다.

친절한 샘 노폐물을 몸 밖으로 내보내는 여러 과정 중 중요한 과정이 '배설'이에요. 우리 몸의 배설 기관으로는 콩팥, 오줌관, 방광, 요도가 있어요.

미생물

작을 微 + 날 生 + 만물 物

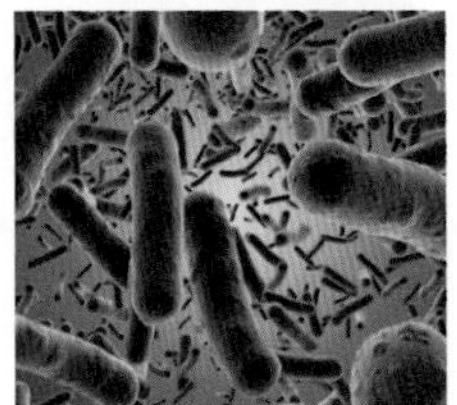

맨눈으로 볼 수 없는 아주 작은 생물.

㉠ 현미경으로 **미생물**을 관찰하는 실험을 했어.

친절한 샘 오염 물질을 분해하는 것과 같은 이로운 일을 하는 미생물도 있고, 우리 몸속 세포에 몰래 살면서 병을 만드는 바이러스와 같은 해로운 미생물도 있어요.

어휘 더하기

같은 말 다른 뜻 '걷다'

걷다[1]
구름이나 안개 등이 흩어져 없어지다.
㉠ 밤사이에 낀 안개가 걷기 시작했다.

걷다[2]
바닥에서 발을 번갈아 떼어 옮기면서 움직여 위치를 옮기다.
㉠ 다리를 다쳐 절뚝거리며 걷는다.

걷다[3]
늘어지거나 펼쳐진 것을 위로 끌어올리거나 말아 올리다.
㉠ 바지를 걷어 올렸다.

걷다[4]
'거두다'의 준말로, 익은 곡식이나 열매를 모아서 가져오다. 흩어져 있는 것을 한곳에 모으다.
㉠ 숙제를 걷어 선생님께 제출했다.

소리와 말의 모양이 우연히 같은 '걷다'이지만 뜻은 네 가지나 있어요. '걷다[1], 걷다[3], 걷다[4]' 모두 '걷어, 걷으니'로 모습을 바꾸지만, 네 가지 뜻 중 '발을 움직여 위치를 옮기다.'의 뜻인 걷다[2]만 '걸어, 걸으니'로 모습을 바꾸어 문장에서 쓰인다는 점도 눈여겨보세요.

다음 경우의 '걷다'는 ㉠, ㉡ 중 무슨 뜻일까요?

• 아침에 널어놓은 빨래를 걷어 와야겠네요.
㉠ 늘어진 것을 위로 끌어올리거나 말아 올리다.
㉡ 흩어져 있는 것을 한곳에 모으다.

문제로 확인하기

01 **빈칸에 들어갈 낱말의 초성과 뜻을 보고, 알맞은 낱말을 써 넣어 문장을 완성해 보세요.**

1 얼마 전부터 귀가 잘 안 들리시던 아버지께서는 병원에서 (ㄴ ㅊ) 진단을 받으셨다.
청각 기관에 문제가 있어 잘 들을 수 없는 상태.

2 새로 지어진 집에서 유해 물질이 나온다는 새집 (ㅈ ㅎ ㄱ)이/가 요즘 관심을 받고 있다.
직접적인 원인을 모른 채 한꺼번에 나타나는 여러 병적인 증세.

3 변비를 예방하기 위해서는 (ㅅ ㅇ ㅈ)이/가 풍부한 채소를 매일 섭취해야 한다.
식물에 있는 섬유의 주된 성분을 이루는 물질.

4 저 병원에서 준 약은 별 (ㅎ ㅎ)이/가 없었다.
어떤 일이나 작용의 좋은 보람이나 결과.

5 혈액은 몸 밖으로 배출할 (ㄴ ㅍ ㅁ)을/를 운반하는 역할을 한다.
생물의 몸에 들어온 여러 물질 중 필요한 것을 흡수하여 쓰고 남은 찌꺼기.

02 **밑줄 친 낱말의 뜻을 오른쪽에서 찾아 선으로 바르게 이어 보세요.**

1 학교까지 30분을 걷다. •

2 불우 이웃 돕기 성금을 걷다. •

3 더워서 소매를 걷다. •

4 서쪽 하늘에 구름이 걷다. •

• ㉠ 구름이나 안개 등이 흩어져 없어지다.

• ㉡ 바닥에서 발을 번갈아 떼어 옮기면서 움직여 위치를 옮기다.

• ㉢ 늘어지거나 펼쳐진 것을 위로 끌어올리거나 말아 올리다.

• ㉣ 흩어져 있는 것을 한곳에 모으다.

정답과 해설 31쪽

03 다음 (   ) 안에 들어갈 말을 가장 적절하게 묶은 것은 무엇인가요?

- 바이러스를 연구하다가 바이러스에 (㉠)되어 질병에 걸리는 경우도 있다.
- 손을 자주 씻어 다른 사람의 병에 (㉡)되는 일이 없도록 해야 한다.
- 감기가 유행하는 환절기에는 몸의 (㉢)력을 길러야 한다.

	㉠	㉡	㉢
①	감염	면역	전염
②	감염	전염	면역
③	면역	감염	전염
④	면역	전염	감염
⑤	전염	감염	면역

04 ㉠~㉢에 알맞은 낱말을 <보기>에서 찾아 쓰세요.

보기

배양 보건 위생 비위생 증후군 호흡기

05~07 **다음 글을 읽고 물음에 답해 보세요.**

청국장은 된장처럼 콩을 발효시켜 만든 전통 장입니다. 하지만 된장보다 발효 기간이 짧고 특히 우리 몸에 유익한 미생물인 바실루스 균을 넣어 발효시킨다는 점이 특이합니다. 우리 조상들은 볏짚을 삶은 콩에 넣어 청국장을 만들곤 했는데, 이때 바실루스 균이 콩을 발효시켜 청국장을 만들었던 것입니다. 이 바실루스 균은 우리 몸에 흡수된 후 대장으로 들어가 발암 물질을 비롯한 인체에 해로운 노폐물들의 ㉠배설을 촉진해 줍니다.

청국장은 밭에서 나는 고기라고 불리는 콩으로 만든 식품이기 때문에 ㉡단백질이 풍부합니다. 특히 콩 단백질은 우리 몸에 흡수가 잘 되고 소화가 잘 되기로 유명해서, 청국장을 먹으면 우리 몸을 유지하는 데 없어서는 안 될 영양소인 단백질을 충분히 얻을 수 있습니다. 또한 청국장 단백질에서 생성되는 아미노산들은 면역 체계를 강화해 주고, 청국장에 들어 있는 칼슘, 철 등의 ㉢무기질은 건강을 유지하는 데 필수적인 물질들을 공급해 줍니다.

05 **밑줄 친 ㉠과 바꾸어 쓸 수 있는 낱말은 무엇인가요?**

① 다듬기 ② 옮기기 ③ 내보내기
④ 쫓아내기 ⑤ 지워 버리기

06 **밑줄 친 ㉡, ㉢에 쓰인 '질'과 같은 한자가 쓰인 낱말은 무엇인가요?**

① 가위질 ② 곁눈질 ③ 분탕질
④ 지방질 ⑤ 채찍질

07 **윗글의 내용을 잘못 이해한 것은 무엇인가요?**

① 청국장에는 우리 몸에 반드시 필요한 영양소가 들어 있다.
② 청국장에는 건강을 유지하게 도와주는 칼슘, 철이 들어 있다.
③ 볏짚 속에 들어 있는 유익한 콩 단백질이 청국장의 발효를 돕는다.
④ 청국장은 우리 몸이 세균에 감염되지 않도록 도와주는 역할을 한다.
⑤ 청국장은 우리 몸이 영양분을 흡수하고 남은 찌꺼기를 배설하게 도와준다.

어휘 실력 더하기

정답과 해설 31쪽

우리 몸의 여러 부위들을 두고 표현하는 관용어가 많이 있습니다. 한번 알아볼까요?

- 눈이 많다: 보는 사람이 많다.
- 눈에 불을 켜다: 몹시 욕심을 내거나 관심을 기울이다.

- 코가 꿰이다: 약점이 잡히다.
- 코가 납작해지다: 몹시 무안을 당하거나 기가 죽어 위신이 떨어지다.
- 코가 높다: 잘난 체하고 뽐내다.

- 귀(를) 기울이다: 남의 이야기나 의견에 관심을 가지고 주의를 모으다.
- 귀가 얇다: 남의 말을 쉽게 받아들인다.

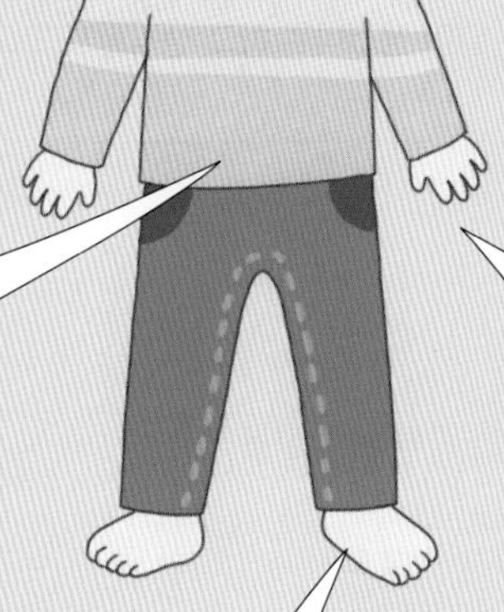

- 이를 악물다: 어려운 상황을 헤쳐 나가다.
- 입을 막다: 말하지 못하게 하다.
- 입에 풀칠하다: 매우 가난하게 살다.
- 입이 가볍다: 비밀을 지키지 않는다.

- 배 아프다: 남이 잘되어 심술이 나다.
- 배를 두드리다: 생활이 풍족하다.

- 손에 익다: 일이 손에 익숙해지다.
- 손을 떼다: 하던 일을 그만두다.
- 손이 크다: 씀씀이가 후하고 크다.

- 발 벗다: 적극적으로 나서다.
- 발을 구르다: 매우 안타까워하거나 다급해하다.

다음 빈칸에 들어갈 알맞은 말을 써 보세요.

㉠ 벌써 우리 반 응원가를 다른 반에 말하다니 넌 참 입이 (　　　　　　)구나!

㉡ 자, 지금부터 이야기할 테니 다들 귀를 (　　　　　　) 봐!

㉢ 달리기라면 자신 있다더니 대회에 나가 예선에 떨어지는 바람에 코가 (　　　　　　)졌어.

㉣ 우리 엄만 손이 (　　　　　　). 그래서 뭘 사든 많이 사시지.

25강 | 국어 용어 1

시

시 詩

사람의 생각과 느낌을 아름답게 잘 다듬어진 말을 사용해 가락(리듬)이 느껴지도록 표현한 글.

친절한 샘 시를 쓰는 사람을 '시인(詩人)', 시에 쓰인 말은 '시어(詩語)'라고 합니다. 평소에 쓰는 말이 시어의 재료이지만 시인은 그 말을 잘 고르고 다듬어서 특별한 느낌이 들게 만들지요. 아래에 시어의 특징을 정리해 보았어요.

음악 같아요.	시를 읽으면 음악 같은 느낌이 들어요. 그런 느낌은 소리가 반복되면서 생겨난답니다. 그러면 권오순의 시, 『구슬비』를 읽어 볼까요? 송알송알 싸리잎에 은구슬 // 조롱조롱 거미줄에 옥구슬 어때요? 소리가 반복되면서 재밌는 가락이 느껴지지요?
그림 같아요.	시를 읽으면 머릿속에 그림이 그려져요. 그것은 시어가 선명한 이미지(그림)를 담고 있어서입니다. 그러면 권정생의 시, 『다람쥐』를 읽어 볼까요? 퐁퐁/개울물 // 쪼르르/다람쥐 한 마리/건넜다. 도토리 한 알/또롱또롱/눈알맹이// 누가 볼까 봐/얼른 숨는다. 어때요? 귀여운 다람쥐 한 마리가 머릿속에 그려지지요.
뜻을 감추고 있어요.	시어의 뜻은 살짝 감춰져 있어서 곰곰이 생각해야 이해돼요. 시어의 숨은 뜻을 찾으면서 우리는 많은 것을 느끼고 생각하게 됩니다. 그러면 권정생의 시, 『달팽이』를 읽어 볼까요? 달팽이가 지나간 뒤에 // 눈물 자국이// 길게 길게 남았다. 달팽이가 지나간 자리에 왜 눈물 자국이 남았을까요? 달팽이를 길러 본 친구라면 달팽이가 기어갈 때 묻히는 물기를 생각하겠죠. 어떤 친구는 '달팽이에게 슬픈 일이 생겼나?' 하고 생각할지도 모릅니다. 정답은 없어요. 왜냐? 시어의 뜻은 감추어져 있으니까요.

운율

운 韻 + 법 律

시를 읽을 때 느껴지는 말의 가락(음악 같은 느낌).

친절한 샘 시의 운율은 같거나 비슷한 소리가 반복되거나 일정한 글자 수가 반복되어서 만들어집니다. 예를 들어 "송알송알 싸리잎에 은구슬 / 조롱조롱 거미줄에 옥구슬"과 같은 동시의 한 구절은 4/4/3의 글자 수와 'ㅗ', 'ㅇ', 'ㄹ'과 같은 맑은 소리가 반복되면서 음악 같은 느낌을 줍니다.

비유

견줄 比 + 깨달을 喩

어떤 것을 다른 것에 빗대어 표현하는 것.

친절한 샘 비유는 표현하고자 하는 바를 다른 어떤 것에 빗대어 표현하는 것입니다. 비유를 사용하면 표현이 더욱 생생하고 재밌어져요. 비유의 방법에는 직유법, 은유법, 의인법 등이 있답니다.

직유법(直喩法) 곧을 直+깨달을 喩+법도 法	'~같이/~처럼/~듯이'와 같은 말을 써서, 어떤 것을 비슷한 모양이나 성질을 가진 다른 것에 직접 빗대어 나타내는 방법. 예 "머릿결이 비단 같다.", "폭풍처럼 잔소리가 쏟아졌다."
은유법(隱喩法) 숨을 隱+깨달을 喩+법도 法	'~은/는 ~이다'와 같은 문장 형식을 사용해, 어떤 것을 직접 나타내지 않고 넌지시 빗대어 나타내는 방법. 예 "너의 눈은 빛나는 별이다.", "아이들의 웃음은 방 안을 밝히는 별빛이다."
의인법(擬人法) 헤아릴 擬+사람 人+법도 法	사람이 아닌 것을 마치 사람인 것처럼 표현하는 방법. 예 "바람이 내게 이야기를 들려주었다.", "나무가 가지를 흔들며 인사를 건넸다."

시조

때 時 + 고를 調

고려 시대 말기부터 발달해 온 우리 고유의 시. 정해진 틀에 맞추어 표현하는 것이 특징임.

친절한 샘 시조는 세 가지 특징을 가지고 있습니다. ① 초장, 중장, 종장의 3줄로 구성된다. ② 한 줄을 보통 네 마디로 끊어 읽는다. ③ 종장의 첫마디는 세 글자로 되어 있다. 그러면 정몽주의 시조, 『단심가』를 읽어 볼까요?

이 몸이 죽고 죽어 일백 번 고쳐 죽어 (초장)
백골이 진토 되어 넋이라도 있고 없고 (중장)
임 향한 일편단심이야 가실 줄이 있으랴. (종장)

『단심가』도 초장, 중장, 종장 3줄로 구성되어 있지요. 그리고 '이 몸이 / 죽고 죽어 / 일백 번 / 고쳐 죽어'와 같이 한 줄을 네 마디로 끊어 읽습니다. 종장의 첫마디는 세 글자인 '임 향한'으로 되어 있지요. 시조는 이렇게 정해진 틀에 맞추어 쓴 시입니다.

관점

볼 觀 + 점 點

어떤 것을 보고 생각하는 개인의 입장 또는 태도.

친절한 샘 사람의 관점에 따라서 같은 일도 다르게 보일 때가 있습니다. 그 일과 관계된 사람들이 갖는 자기의 관점을 '주관적 관점'이라고 하고, 그 일과 관계가 없는 사람의 입장에서 보는 것을 '객관적 관점'이라고 합니다. 관점과 비슷한말에는 '시각'이 있습니다.

세계관

세대 世 + 경계 界 + 볼 觀

삶과 세상의 의미와 가치에 대한 하나로 정리된 생각.

친절한 샘 세계관의 비슷한말은 '사상(思想)'입니다. '사상(思想)'은 판단, 추리를 거쳐서 하나로 정리된 생각을 말합니다. '세계관'이나 '사상'은 하나로 정리된 생각이라는 점에서 평소에 아무렇게나 하는 생각과 다릅니다. 정리되어 있지 않고 오락가락하면 세계관이 될 수 없는 것입니다.

어휘 더하기

'빨리'와 '일찍'

빨리 걸리는 시간이 짧게
반 천천히 / 느리게
예 이러다가 지각하겠다. 조금만 일찍 가자. → 빨리

일찍 일정한 시간보다 이르게
반 늦게
예 회의 시작하려면 아직 1시간이나 남았는데 왜 이렇게 빨리 왔어? → 일찍

'빨리'와 '일찍'도 평소 말할 때 헷갈리는 표현들입니다. '빨리'는 어떤 일을 하는 데 걸린 시간이 짧은 것을 말해요. '일찍'은 어떤 일을 정해 놓은 시간보다 먼저 했을 때 쓰는 표현입니다.

반대말을 생각하면 두 단어의 의미가 좀 더 확실히 구분됩니다. '빨리'는 '천천히' 또는 '느리게'의 반대말이고, '일찍'은 '늦게'의 반대말이지요. 그래서 '약속 시간보다 빨리 왔네.'가 아니라 '약속 시간보다 일찍 왔네.'라고 표현해야 옳습니다.

다음 문장의 (　　) 안에 알맞은 낱말에 ○표 하세요.

- 나는 오늘 (빨리 / 일찍) 일어났다.
- (빨리 / 일찍) 달렸더니 숨이 차다.

문제로 확인하기

01 **다음 낱말이 들어갈 문장을 찾아 선으로 바르게 이으세요.**

1 비유 •　　　• ㉠ 시에 쓰인 말을 (　　)라고 한다.

2 관점 •　　　• ㉡ 부모님의 사랑은 바다에 (　　)할 수 있다.

3 시어 •　　　• ㉢ 객관적인 (　　)에서 보면, 우리에게도 잘못이 있다.

02 **☐ 안에는 어떤 낱말을 이루는 글자 가운데 한 글자가 쓰여 있습니다. 이 글자를 참고하여 단어를 완성해 보세요.**

1 시를 읽을 때 느껴지는 말의 가락을 [운][　](이)라고 한다.

2 "스승의 은혜는 하늘 같다."라는 말에는 비유의 방법 중 [　][　][법]이 쓰였다.

3 [시][　]은/는 고려 말기부터 발달해 온, 초장, 중장, 종장으로 된 우리 고유의 시이다.

4 물이 반쯤 담긴 컵을 보고 "물이 반이나 남았네."라고 말하는 사람도 있고, "물이 반밖에 안 남았네."라고 말하는 사람도 있다. 이렇게 보는 [관][　]에 따라 같은 상황도 다르게 보일 수 있다.

5 "나무가 우리에게 손을 흔들어 인사하네."라는 문장에는 [　][　][법]이 쓰였다.

03 **밑줄 친 낱말의 반대말을 <보기>에서 찾아 기호를 쓰고, 밑줄 친 낱말을 활용하여 새로운 문장을 만들어 써 보세요.**

1 학예회 때 공연할 작품을 <u>빨리</u> 정해야, 소품도 미리 준비하고 연습도 충분히 할 수 있어.
[　　　]

____

2 연극 연습을 해야 하니까 내일 아침에는 평소보다 <u>일찍</u> 학교에 오기 바라.
[　　　]

____

보기

㉠ 늦게　㉡ 천천히　㉢ 서둘러　㉣ 급히

04 (　　) 안에 들어갈 말을 알맞게 묶은 것은 어느 것인가요?

- 시어에 담겨진 (㉠)은/는 바로 이해되기보다는 곰곰이 생각한 뒤에 이해되는 경우가 많다. 시를 읽는 사람들은 시어의 숨은 (㉠)을/를 헤아리는 과정에서 많은 것을 느끼고 생각하게 된다.
- 시를 읽으면 (㉡) 같은 느낌이 드는데 그 느낌은 소리의 반복에서 생겨난다.
- 시를 읽으면 머릿속에 (㉢)이 그려진다. 그것은 시어가 선명한 이미지를 담고 있기 때문이다.

	㉠	㉡	㉢
①	뜻	음악	그림
②	뜻	그림	음악
③	음악	그림	뜻
④	음악	뜻	그림
⑤	그림	음악	뜻

05 ㉠~㉢에 알맞은 낱말을 <보기>에서 찾아 쓰세요.

이 작품은 (㉠)의 형식으로 쓴 동시입니다.
가랑비
텃밭에 가랑비가 가랑가랑 내립니다.
빗속에 가랑파가 가랑가랑 자랍니다.
가랑파 가꾸는 울 엄마 손 가랑가랑 젖습니다.
일정한 글자 수가 반복되고 비슷하거나 같은 표현이 반복되어서, 소리를 내어 읽으면 (㉢)이/가 느껴져요.
정말, (㉡), 중장, 종장 세 줄로 되어 있어요.

보기

수필　시조　운율　초장　희곡　머리말

문제로 확인하기

06~07 다음 시를 읽고 물음에 답해 보세요.

㉠나는 풀잎이 좋아, ㉡풀잎 같은 친구 좋아
바람하고 엉켰다가 풀 줄 아는 풀잎처럼
*헤질 때 또 만나자고 손 흔드는 친구 좋아.

㉢나는 바람이 좋아, 바람 같은 친구 좋아
풀잎하고 헤졌다가 되찾아 온 바람처럼
㉣만나면 얼싸안는 바람, 바람 같은 친구 좋아.

– 정완영, 『풀잎과 바람』

*헤지다: '헤어지다'의 준말

06 **위 시를 설명한 내용으로 알맞지 않은 것은 무엇인가요?**

① '좋아'라는 말이 반복되어서, 읽을 때 음악 같은 느낌이 든다.
② 초장, 중장, 종장 세 줄로 되어 있는 것이 시조의 모습을 갖추고 있다.
③ '좋은 친구는 풀잎 같고, 바람 같은 친구'라는 글쓴이의 생각이 담겨 있다.
④ 어떤 사건이 일어난 이유와 과정을 시간의 순서에 따라 분명하게 설명했다.
⑤ 사람의 생각과 느낌을 표현하되 잘 다듬어진 말을 사용해 가락이 느껴지도록 표현했다.

07 **위 시의 밑줄 친 ㉠~㉣에서 비유가 사용된 표현을 2개 고르고, 그 표현들에 사용된 비유법이 무엇인지 <보기>에서 찾아 쓰세요.**

	비유가 사용된 표현	사용된 비유법
1		
2		

보기

직유법　　은유법　　의인법

관용 표현 익히기

정답과 해설 32쪽

■ **다음 만화를 보고, 밑줄 친 한자 성어의 뜻을 추측하여 말해 보세요.**

'붕우유신(朋友有信)'

'친구 사이에는 믿음이 있어야 한다.'는 뜻을 지닌 한자 성어입니다. 친구끼리는 서로 약속을 지키고 거짓말하는 일이 없어야 한다는 교훈을 담고 있어요. '죽마고우(竹馬故友)', '지기지우(知己之友)'도 친한 친구 사이를 뜻하는 말입니다.

예 우리는 친구니까 서로 믿을 수 있어야 하고, 거짓말을 하면 안 돼. 옛말에도 '붕우유신'이라고 했잖아.

다음 한자를 따라 써 보면서 '붕우유신'의 뜻을 외워 보세요.

朋 벗 붕	友 벗 우	有 있을 유	信 믿을 신
朋	友	有	信

朋	友	有	信

활동

다음 빈칸에 들어갈 알맞은 한자 성어를 쓰세요

(1) 아빠와 그 아저씨는 어릴 적부터 친하게 지내 온 [죽][ ][ ][ ]라고 하십니다.

(2) 고민이 있을 때 너와 대화를 나누면 마음이 편해져. 너는 정말 내 마음을 알아주는 [지][ ][ ][ ]야.

소설

작을 小 + 말씀 說

작가가 상상해서 만들어 낸, 인물과 사건이 중심이 되는 이야기.

친절한 샘 상상으로 꾸며 낸 이야기이지만 진짜 일어날 수 있을 것 같은 인물과 사건을 다룹니다. 소설에서 무엇보다 중요한 것은 등장인물입니다. 그들이 사건을 벌이면서 이야기를 만들어 가는 것입니다.

수필

따를 隨 + 붓 筆

일상생활에서 경험하거나 생각하고 느낀 것을 정해진 형식 없이 자유롭게 쓴 글.

친절한 샘 수필은 무엇보다 개인적인 느낌이나 의견을 표현하면서 어떤 틀에 얽매이지 않고 자유롭게 쓰는 글입니다. 일기나 독후감도 개인적인 느낌이나 의견을 표현하는 것이기 때문에 수필입니다. 여러분도 일기나 독후감으로 수필 작가가 될 수 있답니다.

연극

펼칠 演 + 연극 劇

배우가 무대 위에서 대본에 따라 관객에게 연기를 보이는 것.

친절한 샘 연극의 3대 요소에는 배우, 무대, 관객이 있습니다. 극본은 연극의 대본이 되는 글을 가리킵니다.

• 연극의 3대 요소

배우 | 광대 **俳**+넉넉할 **優**	연극에 나오는 인물의 역할을 맡아서 연기하는 사람.
무대 | 춤출 **舞**+돈대 **臺**	연극을 공연하기 위해 만들어 놓은 넓은 자리.
관객 | 볼 **觀**+손님 **客**	연극을 구경하는 사람.

• 연극과 관련한 그밖의 단어

극본 | 연극 **劇**+근본 **本**	연극에서, 인물의 대사나 장면의 설명 등을 적어 놓은 글. 비 희곡
연출 | 펼칠 **演**+날 **出**	연극에서 극본에 따라 모든 일을 지시하고 감독하여 하나의 작품으로 만드는 일.
소품 | 작을 **小**+물건 **品**	연극에서 무대 장치나 분장에 쓰는 작은 도구.

기행문

기록할 紀 + 다닐 行 + 글월 文

여행을 하면서 보고, 듣고, 느끼고, 겪은 일을 적은 글.

친절한 샘 여행은 매우 신나고 가슴 설레는 일이지요. 즐겁게 여행을 다녀와서 기행문을 써 놓으면 시간이 오래 지난 후에도 그때 내가 무엇을 보고 느끼고 경험했는지 또렷이 기억할 수 있어 좋답니다. 기행문은 글쓴이의 여정, 견문, 감상으로 이루어져 있습니다.

여정 | 나그네 **旅**+길 **程**	여행 다닌 길이나 과정.
견문 | 볼 **見**+들을 **聞**	여행하면서 보고 들은 것.
감상 | 느낄 **感**+생각 **想**	마음속에 일어나는 느낌과 생각.

희곡

놀 戲 + 굽을 曲

연극의 대본이 되는 글(= 극본).

친절한 샘 연극의 대본은 '희곡', 영화의 대본은 '시나리오'라고 부릅니다. 희곡은 '해설', '지문', '대사'로 이루어져 있어요.

해설 | 풀 解+말씀 說	희곡에서 등장인물과 배경, 무대를 소개하는 글.
대사 | 돈대 臺+말씀 詞	희곡에서 등장인물들이 주고받는 말.
지문 | 땅 地+글월 文	희곡에서 해설과 대사를 뺀 나머지 부분의 글. 인물의 동작, 표정, 심리, 말투 따위를 지시하거나 서술함.

갈등

칡 葛 + 등나무 藤

1. 서로 생각이 달라 부딪치는 것.
2. 마음속에서 어떻게 할지 결정을 못 한 채 괴로워하는 것.

친절한 샘 '갈등'이란 말은 나무 이름에서 온 말이에요. '갈'(葛)은 칡을, '등'(藤)은 등나무를 말합니다. 칡과 등나무는 모두 덩굴식물로, 다른 나무를 휘감아 올라가는 게 특징입니다. 그런데 칡은 왼쪽으로, 등나무는 오른쪽으로 감아 올라가서, 두 나무가 한데 얽히면 풀리기 어려울 뿐만 아니라 덩굴에 감겨 버린 나무는 잘 자랄 수 없게 돼요. '갈등'이란 말은 바로 이런 상황에서 탄생했답니다.

우리가 더불어 잘 살려면 다투지 말고 서로 사이좋게 지내야겠지요. 갈등하는 두 사람이 서로 화해하게 만드는 일을 '중재'라고 해요. '중재'가 잘 안 되면 갈등이 심해져 '분쟁'이 일어나기도 합니다.

화합 | 화목할 和+합할 合	서로 사이좋게 어울림. 예 서로 화합하고 힘을 합쳐 문제를 해결해야 해.
중재 | 버금 仲+마를 裁	다투는 사람들 사이에 끼어들어 그 사람들을 화해시킴. 예 학급 회장이 잘 중재해서 두 친구가 화해하게 되었다.
분쟁 | 어지러울 紛+다툴 爭	어지럽게 다툼. 예 동중국해에서 중국과 일본이 영토 분쟁 중입니다.

어휘 더하기

'다르다'와 '틀리다'

다르다 다른, 달라, 다르니, 다릅니다

반 같다

① 두 개의 대상이 서로 같지 않다.

② 보통의 것보다 두드러지다.

예 내 생각은 네 생각과 틀려. (→ 달라)

틀리다 틀린, 틀리어(틀려), 틀리니, 틀립니다

반 맞다

① 계산이나 답, 사실 등이 맞지 않다.

② 마음이나 행동이 올바르지 않다.

예 약한 친구를 괴롭히는 것은 누가 봐도 다른 행동이야. (→ 틀린)

이야기를 나누다 보면 두 표현을 혼동해서 쓸 때가 많습니다. 두 표현의 반대말을 알면 헷갈리지 않을 거예요. '다르다'는 '같다'의 반대말이고, '틀리다'는 '맞다'의 반대말입니다. 그러므로 '나는 너와 **틀려.**'가 아니라 '나는 너와 **달라.**'라고 말해야 맞습니다.

다음 문장의 ( ) 안에 알맞은 낱말에 ○표 하세요.

피부색이 (다르다 / 틀리다)고 차별해도 된다고 생각한다면 그것은 (다른 / 틀린) 생각이다.

문제로 확인하기

01 **다음의 뜻을 지닌 낱말을 <보기>에서 찾아 쓰세요.**

보기

갈등 소설 수필 희곡 기행문 시나리오

1 연극의 대본이 되는 글. ________

2 일상생활에서 경험하거나 생각하고 느낀 것을 정해진 형식 없이 자유롭게 쓴 글. ________

3 서로 생각이 달라 부딪치는 것. ________

4 여행을 하면서 보고, 듣고, 느끼고, 겪은 일을 적은 글. ________

02 **☐ 안에 제시한 초성과 낱말의 뜻을 참고하여, (　　) 안에 들어갈 낱말을 쓰세요.**

1 [ㅅ ㅍ] : 연극이나 영화 따위에서 무대 장치나 분장에 쓰는 작은 도구.

예 (　　　)들을 미리 잘 준비해서, 공연할 때 필요한 장면에서 쓸 수 있도록 해야 해.

2 [ㅅ ㅅ] : 작가가 상상해서 만들어 낸, 인물과 사건이 중심이 되는 이야기.

예 (　　　)은 상상으로 꾸며 낸 이야기이지만 현실에서 실제 일어날 법한 일을 다룹니다.

3 [ㅂ ㅈ] : 어지럽게 다툼.

예 현재 세계에는 종교나 정치 문제 때문에 나라끼리, 민족끼리 다투는 (　　　) 지역이 많습니다.

03 **(　　) 안에 들어갈 말을 알맞게 묶은 것은 무엇인가요?**

- 삼촌은 오랫동안 세계 각지를 여행하여 (㉠)이 넓다.
- 기행문에서 여행의 과정이나 일정을 기록한 부분을 (㉡)이라고 하며, (㉡)에는 주로 시간과 장소를 나타내는 표현이 쓰인다.
- 기행문에서 여행하면서 든 생각과 느낌을 일컬어 (㉢)이라고 한다.

	㉠	㉡	㉢
①	견문	여정	감상
②	견문	감상	여정
③	감상	견문	여정
④	감상	여정	견문
⑤	여정	견문	감상

04 다음의 뜻을 지닌 낱말을 말 상자에서 찾아 쓰세요.

소	극	적	조	각	배
극	연	극	화	작	우
장	출	적	소	품	시
해	세	계	관	찰	나
설	득	무	언	극	리
대	상	대	적	관	오
지	역	사	역	객	극
문	법	기	행	문	작

예 배우가 무대 위에서 대본에 따라 관객에게 연기를 보이는 것. (연극)

1 연극에서 극본에 따라 모든 일을 지시하고 감독하여 하나의 작품으로 만드는 일. (   )

2 연극과 같은 공연을 구경하는 사람. (   )

3 연극이나 영화 따위에서 무대 장치나 분장에 쓰는 작은 도구. (   )

4 영화나 연극, 드라마 등에 나오는 인물의 역할을 맡아서 연기하는 사람. (   )

5 연극, 무용, 음악 등을 공연하기 위해 만들어 놓은 넓은 자리. (   )

6 희곡에서 등장인물들이 주고받는 말. (   )

7 희곡에서 등장인물과 배경, 무대를 소개하는 글. (   )

8 희곡에서 해설과 대사를 뺀 나머지 부분의 글. (   )

05 ㉠~㉣에 알맞은 낱말을 <보기>에서 찾아 쓰세요.

그건 네가 틀렸어!
나와 생각이 (㉠)고 해서 남의 생각이 (㉡)고 함부로 말하면 안 되지.
두 아이의 (㉢)이/가 더 심해지기 전에 서로 화해하도록 내가 (㉣)을/를 해 주어야겠다.

보기

갈등　같다　맞다　중재　화합　다르다　틀리다

문제로 확인하기

06~07 다음 글을 읽고 물음에 답해 보세요.

숲길을 지나노라면 아래로는 제주조릿대가 떼를 이루면서 낮은 포복*으로 기어가며 온통 푸르게 물들여 놓고, 위로는 하늘을 가린 울창한 나무들이 크면 큰 대로 작으면 작은 대로 아름답고 기이하다.

숲길을 빠져나와 머리핀처럼 돌아가는 가파른 능선 허리춤에 올라서면 홀연히* 눈앞에 수백 개의 뾰족한 기암괴석*이 호*를 그리며 병풍처럼 펼쳐진다. 오르면 오를수록 이 수직의 기암들이 점점 더 하늘로 치솟아 올라 신비스럽고도 웅장한 모습에 절로 감탄이 나온다.

언제 올라도 한라산 영실은 아름답다.

– 유홍준, 「돌하르방 어디 감수광」

*포복: 배를 땅에 대고 김.
*기암괴석: 기이하게 생긴 바위와 괴상하게 생긴 돌.
*홀연히: 뜻밖에 갑자기.
*호: 활처럼 휘어 있는 선 모양.

06 **윗글에 대해 바르게 설명한 것은 무엇인가요?**

① 여행하면서 보고 듣고 느낀 점을 쓴 글이다.
② 어떤 것을 남이 잘 이해할 수 있도록 알려 주는 글이다.
③ 자신의 생각이나 느낌을 리듬이 있는 짧은 말로 쓴 글이다.
④ 무대 위에서 공연할 것을 생각해 대사를 중심으로 쓴 문학 작품이다.
⑤ 우리가 살고 있는 세상에서 일어날 수 있는 일을 작가가 상상해서 꾸며 낸 이야기이다.

07 **<보기>를 참고하여, 오른쪽 (　　) 안에 들어갈 알맞은 단어를 쓰세요.**

• 아래로는 제주조릿대가 떼를 이루면서 낮은 포복으로 기어가며 온통 푸르게 물들여 놓고,	• 위로는 하늘을 가린 울창한 나무들이 크면 큰 대로 작으면 작은 대로 아름답고 기이하다.
• 눈앞에 수백 개의 뾰족한 기암괴석이 호를 그리며 병풍처럼 펼쳐진다.	• 신비스럽고도 웅장한 모습에 절로 감탄이 나온다.
• 오르면 오를수록 이 수직의 기암들이 점점 더 하늘로 치솟아 올라	• 언제 올라도 한라산 영실은 아름답다.
⬇	⬇
기행문에서 (견문)을 드러내는 표현이다.	기행문에서 (　　　)을 드러내는 표현이다.

관용 표현 익히기

정답과 해설 33쪽

■ 다음 만화를 보고, 밑줄 친 한자 성어의 뜻을 추측하여 말해 보세요.

'역지사지(易地思之)'

'처지를 바꾸어서 생각해 본다.'는 뜻을 지닌 한자 성어입니다. 가족과 친구, 이웃들과 더불어 살 때 자기 입장에서만 판단하지 말고, 상대방의 입장에 서서 그 사람의 마음을 헤아릴 줄 알아야 한다는 교훈을 담고 있지요.

'역지사지'의 태도와 달리, 무슨 일이든 자기의 관점에서만 판단하고 자신의 이익만을 위해 행동하는 태도를 뜻하는 말로 '아전인수(我田引水)'라는 한자 성어가 있으니 함께 알아 두기 바랍니다.

다음 한자를 따라 써 보면서 '역지사지'의 뜻을 외워 보세요.

易 바꿀 역	地 땅 지	思 생각 사	之 갈 지
易	地	思	之

易	地	思	之

활동

다음 중 '역지사지'와 그 뜻이 비슷한 말에 ✔표시를 하세요.

- ☐ 제 논에 물 대기.
- ☐ 내가 당하고 싶지 않은 일은 남에게도 하지 말라.
- ☐ 남에게서 대접 받고 싶은 대로 남에게 먼저 해 주어라.
- ☐ 제 배 부르면 종 배고픈 줄 모른다.

논설문

논의할 論 + 말씀 說 + 글월 文

읽는 이를 설득하기 위해 어떤 주제에 대한 자신의 생각이나 의견을 논리적으로 펼친 글.

친절한 샘 논설문은 남을 설득하기 위해 쓰는 글입니다. 남을 설득하려면 자신의 주장을 뒷받침하는 적절한 근거를 들어야 해요. 주장만 있고, 근거가 부족하면 읽는 이를 설득할 수 없습니다. 논설문에서 주장을 뒷받침하는 근거를 '논거(論據)'라고도 해요.

주장 | 주인 主+베풀 張	자신의 생각이나 의견을 굳게 내세움. 또는 그런 생각이나 의견.
논거 | 논의할 論+기댈 據	주장이나 의견을 뒷받침하는 근거. ※ 근거(根據): 어떤 일이나 의견이 있게 한 바탕이나 까닭.
논증 | 논의할 論+밝힐 證	자신의 주장이 맞는지 틀리는지를 적절한 논거를 들어서 밝힘.

설명문

말씀 說 + 밝을 明 + 글월 文

어떤 사실이나 정보를 읽는 이들이 잘 알 수 있게 쓴 글.

친절한 샘 설명문은 정확한 사실을 바탕으로 해서 써야 합니다. 설명문을 읽을 때 사실을 설명하는 방법이 무엇인지 살펴보면 내용을 이해하는 데 도움이 된답니다. 설명문에 사용되는 대표적인 설명 방법은 다음과 같아요.

정의	어떤 말이나 사물의 뜻을 분명히 밝혀서 풀이하는 방법. 'A는 ~한 B이다.'라는 형식으로 쓰인다. 예 인간은 생각하는 동물이다.
분류	어떤 것들을 정해진 기준에 따라 묶어서 설명하는 방법. 예 소설은 길이에 따라 장편, 중편, 단편으로 분류할 수 있다.
분석	어떤 것을, 그것을 이루고 있는 요소로 나누어 설명하는 방법. 예 곤충의 몸은 머리, 가슴, 배, 세 부분으로 이루어져 있다.
비교	둘 이상의 것을 맞대어 놓고, 서로 비슷한 점을 중심으로 설명하는 방법. 예 TV와 책은 모두 정보를 전달하는 매체이다.
대조	둘 이상의 것을 맞대어 놓고, 서로 다른 점을 중심으로 설명하는 방법 예 TV는 영상을 사용하고, 책은 활자를 사용하는 매체이다.

인용문

끌 引 + 쓸 用 + 글월 文

다른 사람의 말이나 글을 자신의 말이나 글 속에 가져다 사용함.

친절한 샘 글을 쓸 때 다른 사람의 말이나 글을 인용했다면 그 '출처(出處)'를 정확히 밝혀야 해요. '출처'는 '말이나 글, 사물이 생기거나 나온 곳.'을 뜻합니다. 출처를 밝히지 않고 남의 말과 글을 인용하면 그것은 남의 생각을 훔치는 것과 같아서 떳떳하지 못한 행동이 된답니다.

낭독

밝을 朗 + 읽을 讀

글을 소리 내어 읽는 것(= 낭송).

친절한 샘 글을 읽는 장소, 목적에 따라, 그에 맞는 다양한 읽기 방식이 있습니다. 예를 들어 시의 느낌을 잘 느끼려면 소리를 내어 읽는 '낭독'이 좋고, 여러 사람이 함께 이용하는 공공장소에서는 눈으로 읽는 '묵독'이 좋겠지요. 대표적인 읽기 방식에는 아래와 같은 것들이 있어요.

낭독 | 밝을 **朗**+읽을 **讀**	소리 내어 읽음.
묵독 | 잠잠할 **默**+읽을 **讀**	조용히 속으로 읽음.
통독 | 통할 **通**+읽을 **讀**	책이나 글을 처음부터 끝까지 죽 읽어 내려가는 것.
정독 | 자세할 **精**+읽을 **讀**	뜻을 생각하면서 자세히 읽는 것.

매체

이어줄 媒 + 몸 體

정보를 널리 전달하는 도구(= 미디어).

친절한 샘 책과 신문, TV와 라디오, 광고, 영화, 인터넷처럼 정보를 널리 전달하는 데 사용되는 도구들을 일컬어 '매체'라고 합니다. 신문, 잡지, 책은 인쇄 매체이고, TV와 영화는 영상 매체입니다. 매체는 '미디어'라고도 부르지요. 신문사나 방송사처럼 규모가 크고, 사회에 많은 영향을 주는 '매체'는 '대중 매체', '매스미디어'라고 부릅니다.

추론

옮길 推 + 논의할 論

이미 알고 있는 어떤 생각이나 정보를 바탕으로 삼아 새로운 판단 또는 결론을 이끌어 냄.

친절한 샘 비슷한말은 '추리(推理)'입니다. 우리에게 다음 2개의 정보가 주어져 있다고 해 봅시다.

1. 모든 포유동물은 새끼를 낳는다.　　2. 고래는 포유동물이다.

이렇게 2개의 정보가 주어졌을 때 우리는 '그러므로 고래는 새끼를 낳는다.'는 판단을 어렵지 않게 할 수 있습니다. 이렇게 주어진 정보를 가지고 추리를 해서 새로운 판단을 이끌어 내는 것을 '추론'이라고 합니다.

어휘 더하기

'매다'와 '메다'

매다 매고, 매니, 매어/매, 매어서/매서

① 끈이나 줄 따위가 풀어지지 않게 마디를 만들다.

② 끈이나 줄 따위를 무엇에 두르거나 묶다.

메다 메고, 메니, 메어/메, 메어서/메서

① 어깨에 걸치거나 올려놓다.

② 구멍 따위가 막히다.

두 낱말은 우리가 자주 틀리게 쓰는 말들입니다. 풀리지 않게 단단히 묶는 의미가 있는 경우는 '매다', 무엇을 어디에 얹거나 막히는 의미가 있는 경우는 '메다'라고 이해하면, 그 둘을 구분하는 데 도움이 될 거예요.

다음 문장의 (　　) 안에 알맞은 낱말에 ○표 하세요.

- 엄마가 아이의 한복 옷고름을 (매어 / 메어) 주었다.
- 어깨에 지게를 (매고 / 메고) 장터로 갔다.
- 헤어진 후 슬퍼서 목이 (매었다 / 메었다).

문제로 확인하기

01 **밑줄 친 낱말의 뜻을 <보기>에서 찾아, 빈칸에 번호를 쓰세요.**

보기

① 소리 내어 읽음.
② 조용히 속으로 읽음.
③ 정보를 널리 전달하는 도구.
④ 주장이나 의견을 뒷받침하는 근거.
⑤ 어떤 사실이나 정보를 읽는 이들이 잘 알 수 있게 쓴 글.

1 TV는 라디오와 달리, 시각과 청각을 모두 사용하는 매체이다. ( )

2 남을 설득하려면 주장보다 논거가 더 중요하다. ( )

3 시가 주는 감동은 시를 직접 낭독할 때 더 잘 느낄 수 있다. ( )

02 **낱말과 그 뜻을 서로 알맞게 연결하세요.**

1 출처 •　　• ㉠ 어떤 것들을 정해진 기준에 따라 묶어서 설명하는 방법.

2 정독 •　　• ㉡ 뜻을 생각하면서 자세히 읽는 것.

3 분류 •　　• ㉢ 다른 사람의 말이나 글을 자신의 말이나 글 속에 가져다 사용함.

4 인용 •　　• ㉣ 말이나 글, 사물이 생기거나 나온 곳.

03 **왼쪽에 쓰인 여러 개의 낱말들과 관련이 있는 낱말을 <보기>에서 찾아 써 보세요.**

보기

독서　매체　추론　논설문　설명문

주장, 논거, 설득, 논증	➡	
사실, 정보, 정의, 분류, 분석	➡	
책, 신문, TV, 인터넷, 휴대 전화	➡	

04 **다음 문장의 ㉠~㉢에 들어갈 낱말을 바르게 묶은 것은 어느 것인가요?**

- 운동화 끈을 단단히 (㉠)서 마음껏 달려도 문제없다.
- 밥을 급하게 먹다가 목이 (㉡).
- 산 위에서 총을 (㉢) 군인들이 지친 모습으로 걸어 내려왔다.

	㉠	㉡	㉢
①	매어(매)	매었다	맨
②	매어(매)	매었다	멘
③	메어(메)	메었다	맨
④	메어(메)	메었다	멘
⑤	매어(매)	메었다	멘

05 **㉠~㉣에 알맞은 낱말을 <보기>에서 찾아 쓰세요.**

사슴벌레와 장수풍뎅이로 관찰 보고서를 쓰려고 하는데, 어떻게 써야 할지 모르겠어요.
곤충의 몸이 머리, 가슴, 배로 되어 있는 것도 알려 주고 싶어요.
그건 (㉡)을/를 사용해 설명하면 되겠구나.

먼저 곤충이 무엇인지부터 설명해 주면 좋겠구나. 그러려면 설명 방법 중에 (㉠)을/를 사용해야겠지.

사슴벌레와 장수풍뎅이는 서로 비슷한 점과 다른 점이 있어요.
비슷한 점은 (㉢)을/를, 다른 점은 (㉣)을/를 사용해 설명해 보렴.

보기

대조　분류　분석　비교　인용　정의

06~08 **다음 글을 읽고 물음에 답해 보세요.**

[가] 전지, 전선, 전구 등 전기 부품을 서로 연결해 전기가 흐를 수 있게 만든 것을 전기 회로라고 합니다. 이때 전기 회로에서 흐르는 전기를 전류라고 하며, 전류는 전지의 (+)극에서 (−)극으로 흐릅니다.

[나] 전류가 잘 흐르는 물체를 도체라고 합니다. 도체 물질에는 철, 구리, 알루미늄, 흑연 등이 있습니다. 그러나 종이, 유리, 비닐, 나무 등과 같은 물질에서는 전류가 잘 흐르지 않습니다. 이러한 물질을 부도체라고 합니다. 여러 가지 전기 부품은 도체 부분과 부도체 부분으로 이루어져 있습니다.

–『과학 6–2』, 〈1. 전기의 이용〉

06 **윗글의 특성을 설명한 것으로 가장 적절한 것은 무엇인가요?**

① 남을 설득하려고 쓰는 글이다.
② 정확한 정보나 지식을 알기 쉽게 설명한다.
③ 과학적 사실보다 개인의 의견을 전달하는 것이 중요하다.
④ 정해진 형식 없이 자신의 생각과 경험을 자유롭게 쓴 글이다.
⑤ 자신의 주장을 펼치는 글로서 충분한 논거로 주장을 뒷받침해야 한다.

07 **윗글의 [가]와 [나]를 설명한 것으로 적절하지 않은 것은 무엇인가요?**

① [가]에서는 '전기 회로', '전류'의 뜻을 정의하고 있다.
② [가]에서는 '전류'의 특성을 설명하고 있다.
③ [나]에서는 '도체'와 '부도체'의 뜻을 정의하고 있다.
④ [나]에서는 '도체'와 '부도체'를 비교하여, 그 둘의 비슷한 점을 알려 주고 있다.
⑤ [나]에서는 '전기 부품'이 어떤 요소로 이루어져 있는지 분석하고 있다.

08 **다음 글의 (　　) 안에 들어갈 말로 알맞은 것은 무엇인가요?**

생물이 살아가기 위해서는 양분이 반드시 필요합니다. 생물의 종류에 따라 양분을 얻는 방법은 다양합니다. 양분을 얻는 방법에 따라 생물을 (　　　)해 봅시다.

배추와 같이 햇빛 등을 이용하여 살아가는 데 필요한 양분을 스스로 만드는 생물을 생산자라고 합니다. 그리고 배추흰나비와 같이 스스로 양분을 만들지 못하고 다른 생물을 먹이로 하여 살아가는 생물을 소비자라고 합니다. 또 곰팡이와 같이 주로 죽은 생물이나 배출물을 분해하여 양분을 얻는 생물을 분해자라고 합니다.

–『과학 5–2』, 〈2. 생물과 환경〉

① 대조　② 분류　③ 분석　④ 비교　⑤ 정의

관용 표현 익히기

정답과 해설 34쪽

■ **다음 만화를 보고, 밑줄 친 한자 성어의 뜻을 추측하여 말해 보세요.**

'고진감래(苦盡甘來)'

'고생 끝에 낙(즐거움)이 온다'는 뜻을 지닌 한자 성어입니다. 하늘은 노력하는 사람들을 모른 척하지 않고, 반드시 노력하는 이들에게 행복한 결과를 가져다 준다는 옛사람들의 생각이 담겨 있습니다. '고진감래'와 같은 뜻은 아니지만 비슷한 상황에서 쓰이는 속담으로 '공든 탑이 무너지랴.'가 있습니다.

다음 한자를 따라 써 보면서 '고진감래'의 뜻을 외워 보세요.

苦 괴로울 고	盡 다할 진	甘 달 감	來 올 래
苦	盡	甘	來

苦	盡	甘	來

활동

다음 빈칸에 들어갈 알맞은 말을 써 보세요.

학생1: 지난번 과학 창의경진대회 때 결선에서 떨어졌잖아. 이번 대회에 다시 도전해 보려고.
학생2: 그래, 꾸준한 노력으로 쌓은 실력은 쉽게 사라지지 않으니까. (㉠)라는 속담도 있잖아.

(1달 후)

학생1: 이번 과학 창의경진대회에서 대상을 받아, 너무 기뻐.
학생2: (㉡)라더니, 고생한 보람이 있구나. 축하해.

28강 | 국어 용어 4

경청

기울 傾 + 들을 聽

다른 사람의 말을 귀 기울여 들음.

친절한 샘 '경청'은 상대방의 말을 잘 들어주는 것입니다. '듣는 척'만 하면 경청이 아니지요. 진심으로 상대방을 소중하게 생각하고 존중해 줄 때 경청을 할 수 있답니다. 경청과 비슷한 뜻을 지닌 우리말 표현으로 '귀를 기울이다.'가 있으니 함께 알아 두세요.

관용 표현

버릇 慣 + 쓸 用 + 겉 表 + 나타날 現

오랫동안 사람들이 습관적으로 사용하면서 새로운 뜻으로 굳어진 표현.

친절한 샘 관용 표현에는 속담과 관용어가 있습니다. 속담이나 관용어와 같은 관용 표현을 일상 대화나 글쓰기에서 적절하게 활용하면, 전달하려는 바를 더욱 간결하고 분명하게 표현할 수 있어요. 그뿐 아니라 관용 표현을 사용하면 듣는 이의 기분이 상하지 않게 자신의 생각을 전달할 수 있답니다.

속담 | 풍속 俗+말씀 談	조상들의 슬기와 지혜를 간결하게 나타낸 말. 오랜 세월 전해 오면서 사람들이 습관적으로 사용하게 된 표현임. ㉠ 발 없는 말이 천 리 간다, 고생 끝에 낙이 온다.
관용어 | 버릇 慣+쓸 用+말씀 語	둘 이상의 낱말이 합쳐져 각 낱말이 지닌 본래의 뜻과는 다르게, 새로운 의미로 쓰이게 된 표현. ㉠ 손이 크다. (씀씀이가 넉넉하고 후하다.) 발이 넓다. (아는 사람들이 많아 활동 범위가 넓다.)

다의어

많을 多 + 뜻 義 + 말씀 語

두 가지 이상의 뜻을 지닌 낱말. 한 개의 낱말이 여러 가지 의미로 쓰일 때 그 낱말을 다의어라고 함.

친절한 샘 한 개의 낱말이 여러 개의 의미를 지니면 그 낱말은 '다의어'가 됩니다. '눈[眼]'이란 낱말을 예로 들어 볼까요.

① 그는 눈이 아파서 안과에 갔다. [눈 ➡ 신체 일부, 물체를 볼 수 있는 감각 기관]
② 그는 눈이 좋아 멀리 있는 것도 잘 본다. [눈 ➡ 물체를 볼 수 있는 능력. 시력]
③ 독서를 많이 하면 세상을 보는 눈이 밝아진다. [눈 ➡ 사물을 보고 판단하는 힘. 판단력]

위의 예문을 보면, '눈'이란 낱말이 다양한 의미로 쓰이고 있음을 알 수 있습니다. 이때 우리는 '눈'을 '다의어'라고 부를 수 있지요. 그런데 '동형어'라는 말도 있어요. 예를 들어 신체 일부인 '눈[眼]'과 하늘에서 내리는 '눈[雪]'은 서로 형태는 같지만 뜻은 전혀 다른 말이지요. 이때 그 두 낱말을 가리켜 '동형어'라고 부릅니다.

유의어

무리 類 + 뜻 義 + 말씀 語

뜻이 서로 비슷한 말.

뜻이 서로 반대되는 말은 반의어, 반대말이라고 합니다. 예를 들면 '이'와 '치아'는 유의어이고, '뜨겁다'와 '차갑다'는 반의어입니다.

단일어

홑 **單** + 하나 **一** + 말씀 **語**

더 이상 나눌 수 없는 낱말.

친절한 샘 낱말은 크게 단일어와 복합어로 나뉩니다. 단일어는 더 작게 나누면 본래의 뜻이 사라지는 낱말이에요. '강', '바다', '하늘' 등의 그 예입니다. 반면 복합어는 더 작게 나눌 수 있는 말이에요. 예를 들어 '사과나무(사과+나무)', '풋사과(풋+사과)'는 두 개의 말로 나눌 수 있으므로 복합어입니다. 복합어는 '사과나무'처럼 뜻이 있는 두 낱말(사과, 나무)로 이루어진 것과 뜻을 더해 주는 말(풋)과 뜻이 있는 낱말(사과)이 묶인 것으로 다시 나눌 수 있어요.

비속어

낮을 **卑** + 풍속 **俗** + 말씀 **語**

고상하지 않고 품위가 없는 거친 말

은어 | 숨을 隱+말씀 語	어떤 집단의 사람들이 다른 사람들이 알아듣지 못하도록 자기들끼리만 사용하는 말을 말합니다. 예를 들면 병원, 시장 등에서 일하는 사람들끼리만 사용하는 말이 은어입니다. 또는 청소년들끼리만 사용하는 말들도 모두 은어라고 할 수 있습니다.
순화 | 진한 술 醇+변화할 化	잡스러운 것을 없애 순수하게 만든다는 뜻입니다. '국어 순화'는 외래어, 비속어, 욕설 등 잘못된 우리말을 올바르게 다듬는 일을 말합니다.

타당성

온당할 **妥** + 마땅할 **當** + 성질 **性**

이치에 맞는 옳은 성질.

친절한 샘 어떤 주장이나 판단이 올바를 경우 그 주장과 판단은 타당성이 있다고 말해요. 어떤 주장이 타당성을 지니려면 ① 주장하는 내용이 올바른 가치를 담고 있어야 하고, ② 주장은 적절한 근거로 뒷받침되어야 하며, ③ 근거는 정직하고 믿을 만한 것이어야 합니다.

어휘 더하기

'맞히다'와 '맞추다'

맞히다 맞히고, 맞히니, 맞히어/맞혀

① 문제의 정답을 대다.
 예 문제의 정답을 맞히다.
② 무엇에 맞게 하다.
 예 화살을 쏘아 과녁에 맞히다.

맞추다 맞추고, 맞추니, 맞추어/맞춰

① 짝에 맞게 대어 붙이다.
 예 나무 조각을 맞추어 바닥을 깔았다.
② 서로 비교하다.
 예 시험이 끝난 뒤 정답을 맞추어 보세요.
③ 어떤 기준에 맞게 조절하다.
 예 음식의 간을 맞추다.

'맞히다'와 '맞추다'는 평소 우리가 자주 헷갈리는 낱말이에요. 목표 지점(사물, 정답)에 맞게 하는 행위를 나타날 때는 '맞히다'이고, 서로 맞는지 비교하고 살펴보는 행위와 관련이 있을 때는 '맞추다'이지요.

다음 문장의 (　　) 안에 알맞은 낱말에 ○표 하세요.

- 퀴즈의 정답을 (맞히는 / 맞추는) 사람에게 선물을 주겠다.
- 주몽은 화살을 열 번 쏘아 열 번 모두 과녁에 (맞혔다 / 맞췄다).
- 감독의 의도에 (맞혀 / 맞춰) 선수들이 잘 뛰어 주었다.

문제로 확인하기

01 **□ 안에 제시한 초성과 낱말의 뜻을 참고하여 (　　) 안에 들어갈 낱말을 쓰세요.**

1 [ㅅ ㅎ] : 잡스러운 것을 없애 순수하게 만듦.

예 영어 표현인 '레시피'를 쉬운 우리말인 '조리법'으로 고쳐 쓰는 것은 국어 (　　　)의 한 사례이다.

2 [ㅂ ㅅ ㅇ] : 고상하지 않고 품위가 없는 거친 말.

예 (　　　)을/를 사용하는 사람은 다른 사람들에게 존중 받을 수 없습니다.

3 [ㅌ ㄷ ㅅ] : 이치에 맞는 옳은 성질.

예 현우의 주장에도 상당한 (　　　)이/가 있는 것 같으니, 두 사람의 주장을 꼼꼼히 검토해 보자.

4 [ㄱ ㅊ] : 다른 사람의 말을 귀 기울여 들음.

예 미옥이와 대화를 나누면 정말 즐거워. 미옥이는 친구의 말을 (　　　)해 주거든.

02 **〈가〉와 〈나〉에 나온 문장들을 보고, (　　) 안에 들어갈 알맞은 말을 〈보기〉에서 찾아 쓰세요.**

〈가〉	〈나〉
1. 머리에 모자를 쓰다. (머리 ➡ 사람이나 동물의 목 위의 부분) 2. 그는 머리가 좋아서 배운 것을 잘 기억해. (머리 ➡ 생각하고 판단하는 능력) 3. 머리가 길어서 미장원에 갔어. (머리 ➡ 머리털)	1. 우리 집 강아지는 사람 말을 알아듣는다. (말 ➡ 생각이나 느낌을 표현하고 전달하는 사람의 소리) 2. 저기 있는 검은 말은 정말 잘 달린다. (말 ➡ 동물의 한 종류)

다의어　　단일어　　동형어　　복합어

1 〈가〉에 밑줄 친 낱말들은 한 낱말이 여러 개의 뜻으로 쓰인 것이므로 (　　　)이다.

2 〈나〉에 밑줄 친 낱말들은 형태는 같지만 서로 다른 뜻을 지녔으므로 (　　　)이다.

03 **다음 문장의 (　　) 안에 알맞은 낱말을 골라 ○ 표시를 하세요.**

1 이번 문제의 정답만 (맞히면 / 맞추면) 우리말 최고 왕이 된다.

2 바지가 너무 작은 거 아냐? 옷을 몸에 (맞혀야지 / 맞춰야지) 몸을 옷에 (맞히면 / 맞추면) 되겠니?

3 저 바위 위의 작은 나무토막을 공을 던져서 (맞히는 / 맞추는) 사람이 이기는 거야.

04 밑줄 친 두 낱말의 관계가 나머지 넷과 다른 하나를 고르세요.

① (가) 물이 뜨겁다.
(나) 공기가 차갑다.

② (가) 예쁜 인형을 책상 위에 놓았다.
(나) 불빛 아래에 날벌레들이 잔뜩 모여 있다.

③ (가) 방이 넓어서 여름에도 시원하다.
(나) 길이 좁아서 걸을 때 조심해야 한다.

④ (가) 한참 퍼붓더니 이제야 비가 그쳤다.
(나) 건전지가 다 되어 시계가 멈추었다.

⑤ (가) 집에 가다가 친구를 만났다.
(나) 오늘 우리 집에 손님들이 많이 왔다.

05 ㉠~㉢에 알맞은 낱말을 <보기>에서 찾아 쓰세요.

우진아, '다리01'과 '다리02'의 뜻이 서로 다르지? 이렇게 형태는 같고 의미가 다른 두 낱말을 (㉠)(이)라고 해.

'다리01'도 '다리02'도 여러 개의 뜻을 가졌네? 그럼 두 낱말 모두 (㉡)(이)겠다.

맞아. '다리01'은 "다리 뻗고 자다."처럼 (㉢)(으)로도 쓰이는 것을 알 수 있어.

다리01 「명사」
[1] 사람이나 동물의 몸통 아래 붙어 있는 신체의 부분. 서고 걷고 뛰는 일 따위를 맡아 한다.
예 다리를 다쳐서 걷지 못하다.

[2] 물체의 아래쪽에 붙어서 그 물체를 받치거나 직접 땅에 닿지 아니하게 하거나 높이 있도록 버티어 놓은 부분.
예 이 의자는 다리가 하나 부러졌다.

관용구/속담
(관용구) 다리 뻗고 자다
마음 놓고 편히 자다

다리02 「명사」
[1] 물을 건너거나 또는 한편의 높은 곳에서 다른 편의 높은 곳으로 건너다닐 수 있도록 만든 시설물.
예 강에 다리를 놓았다.

[2] 둘 사이의 관계를 이어 주는 사람이나 사물을 비유적으로 이르는 말.
예 나는 그 사람을 잘 모르니 자네가 다리가 되어 주게나.

보기

다의어 동형어 복합어 유의어 관용 표현

06~08 다음 글을 읽고 물음에 답해 보세요.

요즘 많은 어린이가 [이야기] 할 때 ㉠은어나 ㉡비속어를 사용하고 있다. 국립 국어원 조사에 따르면 조사 대상 [초등학생]의 97퍼센트가 비속어를 사용한 적이 있다고 한다. 만약 학생 열 명이 있다면 적어도 아홉 명은 비속어를 사용한 적이 있는 것이다. 비속어가 아닌 ㉢고운 말을 사용해야 하는 까닭은 무엇일까?

고운 말을 사용하면 서로 존중하는 [마음]을 전할 수 있다. 흔히 말이 눈에 보이지 않는 마음임을 표현할 때 "㉣말은 마음의 거울"이라는 격언을 사용한다. 고운 말을 써야 하는 것은 어린이만이 아니다. 존중하는 마음이 없다면 고운 말도 나오지 않는다. 그뿐 아니라 고운 말을 사용하는 것은 [우리말]을 아름답게 가꾸고 지키는 일이기도 하다.

– 『국어』 6–2, 〈7. 글 고쳐 쓰기〉 (본문 일부 윤문)

06 **밑줄 친 ㉠~㉣을 설명한 내용으로 적절하지 않은 것은 무엇인가요?**

① ㉠은 '어떤 집단의 사람들이 다른 사람들이 알아듣지 못하도록 자기들끼리만 사용하는 말'을 뜻한다.
② ㉡은 '고상하지 않고 품위가 없는 거친 말'을 뜻한다.
③ ㉡을 ㉢으로 다듬는 일은 '국어 순화'라고 할 수 있다.
④ ㉡과 ㉢은 서로 유의어이다.
⑤ ㉣과 같은 말을 관용 표현이라고 한다.

07 **윗글의 [ ] 안에 있는 낱말들 가운데 단일어와 복합어를 찾아 각각 아래에 쓰세요.**

• 단일어: ____________________

• 복합어: ____________________

08 **윗글을 설명한 내용으로 가장 알맞은 것은 무엇인가요?**

① 여행하면서 보고 느낀 점을 쓴 글이다.
② 정확한 정보나 지식을 전달하려고 쓴 글이다.
③ 주장하는 글로서 적절한 근거로 주장을 뒷받침하고 있다.
④ 조사 자료를 인용했지만 그것의 출처를 밝히지는 않았다.
⑤ 우리 주변에서 일어날 법한 일들을 글쓴이가 상상해서 꾸며 낸 이야기이다.

관용 표현 익히기

정답과 해설 **35**쪽

■ **다음 만화를 보고, 밑줄 친 말의 뜻을 추측하여 말해 보세요.**

우리 전통문화에서 '간(肝)'은 좀 특별한 의미가 있답니다. 예로부터 우리 조상들은 사람의 정신과 기운이 간에 모여 있다고 생각을 했대요. 그래서 우리말에는 간과 관련한 표현들이 유독 많지요. 옛이야기에서 무시무시한 구미호가 사람의 간을 먹는 것으로 묘사되는 것도 그와 무관하지 않습니다. 간과 관련한 표현을 몇 가지 예로 들면 다음과 같아요.

○ 간(이) 떨어지다: 몹시 놀라다.
○ 간(이) 작다: 몹시 겁이 많다. ⇔ 간(이) 크다: 겁이 없고 대담하다.
○ 간(이) 콩알만 하다: 몹시 겁이 나서 기를 펴지 못하다.
○ 간에 기별도 안 가다: 먹은 것이 너무 적어 먹으나 마나 하다.

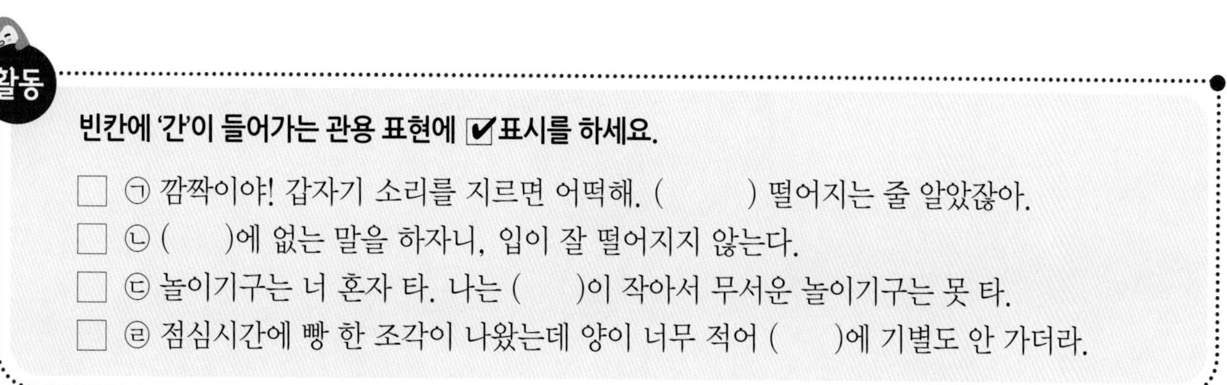

활동

빈칸에 '간'이 들어가는 관용 표현에 ☑표시를 하세요.

☐ ㉠ 깜짝이야! 갑자기 소리를 지르면 어떡해. (　　　) 떨어지는 줄 알았잖아.
☐ ㉡ (　　)에 없는 말을 하자니, 입이 잘 떨어지지 않는다.
☐ ㉢ 놀이기구는 너 혼자 타. 나는 (　　)이 작아서 무서운 놀이기구는 못 타.
☐ ㉣ 점심시간에 빵 한 조각이 나왔는데 양이 너무 적어 (　　)에 기별도 안 가더라.

Ⅳ
종합 평가

종합 평가 01

종합 평가 02

종합 평가 01

01 **빈칸에 들어갈 알맞은 낱말을 오른쪽에서 찾아 선으로 이어 보세요.**

1 건이는 순수한 (　　　) 때문에 친구들에게 인기가 많다. •

2 무슨 걱정이 있는지 오늘 따라 (　　　)이/가 어둡구나. •

3 동호는 못마땅한 듯 (　　　)을/를 찌푸리고 있었다. •

4 할머니께서는 고향 이야기를 하실 때마다 (　　　)이/가 축축해지셨다. •

• ㉠ 미간

• ㉡ 눈시울

• ㉢ 낯빛

• ㉣ 용모

02 **밑줄 친 낱말의 뜻을 <보기>에서 찾아 기호를 쓰세요.**

보기

㉠ 마음에 기쁘다.

㉡ 하고 싶지 않지만 하지 않을 수 없다.

㉢ 어떤 대상을 싫어하여 피하다.

㉣ 믿음, 의리, 인정 등이 깊고 성실하다.

㉤ 다른 사람의 실수나 결함을 나무라거나 핀잔하다.

㉥ 말이나 행동 등이 거칠고 세련되지 못하다.

1 부모님께서는 봉사 활동에 기꺼운 마음으로 동참하셨다. ························· (　　)

2 예전에는 선우와 자주 싸웠는데 지금은 무척 돈독한 사이가 됐어. ················ (　　)

3 주방장은 음식 만드는 솜씨가 서툰 조리사를 타박했다. ···························· (　　)

03 **□ 안의 초성을 참고하여 제시된 낱말의 뜻풀이를 완성해 보세요.**

1 비범하다: 수준이 [ㅂ][ㅌ]을 넘어 아주 뛰어나다.

2 교묘하다: 어떤 일을 하는 방법이나 [ㄲ]가 아주 뛰어나고 빠르다.

3 광복: 빼앗긴 [ㅈ][ㄱ]을 다시 찾음.

4 마름: (옛날에) 땅 주인인 [ㅈ][ㅈ]를 대신하여 농지를 관리하는 사람.

04 **다음 그림을 통해 설명하고자 하는 낱말은 무엇인지 <보기>에서 찾아 쓰세요.**

개선 개혁 개화 계몽 개발

집을 고치는 데
기둥이 썩었으면
어떻게 해야 할까?
뜯어 고쳐야 하죠.
사회를 지탱해 주는
법과 제도가 엉망이면
무엇이 필요할까요?

몰라서 쉽게 속거나 자기 것을
뺏길 수 있었던 시대.
지식인들은 아는 것이 힘이라고

무지한 사람들을 위해
이 운동을 펼쳤어요.

05 **빈칸에 공통적으로 들어갈 낱말을 <보기>에서 찾아 써 보세요.**

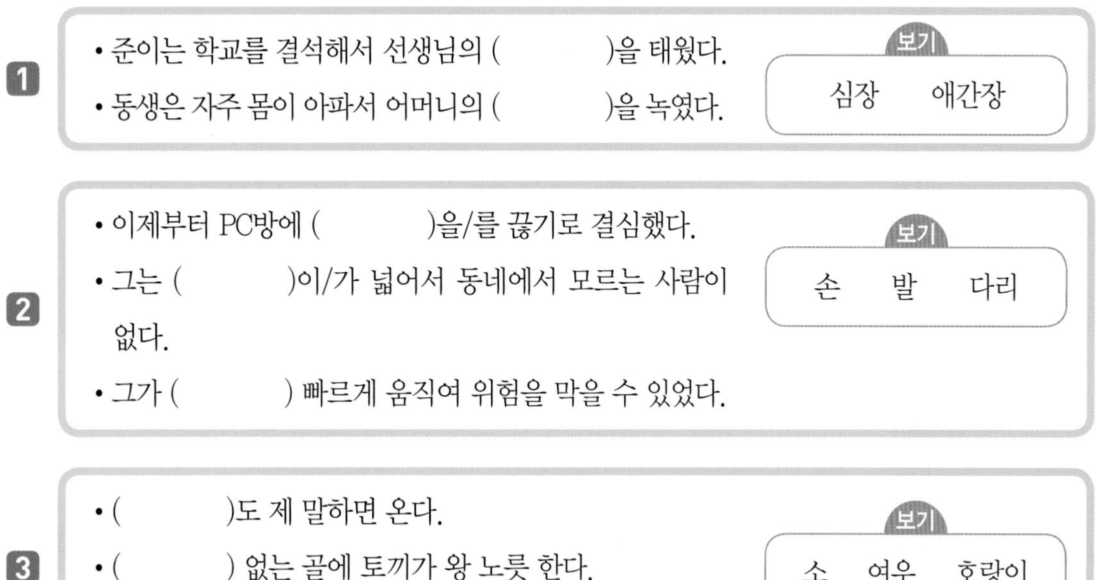

1
• 준이는 학교를 결석해서 선생님의 (   )을 태웠다.
• 동생은 자주 몸이 아파서 어머니의 (   )을 녹였다.
보기
심장 애간장
2
• 이제부터 PC방에 (   )을/를 끊기로 결심했다.
• 그는 (   )이/가 넓어서 동네에서 모르는 사람이 없다.
• 그가 (   ) 빠르게 움직여 위험을 막을 수 있었다.
보기
손 발 다리
3
• (   )도 제 말하면 온다.
• (   ) 없는 골에 토끼가 왕 노릇 한다.
• (   )에게 물려가도 정신만 차리면 산다.
보기
소 여우 호랑이

06 **밑줄 친 낱말의 쓰임이 알맞은 것은 무엇인가요?**

① 현아는 고무줄을 잡아당겨 길게 늘렸다.
② 우리 집에서는 김치를 직접 담가 먹는다.
③ 어머니는 요리를 할 때마다 앞치마를 허리에 띄었다.
④ 지수는 한 달 전부터 사려고 벼리던 옷을 드디어 샀다.
⑤ 준수는 책상 정리를 위해 서랍 안에 있는 것들을 모두 드러내었다.

07 **주어진 문장의 밑줄 친 낱말과 같은 뜻으로 쓰인 말을 찾아 ○표 하세요.**

1 책가방이 교과서로 가득 차서 더 이상 무엇을 넣을 수 없다.
㉠ 강인이는 공을 힘껏 차서 승리를 결정짓는 골을 넣었다. ························ (　　)
㉡ 점심시간마다 운동장은 학생들로 차서 제대로 놀기 어렵다. ···················· (　　)

2 계산기를 쓰지 말고 이 문제를 풀어 봐.
㉠ 이 가게는 요리를 할 때 신선한 재료만 쓴다. ···································· (　　)
㉡ 수민이는 새로 산 공책의 겉표지에 자기 이름을 썼다. ·························· (　　)

08 **다음 글을 읽고, 내용과 일치하지 않는 것을 고르세요.**

외국에서 공부를 마치고 케냐로 돌아온 왕가리 마타이는 황폐해진 케냐의 마을 풍경을 보고 깜짝 놀랐다. 케냐의 새로운 지도자들이 돈벌이를 위하여 숲을 없애고 차나무와 커피나무를 심은 것이었다. 울창하였던 숲은 벌목으로 벌거벗은 모습이 되었고, 비옥하였던 토양은 영양분이 고갈되어 동물과 식물을 제대로 길러 낼 수 없는 상태가 되었다. 이러한 변화로 사람들은 땔감을 구하기 어려웠고, 작물이 잘 자라지 않아 가난과 굶주림 속에서 고통받게 되었다.

– 차은숙, '나무를 심는 사람'

① 왕가리 마타이는 마을이 거칠어져 못 쓰게 된 것을 보고 놀랐다.
② 숲이 울창하였을 때에는 땅이 기름져 식물들이 잘 자랄 수 있었다.
③ 마을 사람들이 불을 때기 위해 숲의 나무를 마구 베어서 결국 숲을 망치고 말았다.
④ 나무가 사라진 숲의 땅은 영양분이 다 없어져 동물과 식물이 제대로 자랄 수 없었다.
⑤ 케냐의 새로운 지도자들은 숲의 나무를 베어 내고 그 자리에 차나무와 커피나무를 심었다.

정답과 풀이 36쪽

보물 상자의 열쇠를 찾아라!

알리바바는 우연히 산속에서 40인의 도둑들이 보물을 감춰 둔 동굴을 발견하였다.

"열려라, 참깨!"라는 주문을 외치고 들어간 동굴 안에는 무척 크고 화려한 보물 상자가 놓여 있었다. 보물 상자 옆에는 특이한 모양의 열쇠 세 개가 걸려 있었는데, 그 밑에 다음과 같은 글이 적혀 있었다.

> 기회는 단 한 번뿐.
> 엉뚱한 열쇠를 선택하면 이 상자를 영원히 열 수 없다.

보물 상자가 크고 무거워 통째로 들고 나갈 수도 없고, 도둑들이 언제 들이닥칠지도 모르는 상황이었기 때문에 알리바바는 당황할 수밖에 없었다. 주위를 살피던 알리바바는 동굴 구석의 벽에서 열쇠의 모양을 알아낼 수 있는 단서를 찾아내었다.

벽에는 다음과 같은 글이 적혀 있었다.

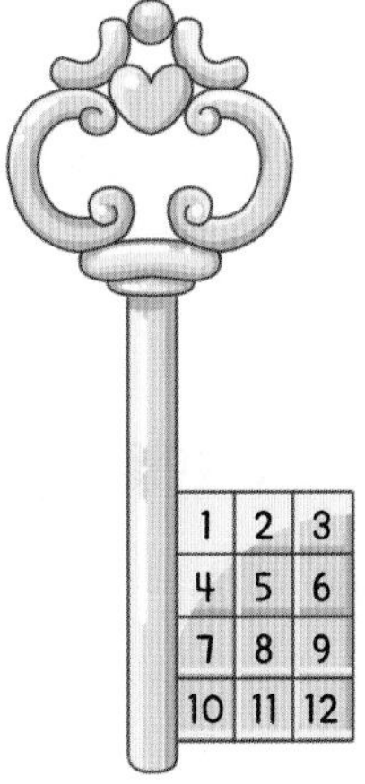

> 열쇠의 모양을 알고 싶은가?
> 아래의 설명에 해당하는 낱말을 <보기>에서 찾아라.
> 그런 다음 그 숫자를 오른쪽 열쇠 그림에서 찾아 색칠하면
> 열쇠의 모양이 나올 것이다.

(가) 참을성 없이 몹시 급하다.
(나) 말이나 행동을 자꾸 음흉하고 능글맞게 하는 모양.
(다) 고장 나거나 파괴된 것을 이전의 상태로 되돌림.
(라) 외롭고 쓸쓸하다.
(마) 하는 짓이나 모양새가 분위기에 어울리지 않고 엉뚱하다.
(바) 부모의 상중에 3년간 그 무덤 옆에서 움막을 짓고 삶.
(사) 편들어 주거나 잘못을 감싸 주다.

보기

1	멋쩍다	2	조급하다	3	애달프다
4	두둔하다	5	간청	6	아슴아슴
7	복구	8	매캐하다	9	성묘
10	느물느물	11	시묘	12	고적하다

종합 평가 02

01 다음 밑줄 친 낱말의 뜻을 찾아 ○표 하세요.

1

이 도시는 과거와 현재의 공존을 잘 보여 준다.

㉠ 서로 도우며 함께 삶. ( )
㉡ 원래의 상태나 모습으로 돌아가게 함. ( )
㉢ 두 가지 이상의 현상이나 성질, 사물이 함께 존재함. ( )

2

이 물질은 연소될 때 독성이 있는 가스가 나오지 않습니다.

㉠ 따뜻한 온도를 일정하게 유지함. ( )
㉡ 물질이 산소와 결합하여 열과 빛을 내는 현상. ( )
㉢ 점점 줄어들어 다 없어짐. 또는 다 써서 없앰. ( )

02 빈칸에 들어갈 알맞은 말을 오른쪽에서 찾아 선으로 바르게 이어 보세요.

1 지수는 개울에 놓인 (   ) 위에 앉아 물놀이를 하였다. •　　　　• ㉠ 걸림돌

2 한옥을 지을 때 (   )을 놓고 그 위에 기둥을 세웠다. •　　　　• ㉡ 디딤돌

3 신체장애가 결코 내 꿈을 이루는 데 (   )이 될 수 없다. •　　　　• ㉢ 주춧돌

03 □안의 초성을 참고하여 제시된 낱말의 뜻풀이를 완성해 보세요.

1 벌목(伐木) : 산이나 숲에 있는 [ㄴ][ㅁ]를 벰.

2 단열(斷熱) : [ㅇ]이 나가거나 들어오지 않도록 막음.

3 임금(賃金) : 일을 한 대가로 받는 [ㄷ].

4 환기(換氣) : 더럽고 탁한 [ㄱ][ㄱ]를 맑은 [ㄱ][ㄱ]로 바꿈.

04 아래 열쇠 말을 참고하여 오른쪽에 있는 표의 빈칸을 완성해 보세요.

[가로 열쇠]

1. 지구 전체를 한 마을처럼 여겨 이르는 말.
2. 고장 나거나 파괴된 것을 이전의 상태로 되돌림.
3. 지구 대기를 오염시켜 온실 효과를 일으키는 가스를 모두 이르는 말.
5. 두 가지의 생각이나 행동 등이 서로 점점 더 달라지고 멀어짐.
7. 선거할 권리를 가진 사람.
9. 버스나 지하철과 같이 여러 사람이 이용하는 교통.

		1				
	2					
		3		4		
5					6	
				7		8
	9					

[세로 열쇠]

1. 지구의 기온이 높아지는 현상.
4. 경제 단위로서의 가정. 한 집안이 살아가는 데 따른 수입과 지출의 상태. ○○부
5. 볕이 들어 밝고 따뜻한 곳. 반대말은 '음지'
6. 국가의 의사나 정책을 최종적으로 결정하는 권력. 광복절은 일본에 빼앗겼던 나라의 ○○을 되찾은 날.
7. 상품이 생산자에게서 소비자에게 이르기까지 여러 단계에서 거래되는 활동.
8. 무엇에 얽매이거나 구속되지 않고 자기의 생각과 의지대로 할 수 있는 상태.

05 다음 주어진 상황에 어울리는 속담을 각각 <보기>에서 찾아 기호를 쓰세요.

1

(　　)

2

(　　)

보기

㉠ 쇠뿔도 단김에 빼라.　　㉡ 소 잃고 외양간 고친다.

㉢ 쥐구멍에도 볕 들 날 있다.　　㉣ 엎친 데 덮친 격이다.

06 **밑줄 친 낱말 중, 그 의미가 나머지와 전혀 관련이 없는 것은 무엇인가요?**

① 너의 대답은 질문의 의도에 맞지 않아.
② 곧 눈이 내릴 거라는 누나의 말이 맞았다.
③ 아무래도 지연이가 주장한 것이 맞나 보다.
④ 준범이는 날아오는 축구공에 얼굴을 맞았다.
⑤ 승주가 쓴 답만 맞고, 다른 사람은 모두 틀렸어.

07~08 **다음 글을 읽고 물음에 답해 보세요.**

숲길을 지나노라면 아래로는 제주조릿대가 떼를 이루면서 낮은 포복으로 기어가며 온통 푸르게 물들여 놓고, 위로는 하늘을 가린 울창한 나무들이 크면 큰 대로 작으면 작은 대로 아름답고 기이하다.

숲길을 빠져나와 머리핀처럼 돌아가는 가파른 능선 허리춤에 올라서면 홀연히 눈앞에 수백 개의 뾰족한 기암괴석이 호를 그리며 병풍처럼 펼쳐진다. 오르면 오를수록 이 수직의 기암들이 점점 더 하늘로 치솟아 올라 신비스럽고도 웅장한 모습에 절로 감탄이 나온다.

언제 올라도 한라산 영실은 아름답다.

– 유홍준, '돌하르방 어디 감수광'

07 **윗글에 대한 설명으로 알맞은 것은 무엇인가요?**

① 글쓴이가 자신의 감정을 운율이 있는 언어로 표현한 글이다.
② 실제 살았던 위인의 삶과 업적을 소개하여 교훈을 주는 글이다.
③ 현실에서 일어날 수 있는 일을 글쓴이가 상상하여 꾸며 쓴 글이다.
④ 글쓴이가 여행하면서 보고 듣고 느낀 점을 여정에 따라 적은 글이다.
⑤ 연극을 할 수 있도록 대사와 행동, 장면의 설명 등을 적어 놓은 글이다.

08 **윗글을 쓴 글쓴이가 한라산에 오른 소감을 다음과 같이 말했다고 가정할 때, 빈칸에 들어갈 알맞은 말을 초성과 낱말의 뜻을 참고하여 써 보세요.**

"한라산의 (ㅍ ㄱ)에 온통 마음을 빼앗겨 감탄을 거듭했습니다."
뜻: 자연이나 지역의 아름다운 모습

스마트폰의 잠금 화면을 풀어라!

어머니께서는 소원이에게 어휘 공부를 한 시간 동안 하면 스마트폰을 사용할 수 있도록 해주겠다고 약속하셨다.

좋아하는 가수의 새 뮤직비디오를 보고 싶었던 소원이는 어느 때보다 열심히 공부하였다. 한 시간 후 기쁜 마음으로 어머니의 스마트폰을 받아 보니, 화면 잠금이 설정되어 있었다.

당황하는 소원이에게 어머니께서는 쪽지 한 장을 주시면서, 다음과 같이 말씀하셨다.

"우리 딸이 얼마나 열심히 공부했는지 확인해 볼까? 이 문제를 풀면 잠금을 풀 수 있을 거야."

쪽지에는 소원이가 오늘 공부한 내용들이 적혀 있었다. 스마트폰의 잠금 상태를 풀기 위해서는 쪽지에 나온 문제를 풀고 패턴을 알아내야 한다.

딸, 공부하느라 힘들었지?

복습한다는 생각으로 아래 문제를 풀어 봐. ^^

아래 문제의 정답을 표에서 찾아 표시를 하고, 먼저 찾은 순서대로 연결하면 패턴을 그릴 수 있을 거야.

(1) 어떤 행동이나 현상이 하나의 과정을 지나 다시 처음 자리로 돌아오는 것을 되풀이함.

↓

(2) 습관처럼 굳어져 버린 성질.

↓

(3) 장사를 해서 번 돈. 기업의 총수익에서 제품 생산에 들어간 비용 등을 빼고 남는 순이익.

↓

(4) 서로 생각이 달라 부딪치는 것. 칡과 등나무를 뜻하는 한자가 결합된 말.

↓

(5) 용수철처럼 튀거나 팽팽하게 버티는 힘.

↓

(6) 물이 말라서 없어짐. 자원이나 물질 등이 다 써서 없어짐.

↓

(7) 계약이나 조약 등을 맺음.

찾아보기

ㄱ

가계 88
가계부 88
가르치다 15
가리키다 15
가마 82
가재는 게 편 137
각박하다 33
간곡하다 14
간에 기별도 안 간다 179
간이 떨어지다 179
간이 작다 179
간이 콩알만 하다 179
간이 크다 179
간청 14
갈다 106
갈등 163
감상 162
감염 150
감칠맛 8
강매 88
강점기 70
개다리소반 117
개마고원 126
개망초 127
개발 118
개발 도상국 113
개살구 127
개선 70
개표 95
개혁 70
개화 70
객관적 관점 157
객주 82
거간꾼 82
거주지 127
걷다 151
걸림돌 139
걸음나비 57
걸작 118
검사 101
견문 162
결핍증 50
결핍하다 50
경관 126
경외 27
경이롭다 27
경청 174
경치 126
계몽 70
계발 118
계약 113
계약금 113
고갈 133
고결하다 45
고랑 63
고령화 106
고수 49
고원 126
고적하다 26
고즈넉하다 44
고진감래 173
곱씹다 20
공과금 101
공급 70
공든 탑이 무너지랴 173
공방 118
공범 100
공생 132
공약 94
공양 70
공업 118
공예품 118
공정 무역 89
공조하다 62
공존 132
공청회 94
공출 70
과거 82
과세 100
과점 88
관객 162
관군 76
관용어 174
관용표현 174
관점 157
광대하다 44

광복 71
광활하다 44
교란 133
교묘하다 33
교체하다 106
교태 26
구매 88
구속 100
구속영장 100
구치소 100
국제결혼 106
국제기구 112
국제 연합 112
군중 95
군중 심리 95
굴복 71
귀 기울이다 155
귀가 얇다 155
귀양 82
귀천 38
그윽하다 44
극복 77
극본 162
근성 32
금을 긋다 93
금이 가다 93
급제 82
기관 150
기근 112
기겁다 14
기름지다 45
기습 76
기아 112
기억 9
기원 132
기포 144
기표 94
기품 39
기행문 162
기호 식품 9
길 95
깃대종 133
꿀 50
꽃물결 56

ㄴ

나부끼다 56
난민 112
난산 151
난청 151
난치 151
납세 100
낭독 169
낯빛 9
내구성 138
내신 191
내열 138
내장하다 138
내전 112
내진 138
노령화 106
노폐물 151
논거 168
논설문 168
논증 168
누리다 14
눈살 149
눈살을 찌푸리다 149
눈시울 8
눈에 불을 켜다 155
눈요기 149
눈이 많다 155
눈이 호강 149
눈총 149
느긋하다 20
느리다 51
느물느물 26
늘리다 51
늘이다 51
능글맞다 26
능청스럽다 26
님비 139

ㄷ

다국적 기업 112
다르다 163
다문화 106

다의어 174
단독범 100
단열 138
단열재 138
단일어 175
단출하다 38
단호하다 27
달구지 82
담그다 63
담기다 63
담다 63
당선 95
대사 163
대야 117
대외전 112
대조 168
대중 106
대중교통 106
대중 매체 106, 169
대체하다 106
도공 118
도굴 83
도덕 100
도자기 118
도탑다 38
독과점 88
독립 71
독재 94
독재 국가 94
독점 88
독주 119
돈독하다 38
돈피 139
돌미나리 127
돌배 127
동형어 174
되 27
되새기다 20
되씹다 20
두둔하다 27
드러내다 45
득표 95
들르다 45
들리다 45
들어내다 45
등산하다 57
등장인물 162
디딤돌 139
띄다 45
띠다 45

ㅁ

마름 83
마모 133
만끽하다 14
말 27
망각 9
맞들다 62
맞붙다 62
맞서다 62
맞추다 175
맞히다 175
매다 169
매스미디어 169
매체 169
매캐하다 8
멋적다 14
멋쩍다 14
메다 169
면역 150
명심하다 32
명작 118
모 126
모내기 126
모략하다 14
모방 118
모조 118
모조품 118
모피 139
모함하다 14
모호하다 51
목재 138
묘목 126
무대 162
무분별 107
무비판 107
무성하다 50
무시 107
무역 89

무의식적 107
무참히 76
무형 문화재 119
묵독 169
묵비권 95
문맹 70
문하 118
문하생 118
문화재 119
미간 8
미디어 169
미비하다 62
미생물 151
미천하다 38
민란 76
민사 소송 100
민주 국가 94
밀접하다 38
밀착하다 38

ㅂ

반려 38
반려동물 38
반려자 38
반주 119
발 벗다 155
발림 49
발원지 132
발을 구르다 21, 155
발을 빼다 21
발이 넓다 21
발이 빠르다 21
발효 144
발효되다 144
방관 39
배 아프다 155
배를 두드리다 155
배설 151
배양 150
배우 162
백발 50
벌목 126
벌초 126
법규 100
벼르다 15
벼리다 15
변변찮다 50
변변하다 50
변주 119
변태 145
변호인 101
보건 101, 150
보부상 82
보수 33
보온 138
보완 33
보전 101
보증 101
보청기 151
보충 33
보폭 57
보행 57
복구 77, 132
복귀 77
복받치다 15
복원 132
복종 71
복합어 175
부릅뜨다 56
부산 56
부익부 106
부정부패 144
부패 144
북받치다 15
분류 168
분석 168
분쟁 112, 163
불매 88
불협화음 119
불호령 33
붕우유신 161
비교 168
비방하다 20
비범하다 38
비소 20
비속어 175
비옥하다 45
비용 89
비위생 150

비유 156
비정부 기구 112
비참히 76
빅맥 지수 112
빈곤 112
빈익빈 106
빈정거리다 15
빈정대다 15
반포지효 13
빗 71
빚 71
빛 71
빨리 157
뼘 95
뽀로통하다 20
뿌린 대로 거둔다 31

ㅅ

사공이 많으면 배가 산으로 간다 19
사기그릇 118
사또 83
사모하다 15
사물놀이 26
사발 117
사부작거리다 56
사상 157
삭막하다 33
산기슭 126
산들거리다 56
산등성이 126
산비탈 126
산전수전 131
산천 126
삼가다 119
상생 132
생산자 88
생산지 88
생태 127
생태계 113, 133
서식지 127
선거권 94
선순환 132
선율 119
선호하다 9
선회하다 56
설레다 119
설명문 168
설상가상 105
섬유질 150
성글다 50
성급하다 20
성기다 50
성묘 83
성성하다 50
성충 145
성화 62
성화같다 62
세계관 157
세시 풍속 37
소 잃고 외양간 고친다 111
소각 144
소각장 144
소리 49
소리꾼 49
소비자 88
소설 162
소송 100
소외 39
소작농 83
소진 133
소탕 76
소품 162
소프트웨어 138
소화 145
소화기 145
속담 174
손발이 따로 놀다 67
손발이 맞다 67
손에 익다 155
손을 떼다 155
손이 크다 155
쇠뿔도 단김에 빼라 111
수공업 118
수난 77
수명 39
수선 56
수선거리다 56
수원 132
수질 오염 127

수포 144
수필 162
순국 77
순사 71
순화 175
순환 132
순회하다 56
스멀스멀 26
습격 76
습성 127
시 156
시각 157
시나리오 163
시묘 83
시민 94
시민 단체 94
시조 157
시치미 떼다 25
신드롬 150
신령 44
신령스럽다 44
신명 26
신학문 70
실업 106
실직자 106
심드렁하다 20
쑥대밭 45
쓰다 57

ㅇ

아니리 49
아련하다 26
아름 95
아양 26
아열대 132
아우성 32
아전인수 167
아킬레스건 8
악당 9
악순환 132
악취 8
악화 9
안녕 39
안달 20
안색 9
암행어사 83
애간장을 녹이다 55
애간장을 태우다 55
애달프다 21
애매모호하다 51
애매하다 51
애원 14
양극화 106
양달 145
양립 132
양지 145
어렴풋하다 26
어리둥절하다 21
어리벙벙하다 21
어원 132
언론 107
엄격하다 27
엄습 76
엄포 33
업신여기다 21
에돌다 56
여론 107
여물통 117
여정 162
역력하다 27
역성들다 27
역지사지 167
연극 119, 162
연모하다 15
연소 144
연주 119
연출 162
연탄 144
연희 119
열사 71
염장 144
예견 113
예고 113
예상 113
오기 14
오롯하다 50
오묘하다 33
오십보백보 81
오싹거리다 21

온난화 113
온실가스 132
완비하다 62
왜란 76
용모 50
용병 76
용의자 100
우공이산 61
우아하다 45
우쭐하다 15
운율 156
울창하다 50
원동력 144
원산지 88
원조 113
원천 132
월급 89
위생 150
위조 118
유권자 94
유기농법 133
유념하다 32
유려하다 44
유망하다 107
유물 83
유배 82
유유상종 123
유의어 174
유적지 83
유창하다 44
유충 145
유통 88
유통 기한 88
유형 문화재 119
은어 175
은연중 44
은연하다 44
은유법 156
은은하다 44
음미하다 8
음지 145
음파 138
음향 138
응달 145
의거 71
의기양양 15
의병 76
의사 71
이십사절기 37
의인법 156
의존적 32
이랑 63
이를 악물다 155
이윤 89
이익 89
인간문화재 119
인공 139
인권 100
인기척 9
인용문 168
인위적 139
인조 139
일구다 63
일렁이다 56
일몰 57
일석이조 87
일제 강점기 70
일조하다 62
일찍 157
일출 57
임금 89
입에 풀칠하다 155
입을 막다 155
입이 가볍다 155

ㅈ

자정 133
자제하다 20
자주적 32
잔해 77
장관 45
장독 117
장수 39
장원 82
재배 150
재질 138
재촉하다 62
잰걸음 57
저작권 101

저출산 107
저항 71
적나라하다 27
적자 89
적적하다 26
전망 32
전망하다 107
전몰 77
전사 77
전염 150
전원 132
절차 94
정독 169
정벌 76
정의 168
정화 133
제사 83
제재 100
조급하다 20
조망대 63
조망하다 63
조바심 20
조아리다 62
조율하다 62
조정하다 62
졸작 118
좌불안석 143
주거지 127
주관적 관점 157
주권 95
주막 82
주장 168
주춧돌 139
죽마고우 161
중금속 138
중재 163
쥐구멍에도 볕들 날 있다. 99
쥐구멍을 찾다 99
증후군 150
지구 온난화 132
지기지우 161
지렁이도 밟으면 꿈틀한다 137
지문 163
지배층 39
지배하다 39
지음 43
지주 83
직거래 88
직립 보행 57
직유법 156
진범 100
질그릇 118
집회 95
징병 70
징용 70

ㅊ

차다 83
착잡하다 33
참정권 101
채집하다 63
채취하다 63
처참히 76
천수 39
철면피 139
철새 127
철재 138
첨단 107
첩첩산중 131
청구 101
청구서 101
청문회 94
청아하다 45
청정 133
체결 113
체포 76
초경량 139
초고속 139
초고층 139
초소형 139
초음파 138
최고 89
최대 89
최선 89
최소화 89
최신 89
최초 89
추론 169
추리 169

추임새 49
추진력 144
출몰 57
출처 168
출토 83
친환경 133
침수 51
침해 101

ㅋ

코가 꿰이다 155
코가 납작해지다 155
코가 높다 155
콩 심는 데 콩 나고 팥 심은 데 팥 난다 31
쾌 27

ㅌ

타당성 175
타박하다 32
탄력 144
탈세 100
탈피 145
탐관오리 83
탑재 138
토벌 76
토양 127
토양 오염 127
통계 145
통독 169
통풍 145
통풍구 145
투박하다 44
투표 95
특허권 101
틀리다 163

ㅍ

파다하다 51
파도 127
파랑 127
파뿌리 50
파손하다 63
파직 83
판매 88
판사 101
판소리 49
평범하다 38
평안 39
평형 133
폐기물 139
폐허 77
포기 27
포로 76
포승줄 76
표절 101
품격 39
풋고추 127
풋나물 127
풋사과 127
풍경 126
풍광 126
풍랑 127
풍모 126
풍문 51
풍채 126
풍파 127
피고인 101
피선거권 94
피지배층 39
핀잔주다 32

ㅎ

하룻강아지 범 무서운 줄 모른다 75
하산하다 57
합주 119
항복 71
해방 71
해설 163
햇곡식 127
햇과일 127
행사하다 95
향기 8
향유하다 14
향취 8
허덕거리다 56
헐뜯다 20

혁명 70
협소하다 44
협약 113
협조하다 62
협화음 119
형사 소송 100
호감 9
호란 76
호랑이도 제 말 하면 온다 75
호전 9
호통 33
호피 139
호흡기 150
화로 117
화살을 쏘고 주워도 말은 하고 못 줍는다 20
화음 119
화평 39
화합 163
환기 145
환기구 145
환원 132
환풍기 145
환호성 32
황폐하다 45
회복 77, 132
회상 32
효과 151
효과음 138
효능 151
효력 151
효험 151
훼손하다 63
흐뭇하다 14
흑자 89
흘기다 56
흡인력 144
흡족하다 14
흥건하다 51
희곡 163
희귀종 133
희망하다 107
희박하다 51

인용 사진 출처

'공출' 국사편찬위원회, '징병' 국사편찬위원회 70쪽

'광복' 국사편찬위원회, '의사' 국사편찬위원회 71쪽

'포로' 국사편찬위원회, '의병' 국사편찬위원회 76쪽

'잔해' 국사편찬위원회 77쪽

'거간꾼' 한국민속박물관, '주막' 한국민속박물관, '달구지' 한국민속박물관 82쪽

'공약' 국사편찬위원회 94쪽

'주권' 국사편찬위원회 95쪽

'참정권' 국사편찬위원회 101쪽

수학

수학 꽉 잡아

초등 **'국가대표'** 만점왕
이제 **수학**도 꽉 잡아요!

EBS 선생님 **무료강의 제공**

초등부터 EBS

공부의 핵심, 이제는 국어 독해력이다!

EBS 초등 국어 독해 훈련서

4주 완성 독해력

수능의 성패를 판가름하는 국어 독해력,

독해력은 모든 교과 공부의 기초,

〈4주 완성 독해력〉으로 초등부터 독해력을 키우자!

초등 국어 어휘

정답과 해설

I 느낌·생각·모습

01강 - 느낌, 표정, 지각

문제로 확인하기 본문 10쪽

어휘 더하기 악화, 호전

01 1 알싸하다 2 매캐 3 선호한다 4 음미하게
02 1 ㉣ 2 ㉤ 3 ㉢ 4 ㉠ 5 ㉡
03 ②
04 ㉠: 미간, ㉡: 아킬레스건, ㉢: 인기척, ㉣: 눈시울
05 ①
06 ⑤

관용 표현 익히기 ✔아버지께 간 이식을 한 아들의 이야기가 실린 신문 기사

01

(1) '알싸하다'는 혀나 코로 느끼는 감각입니다. 특히 아주 강한 매운맛을 느끼거나 코를 자극하는 독한 냄새를 맡았을 때 사용할 수 있습니다.

(2) '매캐하다'는 코로 느끼는 감각입니다. 냄새나 공기 등이 불쾌하게 코나 목을 자극할 때 사용할 수 있습니다.

(3) '선호하다'는 여럿 가운데서 어떤 것을 특별히 더 좋아하는 마음을 나타낼 때 사용할 수 있습니다.

(4) '음미하다'는 맛, 감정 등을 계속해서 느끼는 상황에서 사용할 수 있습니다.

02

음식에는 여러 가지 맛이 혼합되어 있지만, 특히 도드라지는 맛이 있습니다. (1) 설탕이나 아이스크림은 단맛, (2) 간장이나 소금은 짠맛이 강합니다. (3) 한약이나 쑥은 쓴맛, (4) 레몬이나 식초는 신맛이 강합니다. (5) 멸치 국수와 다시마 육수에서 느껴지는 깊고 진한 맛은 한마디로 정의하기가 쉽지 않습니다. '깊고 진하다' 혹은 '자꾸 혀끝에 좋은 맛과 느낌이 남는다' 등으로 표현할 수 있는 맛을 감칠맛이라고 합니다. 감칠맛이 강한 음식을 먹을 때 대체로 입맛을 한 번 더 다시게 되고, 또 먹고 싶다고 생각하게 된답니다.

03

㉠ '악취'는 '좋지 않은 냄새'로 오랫동안 빨지 않은 실내화에서 나는 냄새입니다.

㉡ '악당'은 '나쁜 짓을 하는 사람'을 가리키는 말이므로 '약한 사람들을 짓밟는 그'와 어울리는 낱말입니다.

㉢ '악화'는 '어떤 일이나 관계가 나빠짐'을 의미하는 낱말로, 주로 '문제가 악화되다.'와 같은 표현으로 많이 사용된답니다.

04

㉠ 제시된 장면에서 '민수'는 친구가 찬 공에 맞아서 다리를 붙잡고 있는 상황입니다. 우리는 어딘가에 부딪혔을 때 아파하면서 찡그리는 표정을 짓게 됩니다. 그때 눈썹 사이에 주름이 갈 정도로 찡그리게 되지요. 이때 두 눈썹 사이를 가리키는 말이 '미간'입니다.

㉡ '아킬레스건'은 발꿈치뼈에 붙어 있는 굵고 강한 힘줄을 가리키는 말입니다. 특히 축구할 때 혹은 잘못 부딪힐 때 아킬레스건이 다칠 수 있으니 조심해야 하겠지요.

㉢ '인기척'은 사람이 있음을 알 수 있게 하는 소리나 낌새입니다. 아무도 모르게 조용히 옆에 와 있는 사람에게 '인기척도 없이 왔다.'라고 많이 표현을 하지요. '인기척'을 내는 방법은 주로 헛기침을 하거나 발걸음 소리를 내기도 한답니다. 이 장면에서 선생님께서는 오신지도 모르게 와 계셨기 때문에 '인기척도 없이 오셨다.'라고 표현할 수 있습니다.

㉣ 우리는 아픈 사람을 보거나 슬픈 생각을 할 때 눈 주위가 축축해지거나 빨갛게 되지요. 그때 속눈썹이 있는 눈의 주위를 '눈시울'이라고 합니다. 주로 '붉히다', '뜨거워지다', '적시다' 등의 서술어와 함께 사용됩니다.

05

감성 로봇의 특징에 대해서 서술한 글입니다. 밑줄 친 낱말인 '㉠미간'은 '양미간'의 줄임말로 두 눈썹 사이를 의미합니다. 따라서 주름살이 있는 얼굴의 한 부분이라는 ①의 뜻풀이는 적절하지 않습니다.

06

⑤ 1문단의 두 번째 문장을 보면, 감성 로봇은 이미 우리 생활 가까이 다가와 있다는 설명이 있습니다. 따라서 미래 사회에서 인간의 삶의 질을 높이기 위해 개발될 예정이라는 설명은 적절하지 않습니다.

오답 풀이

① 2문단의 두 번째 문장을 통해 확인할 수 있습니다. 감성 로봇은 카메라로 사람의 얼굴을 찍어서 낯빛의 변화를 분석하고 그에 대응하는 감정을 찾아낼 수 있습니다.

② 3문단의 첫 번째 문장을 통해 확인할 수 있습니다. 감성 로봇은 사람이 감정을 표현하면 그에 대해 자신의 감정을 표현할 수 있습니다.

③ 1문단의 세 번째 문장을 통해 확인할 수 있습니다. 감성 로봇이 일반적인 로봇과 다른 점은 사람의 감정을 이해할 수 있다는 것, 자신의 감정을 표현할 수 있다는 것, 사람의 마음을 나누는 일을 도울 수 있다는 것입니다.

④ 4문단의 마지막 문장을 통해 확인할 수 있습니다. 감성 로봇은 상황에 적절한 말과 행동이 가능하여 사람의 마음을 따뜻하게 만져 줄 수 있습니다.

관용 표현 익히기

부모님께서 편찮으실 때 자신의 간을 이식해 드리는 효도를 한 아들의 이야기는 '반포지효'를 보여 주는 하나의 사례가 될 수 있습니다.

02강 - 감정, 생각 1

문제로 확인하기 본문 16쪽

어휘 **더하기** 가리키며, 벼르던

01 ❶ 오기 ❷ 의기양양 ❸ 사모하 ❹ 애원 ❺ 모함

02 ❶ ㉡ ❷ ㉠ ❸ ㉢

03 ②

04 ㉠: 복받칩니다, ㉡: 벼르, ㉢: 흡족한, ㉣: 만끽하기

05 ②

06 ③

관용 표현 익히기 ✔ 상좌가 많으면 가마솥을 깨뜨린다.

01

(1) '그'는 포로로 잡혀간 순간에도 이를 악물고 버티려는 고집스러운 마음으로 네 발로 기듯이 언덕 위로 올라갔습니다. 따라서 능력은 부족하면서도 남에게 지기 싫어하는 마음을 나타내는 낱말인 '오기'가 적절합니다.

(2) '그녀'는 성공을 한 후에 고향으로 돌아온 상황입니다. 따라서 뜻한 바를 이루어 만족한 마음이 얼굴에 나타난 상태인 '의기양양'한 태도가 적절합니다.

(3) '나'는 '그녀'를 향한 감정이 커진다고 하였으므로 애틋하게 생각하고 그리워한다는 의미인 '사모'가 적절합니다.

(4) '동생'은 갖고 싶은 것이 있어서 어머니께 울면서 간절하게 매달리고 있습니다. 따라서 소원을 들어 달라고 애처롭게 사정하여 간절히 바란다는 의미인 '애원'이 적절합니다.

(5) '우리 팀'이 탈락할 위기에 처한 이유는 반대 세력이 곤란하게 했기 때문입니다. 따라서 나쁜 꾀를 부려 아무 잘못 없는 사람을 어려운 처지에 빠뜨린다는 의미인 '모함'이 적절합니다.

02

(1) Ⓑ는 친구가 약속 시간에 늦어서 화가 난 상황입니다. '그렇게 약속을 중요시하는 분이'라는 표현은 친구를 칭찬하는 말이 아니라 비꼬는 말입니다. 따라서 남을 은근히 비웃으며 자꾸 비꼬는 말을 하거나 놀린다는 의미인 '㉡빈정대다'가 적절합니다.

(2) Ⓑ는 체육 대회 날인데도 이후 출장 일정 때문에 상황에 맞지 않게 정장 차림으로 출근을 했습니다. 따라서 하는 짓이나 모양새가 분위기에 어울리지 않고 엉뚱하다는 의미인 '㉠멋쩍다'가 적절합니다.

(3) Ⓑ는 친구가 해결하지 못한 어려운 문제를 풀고 기뻐하고 있습니다. 따라서 자신 있게 뽐내다는 의미인 '㉢우쭐하다'가 적절합니다.

03

㉠ '간청'은 간절히 하는 부탁을 의미합니다. 따라서 그가 나에게 간절히 부탁한 것에 못 이겨 함께 일을 하기로 했다는 의미로 사용할 수 있습니다.

㉡ '모략'은 남을 해치려고 속임수를 쓰거나 거짓으로 꾸미는 태도를 의미합니다. 따라서 상대 회사가 우리 회사를 시장에서 몰아내기 위해 모략을 꾸민다는 의미로 사용할 수 있습니다.

㉢ '모함'은 나쁜 꾀를 부려 아무 잘못 없는 사람을 어려운 처지에 빠뜨린다는 의미입니다. 따라서 충신을 질투하여 거짓된 말로 모함한다는 표현이 적절합니다.

04

㉠ '복받치다'는 감정이나 힘 등이 속에서 세차게 솟아오른다는 의미입니다. 따라서 운동 선수가 금메달을 딴 후 힘든 연습 과정이 떠올라 여러 감정이 복받친다고 말할 수 있겠지요. 이때 '북받치다'는 표현을 사용할 수도 있습니다.

㉡ '벼르다'는 어떤 일을 하려고 마음을 단단히 먹고 기다린다는 의미입니다. 따라서 평소에 마음먹고 이기기를 벼르고 있던 경기에서 이길 수 있어서 기쁘다고 표현할 수 있겠지요.

㉢ '흡족하다'는 모자람이 없을 정도로 넉넉하여 만족하다는 의미입니다. 따라서 감독은 기대했던 만큼의 좋은 결과에 대해서 흡족한 마음을 가진다는 표현이 적절하지요.

㉣ '만끽하다'는 느낌이나 기분을 마음껏 즐긴다는 의미입니다. 따라서 승리의 기쁨을 마음껏 즐긴다는 의미로 '만끽하다'를 쓸 수 있습니다.

05

㉡'우쭐거리다'는 자꾸 자랑하며 뽐내다는 의미입니다. ㉡이 포함된 문장에서 '우쭐거리다'를 풀어서 의미를 해석하면 '인간은 종종 자신을 동물과 다르고 여러 면에서 동물보다 훨씬 뛰어나고 특별하다고 생각하며 자신 있는 태도로 뽐내기도 하지요.'라고 이해할 수 있습니다.

06

③ 1문단의 마지막 문장에서 '지구의 주인은 인간이 아니고, 인간만이 특별한 생명체도 아니랍니다.'라고 하였습니다.

오답 풀이

① 3문단 세 번째 문장의 침팬지 이야기와 고래의 모습에서 동물들도 인간과 마찬가지로 감정을 가지고 있다는 사실을 알 수 있습니다.
② 1문단 마지막 문장에서 '지구의 주인은 인간이 아니고, 인간만이 특별한 생명체도 아니랍니다.'라는 내용을 확인할 수 있습니다.
④ 1문단 네 번째 문장에서 '인간은 종종 자신을 동물과 다르고 여러 면에서 동물보다 훨씬 뛰어나고 특별하다고 생각하며 우쭐거리기도 하지요.'라는 내용을 확인할 수 있습니다.
⑤ 2문단 다섯 번째 문장 이후 부분을 보면 바퀴벌레와 돼지, 까치는 인간보다 더 오랫동안 지구의 주민으로 살아왔음을 알 수 있습니다.

관용 표현 익히기

'상좌'는 승려 가운데에서 가장 높은 사람을 가리켜요. 즉, 상좌가 많아서 저마다 명령을 하면 무쇠 가마를 깨뜨린다는 뜻으로, 여러 사람이 제각각 간섭하기 시작하면 오히려 일을 그리친다는 뜻입니다.

03강 - 감정, 생각 2

문제로 확인하기 본문 22쪽

어휘 더하기 발을 뺐다, 발 빠르게

01 ❶ 자제 ❷ 비방 ❸ 안달 ❹ 존경
02 ❶ ㉡ ❷ ㉠ ❸ ㉤ ❹ ㉣ ❺ ㉢
03 ③
04 ㉠: 곱씹을, ㉡: 발 빠르 , ㉢: 애달프, ㉣: 심드렁
05 ④
06 ③

관용 표현 익히기 ✔ 닭 잡아먹고 오리발 내민다.

01

(1) '건강을 위해 야식을 참는다.'는 의미의 낱말이 들어가는 것이 적절합니다. 이와 유사한 의미로 '자제하다'를 사용할 수 있습니다. '자제하다'는 자신의 욕구나 감정을 스스로 억누르고 다스린다는 의미입니다.
(2) 문장의 맥락상 '욕설'과 비슷한 의미의 낱말, 즉 화를 참기 힘들 만한 말이 들어가야 합니다. 따라서 남을 깎아내리거나 해치는 말을 뜻하는 '비방'이 적절합니다.
(3) 해수욕장에 놀러 가고 싶은 간절한 마음과 행동을 나타내는 낱말로 '안달'이 있습니다. '안달'은 조마조마한 마음으로 속을 태우면서 조급하게 구는 것을 의미해요. 따라서 하루빨리 해수욕장에 놀러 가고 싶어 하는 마음을 '안달이 나다'로 표현할 수 있습니다.
(4) 세종 대왕은 지금도 많은 사람들이 높이 우러러보는 대상이라는 의미로 '존경'이라는 낱말이 적절합니다. '존경'은 어떤 사람의 훌륭한 인격이나 행위를 높이고 받든다는 의미입니다.

02

(1) '㉡심드렁하다'는 마음에 들지 않아 관심이 없다는 의미입니다. 따라서 '글쎄…. 나는 별 관심 없어서….'라는 태도에 적절한 표현입니다.
(2) '㉠어리둥절하다'는 일이 돌아가는 상황을 잘 알지 못해서 정신이 얼떨떨하다는 의미입니다. 따라서 '아직도 일이 어떻게 돌아가는지 모르겠어.'라고 말하는 태도에 적절한 표현입니다.
(3) '㉤업신여기다'는 남을 낮추어 보거나 하찮게 여긴다는 의미입니다. 따라서 다른 사람의 행색을 가지고 무시하며 '행색이 저래서 뭘 할 수 있겠어?'라고 말하는 태도에 적절한 표현입니다.
(4) '㉣느긋하다'는 서두르지 않고 마음의 여유가 있다는 의미입니다. 따라서 '시간이 많이 남아서 천천히 해도 괜찮다.'고 말하는 태도에 적절한 표현입니다.
(5) '㉢조바심을 내다'는 조마조마하여 마음을 졸인다는 의미입니다. 따라서 시간이 늦었는데 아직도 집에 안 들어오는 가족을 걱정하는 말인 '지금이 몇 시인데 왜 아직도 안 들어오는 거야?'라는 태도에 적절한 표현입니다.

03

첫 번째 대화에서 A는 상대방이 매일 지각하기 때문에 뭐 하나 잘하는 것이 없을 거라고 이야기합니다. 이러한 태도를 나타내는 말로는 '업신여기다'가 있습니다. '업신여기다'는 남을 낮추어 보거나 하찮게 여기는 태도를 가리킵니다. 두 번째 대화에서 B는 아이가 부모를 만난 사연을 듣고 마음이 아파 죽겠다고 말합니다. 이러한 감정을 나타내는 낱말로는 '애달프다'가 있습니다. '애달프다'는 마음이 안타깝

거나 쓰라리다는 의미입니다. 세 번째 대화에서 B는 영화를 보고 무섭다고 합니다. 무서운 감정을 나타낼 때에는 '등골이 오싹거린다.'고 표현을 하기도 하지요. '오싹거리다'는 몹시 무섭거나 추워서 자꾸 몸이 움츠러들거나 소름이 끼친다는 의미입니다.

04

'나'는 연극을 보고 난 후 내용을 다시 떠올린다는 의미로 말하고 있으므로 '㉠곱씹을'수록이라고 표현하는 것이 적절합니다. '곱씹다'는 말이나 생각, 사건 등을 여러 번 곰곰이 생각한다는 의미입니다. '아빠'는 구하기 힘든 표를 '빠르게' 구했다는 의미로 말하고 있으므로 '㉡발 빠르'게라고 표현하는 것이 적절합니다. '발 빠르다'는 알맞은 조치를 빠르게 취한다는 의미의 관용적 표현입니다. '엄마'는 심봉사가 잃어버린 딸을 찾아 부르는 소리가 가슴이 아파 눈물이 다 났다는 의미로 말하고 있으므로 '㉢애달프'던지라고 표현하는 것이 적절합니다. '애달프다'는 애처롭고 쓸쓸하다는 의미입니다. 누나는 '민수'를 향해 기뻐하는 동생과 달리 표정이 왜 좋지 않느냐는 의미로 말하고 있으므로 '㉣심드렁'하니라고 묻는 것이 적절합니다. '심드렁하다'는 마음에 들지 않아 관심이 없다는 의미입니다.

05

④ '비소를 보내다'에서 '비소'는 남을 흉보듯이 빈정거리며 비웃는 '웃음'을 의미합니다. 미소와 반대되는 웃음을 가리키는 표현이지요. 따라서 비난하는 소리를 한다고 설명하는 것은 적절하지 않습니다.

06

③ 글쓴이는 1문단의 네 번째 문장을 통해서 '생활 속에서 자연을 보호할 수 있는 실천을 해야 한다.'고 주장하면서 두 가지의 실천 방안을 제시하고 있습니다. 따라서 글쓴이의 주장은 '생활 속 실천을 통해 자연을 보호해야 한다.'라고 할 수 있습니다.

오답 풀이

① 자연을 파괴하면 인간의 삶의 터전도 사라질 것이라는 주장은 했지만, 작은 생명이라도 하찮은 것은 없다는 주장은 제시되어 있지 않습니다.

④ 인간은 자연을 개발해서 생활에 필요한 여러 가지 물건을 얻는다고 말하고는 있지만, 이것은 자연에게 많은 혜택을 얻는다는 것을 전하려는 의도라기보다는 인간의 자연 파괴적인 행위로 인해 자연뿐만 아니라 인간의 삶의 터전까지도 위험에 처한다는 사실을 강조하기 위한 표현입니다.

⑤ 2문단을 보면 종이컵이 건강에 해롭기 때문에 줄여야 한다기보다는 종이를 만들기 위해서 수많은 자연이 파괴되어 가기 때문에 자연을 지키기 위해 줄이자고 이야기하고 있습니다.

관용 표현 익히기

'닭 잡아먹고 오리발 내민다.'는 옳지 못한 일을 하고도 하지 않은 것처럼 시치미를 뗀다는 의미입니다.

04강 - 감정, 생각 3

문제로 확인하기 본문 28쪽

어휘 더하기 포기, 이십(20)

01 ❶ 역력하게 ❷ 교태 ❸ 아련 ❹ 단호하게 ❺ 역성들

02 ❶ ㉠ ❷ ㉢ ❸ ㉡

03 ⑤

04 ㉠: 신명 나게, ㉡: 느물느물, ㉢: 아양, ㉣: 적나라

05 ①

06 ④

관용 표현 익히기 ☑가시나무에 가시가 난다, ☑배나무에 배 열리지 감 안 열린다, ☑오이 덩굴에 오이 열리고 가지 나무에 가지 열린다.

01

(1) '역력하다'는 감정이나 모습, 기억 등이 또렷하고 분명하다는 의미입니다. 따라서 겉으로 감정이 환히 알 수 있게 드러나는 상황에서 사용할 수 있는 표현입니다.

(2) '교태'는 아양을 부리는 태도를 나타내는 말입니다. 따라서 눈웃음과 애교 섞인 목소리에 대응되는 말로 적절합니다.

(3) '아련하다'는 기억이나 생각 등이 또렷하지 않고 희미하다는 의미입니다. 따라서 지난 유학 시절의 추억을 떠올리면서 사용할 수 있는 표현입니다.

(4) '단호하다'는 결심이나 태도, 입장 등이 흔들림 없이 엄격하고 분명하다는 의미입니다. 따라서 친구의 부탁을 거절하는 태도를 나타낼 때 적절한 표현입니다.

(5) '역성들다'는 옳고 그름을 따지지 않고 무조건 한쪽 편만 든다는 의미입니다. 따라서 나와 동생이 싸울 때 누나는 늘 한쪽 편만 드는 상황이므로 역성든다는 낱말을 사용하는 것이 적절합니다.

02

(1) Ⓑ는 크레파스를 선뜻 빌려주는 친구에게 고마운 마음을 느끼고 있습니다. 따라서 Ⓑ의 태도를 친구에게 '㉠호감을 갖다'는 표현으로 나타낼 수 있습니다.

(2) Ⓑ에서 엄마는 거짓말은 절대 용서할 수 없다고 말하고 있습니다. 따라서 말, 태도, 규칙 등이 매우 엄하고 철저하다는 의미인 '엄격하다'는 표현이 적절합니다.

(3) Ⓑ는 접시를 깨뜨려서 혼나고 있는 동생의 편을 들며 잘못이 없다고 감싸 주고 있습니다. 따라서 편들어 주거나 잘못을 감싸 준다는 의미인 '두둔하다'는 표현이 적절합니다.

03

첫 번째 문장에서 심사 기준을 말할 때 말, 태도, 규칙 등이 매우 엄하고 철저하다는 의미인 '엄격'한이 적절합니다. 두 번째 문장에서 드넓게 펼쳐진 초원의 모습에서 느끼는 마음을 나타내는 표현으로 두려워하며 우러러본다는 의미인 '경외'가 적절합니다. 세 번째 문장에서 넓은 집에 덩그러니 혼자 있을 때 느끼는 감정으로 조용하고 쓸쓸한 상황이나 감정을 나타내는 '적적'한 마음으로 나타낼 수 있습니다.

04

'엄마'는 윷놀이를 하는 아이들을 보며 이야기하고 있습니다. 이때 몹시 신나고 흥겨운 기분이나 감정을 표현하는 말인 '㉠신명 나다'를 사용하면 윷놀이를 즐기고 있는 아이들의 모습을 적절하게 표현할 수 있습니다. 왼쪽 끝에 앉은 여학생은 윷놀이에서 작전을 쓰려고 계획하며 웃는 민수의 능청스러운 웃음을 표현하는 말을 하고 있습니다. 이 상황에서는 말이나 행동을 음흉하고 능글맞게 하는 모양을 나타내는 표현인 '㉡느물느물'이 적절합니다. 오른쪽 끝에 앉은 남학생은 윷놀이를 잘하는 민수를 자기편으로 데리고 가고 싶어서 잘 보이려고 하는 친구를 향해 그런 태도를 보여도 소용없다고 말하고 있습니다. 이때 다른 사람에게 잘 보이거나 귀여움을 받으려고 하는 애교 있는 행동을 가리키는 말로 '㉢아양'을 사용할 수 있지요. 이 모습을 지켜보고 있는 여학생은 모든 친구들이 윷놀이를 잘하는 민수를 자기편으로 데리고 가려고 하는 모습을 보고 다들 흥분한 기색이 얼굴에 또렷하게 드러났다는 의미로 '㉣적나라'하게 드러났다고 말하고 있습니다.

05

① ㉠의 '스멀스멀'은 살갗에 벌레가 자꾸 기어가는 것처럼 근질근질한 느낌을 나타내는 표현이지 조금씩 거세진다는 의미는 아닙니다. 따라서 '조금씩 세게 움직이며'라는 뜻풀이는 적절하지 않습니다.

06

④ 2문단을 보면 '나'는 시장에서 사물놀이 패의 공연을 보았다는 사실을 확인할 수 있습니다. 하지만 이전에도 본 적이 있었는지 처음 본 것인지에 대한 정보는 확인할 수 없습니다.

오답 풀이

① 3문단을 통해 '나'는 바위와 같이 어떤 비바람이 몰아쳐도 흔들리지 않고 내 자리를 지키는 사람이 되고 싶다고 생각한 부분을 확인할 수 있습니다.

② 3문단의 처음 부분을 보면 삶의 생동감이 가득했던 마을의 모습이라고 평가한 것을 확인할 수 있습니다.

③ 1문단의 두 번째 문장을 통해 매번 가 보지 않은 산을 목적지로 삼아 등산을 한다는 사실을 확인할 수 있습니다.

⑤ 3문단의 첫 번째 문장에서 산을 오르자 마을의 분위기와는 전혀 다른 모습이 펼쳐진다고 생각하고 있음을 확인할 수 있습니다.

관용 표현 익히기

'그 나물에 그 밥이다.'는 서로 격이 어울리는 것끼리 짝이 되었을 경우를 두고 하는 말이므로 적절하지 않습니다.

05강 - 감정, 생각 4

문제로 확인하기 본문 34쪽

어휘 더하기 보수, 보완

01 ❶ 환호성 ❷ 근성 ❸ 회상 ❹ 전망 ❺ 엄포
02 ❶ ㉡ ❷ ㉠ ❸ ㉣ ❹ ㉢
03 ④
04 자주적, 의존적, 타박, 호통, 본성
05 ④
06 ③

어휘 실력 더하기 입춘, 단오, 입동, 김장

01

(1) '환호성'은 기뻐서 크게 외치는 소리입니다. 따라서 우리 축구팀이 이긴 상황에서 관중석에서 나오는 소리를 나타내는 표현으로는 '환호성'이 적절합니다.

(2) '근성'은 어떤 일을 포기하지 않고 끝까지 하려고 하는 성질을 의미합니다. 따라서 오래 걸리고 힘든 일을 해내기 위해 필요한 태도를 나타내는 말로 '근성'이 적절합니다.

(3) '회상'은 지난 일을 다시 생각하는 것입니다. 따라서 아버지가 군대의 일을 생각하는 것을 나타내는 말로 '회상'이 적절합니다.

(4) '전망'은 예상한 앞날을 의미합니다. 따라서 컴퓨터 공학의 발전 가능성을 예상하는 내용에 사용하는 낱말로 '전망'이 적절합니다.
(5) '엄포'는 괜한 큰소리로 남을 위협하는 태도입니다. 따라서 자신을 도와주지 않으면 불이익을 줄 거라는 연아의 태도를 가리키는 말로 적절합니다.

02

(1) 'ⓛ엄포를 놓다'는 실속 없이 괜한 큰소리로 남을 위협하는 태도를 뜻합니다. 따라서 '가만두지 않겠다.'고 말하는 태도를 나타내는 낱말로 적절합니다.
(2) '㉠각박하다'는 인정이 없고 삭막한 것을 뜻합니다. 따라서 이웃에 누가 사는지도 모른다는 말을 통해 각박한 사회의 모습을 확인할 수 있습니다.
(3) '㉣자주적'은 남의 보호나 간섭을 받지 아니하고 자기 일을 스스로 처리하는 것을 뜻합니다. 따라서 자기 문제니까 자기가 스스로 해결해야만 한다는 태도를 가리키는 낱말로 적절합니다.
(4) '㉢착잡하다'는 마음이 복잡하고 어수선하다는 의미입니다. 따라서 일을 그만두고 앞으로 살아갈 길이 막막하고 답답한 상황과 감정을 나타낼 때 적절한 낱말입니다.

03

첫 번째 문장에서 범인이 한 거짓말을 나타내는 표현으로 '교묘하다'를 사용할 수 있습니다. '교묘하다'는 어떤 일을 하는 방법이나 꾀가 아주 뛰어나고 빠르다는 의미입니다. 두 번째 문장에서 노약자는 특별히 건강에 '주의하라 혹은 관심을 가져라' 등과 같은 표현으로 '유념하다'를 사용할 수 있습니다. 잊거나 소홀히 하지 않도록 마음속 깊이 기억하고 생각하다는 의미입니다. 세 번째 문장에서 전쟁으로 인해 아무것도 없는 마을의 모습을 나타내는 낱말로 '삭막하다'가 적절합니다. '삭막하다'는 쓸쓸하고 황폐하다는 의미입니다.

04

첫 번째 상황에서 콩쥐는 자기 방을 스스로 청소하고 있습니다. 이와 같은 콩쥐의 자세를 나타내는 낱말로는 '자주적'이 적절합니다. '자주적'이란 남의 보호나 간섭을 받지 않고 자기 일을 스스로 처리하는 태도를 의미합니다. 이와는 달리 팥쥐는 방 청소뿐만 아니라 먹을 것과 입을 옷 모두를 스스로 준비하지 않고 엄마에게 의존합니다. '의존적'이란 무엇에 기대는 성질을 뜻합니다.
두 번째 상황에서 엄마는 콩쥐가 접시를 깨뜨렸다고 혼내고 있습니다. 이와 같은 상황은 '타박하다'는 낱말로 표현할 수 있습니다. '타박하다'는 다른 사람의 실수나 결함을 나무라거나 핀잔하다는 의미입니다. 또한 엄마가 콩쥐에게 앞으로 가만두지 않겠다고 하고 빨리 치우라고 화를 내고 있는데, 이와 같이 남을 꾸짖는 태도를 '호통치다'라고 표현할 수 있습니다. 이때 고양이의 대사를 보면, 태어날 때부터 착하다고 콩쥐를 평가하고 있습니다. 이와 같이 태어날 때부터 사람이 가진 성질을 '본성'이라고 합니다.

05

바꾸어 쓸 수 있는 낱말을 물어보는 문제의 경우에는 제시된 표현을 해당 낱말 자리에 대신 넣어서 읽어 보면 알 수 있습니다. '㉣처음 맡아보는'은 '색다른'과 바꾸어 쓸 수 있습니다.

06

③ 1문단에서 글쓴이는 자동차를 타고 다니면 시간도 단축되고 몸도 편하지만, 길을 걸으면 자동차를 탈 때에는 경험하지 못한 삶의 여러 모습을 볼 수 있다고 말하며 자주 걷기 위해 노력한다고 말하고 있습니다. 하지만 자동차를 타고 다녔던 과거 자신의 행동을 후회하고 있는 부분은 찾을 수 없습니다.

오답 풀이

① 1문단의 마지막 문장을 통해 가까운 거리는 자주 걷기 위해 노력한다는 것을 확인할 수 있습니다.
② 1문단의 세 번째 문장에서 자동차를 타면 시간도 단축되고 몸도 편하다고 말하고 있습니다.
④ 2문단의 네 번째 문장에서 길에서 만나는 사람들의 모습이 그 자체로 너무나 아름답다고 말하고 있습니다. 소리를 지르는 아이들, 달걀을 깨뜨린 동생을 꾸짖는 누나의 모습 등을 통해 생동감을 느낀다는 점을 알 수 있습니다.
⑤ 1문단의 네 번째 문장에서 길을 걸으면 삶의 여러 모습과 소리에 귀 기울일 수 있다고 하고, 2문단의 마지막 문장에서 길을 걸으며 주위의 사람 그리고 자연과 소통하면 삶은 훨씬 더 아름답고 재미있어진다고 말하는 부분을 통해 글쓴이는 주변의 사람과 사물에 관심을 가지는 것이 중요하다고 생각하고 있음을 알 수 있습니다.

어휘 실력 더하기

'입춘'은 봄에 들어가다는 의미로 24절기 중 첫 번째 절기에 해당합니다. '단오'에는 오곡밥을 먹고 씨름과 그네를 타지요. '입동'은 겨울이 되었다는 의미로 우리 조상들은 김장을 하여 1년 동안 먹을 김치를 만들었지요.

06강 - 모습, 동작 1

문제로 확인하기 본문 40쪽

어휘 더하기 장수

01 ❶ 화평 ❷ 반려자 ❸ 미천
02 ❶ 비범 ❷ 평안 ❸ 기품
03 ❶ ㉢ ❷ ㉣ ❸ ㉠ ❹ ㉡
04 ②
05 ㉠: 품격, ㉡: 도타운, ㉢: 방관, ㉣: 소외
06 ④
07 ④
08 비범

관용 표현 익히기 ✔바늘 가는 데 실 간다, ✔구름 갈 제 비가 간다.

01

(1) '화평'은 화목하고 평온하다는 뜻으로 서로 뜻이 맞아 정답고 마음에 걱정이 없는 상태를 가리키는 말입니다.
(2) '반려자'는 '짝이 되는 사람'이라는 뜻입니다. 주로 부부 관계에 있는 사람이 서로를 가리키는 말로 쓰이지만, 서로 의지할 수 있는 친구에게도 쓸 수 있는 말입니다.
(3) '미천하다'는 신분이나 지위 따위가 하찮고 천하다는 뜻입니다. '미천한 재능'처럼 무언가를 겸손하게 표현할 때에도 쓸 수 있는 말이랍니다.

02

(1) '비범하다'는 보통 수준보다 훨씬 뛰어나다는 뜻입니다. 영화 속에서 평범한 사람들보다 힘이 훨씬 세고, 하늘을 날기도 하는 이들은 모두 비범하다고 할 수 있습니다.
(2) '평안'은 걱정이나 탈이 없고 무사히 잘 있음을 뜻합니다. 마음이 편안한 상태를 가리키는 말입니다.
(3) '기품'은 인격이나 작품 따위에서 드러나는 고상한 품격을 뜻합니다. 수준이 높고 훌륭한 것에 쓸 수 있는 말이랍니다.

03

(1) '단출하다'는 식구나 구성원이 많지 않을 때에도 쓰이지만, 일이나 옷차림이 간편할 때에도 쓸 수 있는 말입니다.
(2) '돈독하다'와 비슷한 말로 '도탑다'가 있습니다.
(3) 여기서 '밀접한'은 실제로 가까이 닿아 있는 것이 아니라 관계가 가깝다는 의미로 쓰였습니다.
(4) 여기서 '밀착해'는 실제로 두 사람이 가까이 붙어 있다는 의미로 쓰였습니다.

04

㉠에는 생명이 살아 있는 기간을 뜻하는 '수명'이 적절합니다. ㉡에는 타고난 수명을 뜻하는 '천수'가 적절합니다. '천수'는 태어날 때부터 정해진 수명이 있다는 생각이 밑바탕에 깔려 있는 말입니다. ㉢에는 오래도록 삶을 뜻하는 '장수'가 적절합니다.

05

㉠ '품격'은 사람의 타고난 성품을 뜻하는 말입니다. '품격이 있다.'라는 말은 긍정적인 의미를 담고 있는데, 이것은 사람은 누구나 바른 성품을 타고난다는 생각이 밑바탕에 깔려 있기 때문입니다.
㉡ '도탑다'의 뜻은 '서로의 관계에 사랑이나 인정이 많고 깊다.'입니다.
㉢ '방관'은 어떤 일에 직접 나서서 관여하지 않고 곁에서 보기만 하는 것으로, 방관하지 않겠다는 것은 전학생을 적극적으로 돕겠다는 의지를 밝힌 것으로 볼 수 있습니다.
㉣ '소외'의 뜻은 '어떤 무리에서 기피하여 따돌리거나 멀리함.'입니다.

06

㉠의 '위험하고 어두운 그림자'란 인공 지능이 인간의 삶에 미칠 악영향을 표현한 말입니다. 인공 지능이 인간에게 있는 문제점이 없다는 사실은 인공 지능이 미칠 영향력이 크다는 것을 설명할 수는 있습니다. 하지만 그러한 사실만으로 인공 지능이 선한 영향을 미칠지, 악한 영향을 미칠지는 판단하기 어렵습니다.

오답 풀이

①, ② '첫째'에서 사회적·경제적 불평등은 더욱 심해질 것이라고 했습니다.
③ '둘째'에서 인공 지능이 발달하면 힘 있는 사람들의 지배력이 지금과 비교가 안 될 정도로 강해질 것이라고 했습니다.
⑤ '셋째'에서 지금보다 더 발달한 인공 지능이 등장하면 인간은 인공 지능에게 지배를 받게 될지도 모른다 했습니다.

07

'지배'는 어떤 사람이나 집단을 자신의 뜻대로 따르게 하여 다스리거나 차지함을 뜻합니다. 지배를 당하는 사람은 지배하는 사람의 명령을 따라야 합니다.

오답 풀이

① '일정한 한도를 정하거나 그 한도를 넘지 못하게 막다.' 라는 뜻을 가진 낱말은 '제한하다'입니다.

② '국가나 사회, 단체, 집안의 일을 보살펴 관리하고 통제하다.'라는 뜻을 가진 낱말은 '다스리다'입니다.
③ '일정한 방침이나 목적에 따라 행위를 제한하거나 제약하다.'라는 뜻을 지닌 낱말은 '통제하다'입니다.
⑤ '기계나 설비 또는 화학 반응 따위가 목적에 알맞은 작용을 하도록 조절하다.'는 뜻을 지닌 단어는 '제어하다'입니다.

08

인간과 비슷한 능력을 지닌 대상이라면 '평범하다'라고 말할 수 있겠지만, 인간보다 뛰어난 능력을 지닌 대상이라면 '비범하다'라고 표현할 수 있습니다.

관용 표현 익히기

✔ '바늘 가는 데 실 간다.'는 바늘이 가는 데 실이 항상 뒤따른다는 뜻으로, 사람의 긴밀한 관계를 비유적으로 이르는 속담입니다.
☐ '백지장도 맞들면 낫다.'는 쉬운 일이라도 협력하여 하면 훨씬 쉽다는 뜻을 지닌 속담입니다.
✔ '구름 갈 제 비가 간다.'는 '바늘 가는 데 실 간다.'와 같이 사람의 긴밀한 관계를 비유적으로 이르는 속담입니다. 비가 내리려면 구름이 꼭 필요하니까요.
☐ '친구 따라 강남 간다.'는 자기는 하고 싶지 아니하나 남에게 끌려서 덩달아 하게 됨을 이르는 속담입니다.

07강 - 모습, 동작 2

문제로 확인하기 본문 46쪽

어휘 더하기 (1) 띤 (2) 들어내야 (3) 들른

01 1 ② 2 ②
02 1 기름 2 장관
03 ①
04 1 신령 2 비옥
05 1 ○ 2 × 3 ×
06 ㉠: 쑥대밭, ㉡: 투박한, ㉢: 은연중, ㉣: 고즈넉한
07 ③
08 ④
09 연습 벌레

어휘 실력 더하기 ① 발림 ② 추임새 ③ 소리 ④ 아니리

01

(1) '성품이 고상하고 순결한'이라는 의미의 낱말은 '고결한'입니다.
(2) '어떤 곳이 깊숙하여 조용하고 편안한'이라는 의미의 낱말은 '그윽한'입니다.

02

(1) '서양 음식은 조금 기름진 느낌'이라고 할 때의 '기름지다'는 '음식물 따위에 기름이 많다.'는 의미이고, '기름진 논밭'이라고 할 때의 '기름지다'는 '땅에 양분이 많다.'는 의미를 담고 있습니다.
(2) '초원의 풍경은 정말 장관이었다.'라고 할 때의 '장관'은 '훌륭하고 장대한 광경'이라는 의미이고, '혼자 보기 아쉬운 장관이었다.'라고 할 때의 '장관'은 크게 구경거리가 될 만하다거나 매우 꼴 보기 좋다는 뜻으로, 남의 행동을 비웃는 말로 쓰이고 있습니다.

03

'그윽하다'와 '고즈넉하다'는 조용하고 편안하다는 의미를 담은 단어들이고, '은은하다'와 '은연하다'는 겉으로 뚜렷하게 드러나지 않고 희미하다는 의미를 담은 낱말들로 서로 유사한 의미를 가지고 있습니다.

오답 풀이

㉰ '광활하다'는 '막힌 데가 없이 트이고 넓다.'는 의미이고, 반대로 '협소하다'는 '공간이 좁고 작다.'는 뜻입니다.
㉱ '유려하다'는 '글이나 말, 곡선 따위가 거침없이 미끈하고 아름답다.'는 의미를 나타내는 말이고, '투박하다'는 '생김새가 초라하며 둔하고 튼튼하기만 하다.'는 뜻으로 쓰이는 말입니다.

04

(1) '신기하고 묘한 데가 있다.'는 뜻의 낱말은 '신령스럽다'입니다.
(2) '흙에 식물이 잘 자랄 수 있게 하는 성분이 많이 들어 있다.'는 뜻의 낱말은 '비옥하다'입니다.

05

(1) 하늘의 노을이 지닌 빛깔을 표현하고 있으므로 '빛깔이나 색채 따위를 가지다.'를 뜻하는 '띠다'가 적절합니다.
(2) 숨어 있던 천재성이 밖으로 나타난 것이므로 '가려져 있던 것을 보이게 하다.'를 뜻하는 '드러내다'가 적절합니다. '들어내다'는 '물건을 들어서 밖으로 옮기다.'라는 뜻입니다.
(3) 분식집에 잠시 머무른다는 의미이므로 '지나가는 길에 잠깐 들어가 머무르다.'는 의미가 나타나도록 '들른다'라고 쓰는 것이 적절합니다. '들리다'는 '소리가 귀를 통해 알아차려지다.'라는 뜻입니다.

06

㉠ '쑥대밭'의 뜻은 '매우 어지럽거나 못 쓰게 된 모양을 비유적으로 이르는 말.'입니다. 아기가 어질러 놓은 방 안의 모습을 표현하기에 적합한 표현입니다.
㉡ '투박하다'의 뜻은 '생김새가 초라하며 둔하고 튼튼하기만하다.'입니다. 둔한 손놀림으로 방 안을 정리할 자신이 없다고 말하고 있네요.
㉢ '은연중'의 뜻은 '남이 모르는 가운데.'입니다. 아기는 웃고 있으니 미안해하는 것 같아 보이지 않지만, 속으로는 미안해하고 있을지도 모른다는 말이겠네요.
㉣ '고즈넉하다'는 분위기 등이 조용하고 편안하다는 뜻이에요. 친구들이 함께 청소를 해주면 고즈넉한 분위기, 즉, 방 안이 다시 조용하고 편안한 분위기가 나겠지요.

07

명필들의 서체는 솜씨가 뛰어날 것이므로 '글이나 말, 곡선 따위가 거침없이 미끈하고 아름답다.'는 뜻의 '유려하다'가 들어가기에 가장 적합한 말입니다.

오답 풀이

① '광활하다'는 '막힌 데가 없이 트이고 넓다.'는 뜻을 지녔습니다.
② '비옥하다'는 '흙에 식물이 잘 자랄 수 있게 하는 성분이 많이 들어 있다.'는 뜻을 지녔습니다.
④ '유창하다'는 '말을 하거나 글을 읽는 것이 물 흐르듯이 거침이 없다.'는 뜻을 지녔습니다.
⑤ '은은하다'는 '겉으로 보이는 무엇이 뚜렷하게 드러나지 않고 희미하다.'는 뜻을 지녔습니다.

08

'투박한'은 '생김새가 초라하며 둔하고 튼튼하기만 하다.'는 뜻을 지녔습니다.

오답 풀이

① '막힌 데가 없이 트이고 넓은'이라는 뜻의 낱말은 '광활한'입니다.
② '분위기 등이 조용하고 편안한'이라는 뜻의 낱말은 '고즈넉한'입니다.
③ '고상하고 기품이 있으며 아름다운'이라는 뜻의 낱말은 '우아한'입니다.
⑤ '집, 토지, 삼림 따위가 거칠어져 못 쓰게 된'이라는 뜻의 낱말은 '황폐한'입니다.

09

'벌레'는 곤충이나 기생충 등 몸 구조가 간단한 동물을 가리키는 말이기도 하지만, 어떤 일을 지치지 않고 매우 열심히 하는 사람을 뜻하기도 합니다. 즉, '연습 벌레'란 연습을 지치지 않고 매우 열심히 하는 사람을 뜻하는 말입니다.

08강 - 모습, 동작 3

문제로 확인하기 본문 52쪽

어휘 더하기 늘이면

01 ❶ 용모 ❷ 변변찮은 ❸ 성성해지니
02 ❶ 희박하다 ❷ 흥건하다 ❸ 파다하다 ❹ 무성하다
03 ❶ 애매한 ❷ 성기게 ❸ 무성한
04 ❶ ㉢ ❷ ㉠ ❸ ㉡
05 ㉠: 파뿌리, ㉡: 오롯하게, ㉢: 흥건히, ㉣: 모호해
06 ①
07 애매모호
08 ②

관용 표현 익히기 녹였다

01

(1) '단정하다'는 옷차림새나 몸가짐 따위가 얌전하고 바르다는 뜻이 있습니다. 반면 '꼴'은 사람의 모양새나 행태를 낮잡아 이르는 말이므로 '단정하다'와 어울려 쓰기에 적절하지 않습니다.
(2) '변변하다'는 제대로 갖추어져 충분하다는 뜻입니다. 부족한 음식이지만 정성스럽게 만들었다는 의미의 문장이므로 '변변하다'의 반대말인 '변변찮다'를 쓰는 것이 적절합니다.
(3) 할아버지께 염색을 해드려야 하는 상황이라면 머리가 희끗희끗해진 상태겠지요. 그러므로 '머리카락이나 수염 같은 것이 군데군데 희다.'는 뜻으로 쓰이는 '성성하다'가 적절합니다. '성글다'는 비슷한 것들 여러 개의 사이가 좁지 않고 조금 떨어져 있다는 뜻으로 쓰이는 말입니다.

02

(1) '희박하다'는 '공기' 등 기체의 밀도가 낮을 때에도 쓰이지만, 어떤 일이 이루어질 가능성이 낮을 때에도 쓰는 말입니다.
(2) '흥건하다'는 물 따위가 푹 잠기거나 고일 정도로 많다는 뜻으로 쓰입니다. '침수'는 물이 새어 들어오는 것이니까 어딘가 침수가 된다는 것은 물이 흥건해진다는 뜻이기도 합니다.
(3) '파다하다'는 소문 따위가 널리 퍼져 있다는 뜻으로 쓰이는 말입니다. '바람처럼 떠도는 소문'을 뜻하는 '풍문'도 소문에 관한 말입니다.
(4) '무성하다'는 풀이나 나무 따위가 자라서 우거져 있다는 뜻입니다.

03

(1) '모호하다'와 '애매하다'는 서로 의미가 비슷한말로, 말이나 태도가 분명하지 않다는 뜻을 담고 있습니다.
(2) '성글다'와 '성기다'는 의미가 같은 말로 '비슷한 것들 여러 개의 사이가 좁지 않고 조금 떨어져 있다.'는 뜻을 담고 있습니다.
(3) '울창하다'는 나무가 빽빽하게 우거지고 푸르다는 뜻을, '무성하다'는 풀이나 나무 따위가 자라서 우거져 있다는 뜻을 담고 있습니다. 나무가 우거졌을 때 두 가지 표현을 모두 사용할 수 있습니다.

04

(1) 걷는 속도에 관한 내용이므로 '느리게'를 넣었을 때 적절합니다.
(2) 본래보다 양이 커지게 하는 것이므로 '늘려'를 넣는 것이 적절합니다.
(3) 길이가 길어지게 할 때에는 '늘이는'이라고 쓰는 것이 적절합니다.

05

㉠ '파뿌리'는 하얗게 센 머리카락인 '백발'을 비유적으로 이르는 말인데, 그만큼 오랜 세월 동안 딸을 사랑해 줄 것인지 남자에게 물어보고 있는 것이에요.
㉡ '오롯하다'를 써서 한평생 모자람이 없이 사랑하겠다는 의미를 전할 수 있습니다.
㉢ '흥건하다'를 써서 남자가 많이 긴장하고 있다는 엄마의 추측을 표현할 수 있습니다.
㉣ '모호하다'를 써서 남자를 가족으로 맞이해야 할지 고민하고 있는 여동생의 심리를 표현할 수 있습니다.

06

'하얗고 긴 수염'을 표현하기에 적합한 단어는 '성성하다'입니다. '성성하다'는 '머리카락이나 수염 같은 것이 군데군데 희다.'라는 뜻을 지녔습니다.

오답 풀이

② '울창하다'는 '나무가 빽빽하게 우거지고 푸르다.'는 뜻을 지녔습니다.
③ '무성하다'는 '풀이나 나무 따위가 자라서 우거져 있다.'라는 뜻을 지녔습니다.
④ '흥건하다'는 '물 따위가 푹 잠기거나 고일 정도로 많다.'라는 뜻을 지녔습니다.
⑤ '희박하다'는 '기체나 액체 따위의 밀도나 농도가 짙지 못하고 낮거나 엷다.'라는 뜻을 지녔습니다.

07

'알쏭달쏭하다'는 '그런 것 같기도 하고 그렇지 않은 것 같기도 하여 얼른 분간이 안 되는 상태이다.'라는 뜻입니다. '애매모호하다'는 '말이나 태도 따위가 희미하고 흐려 분명하지 아니하다.'는 뜻이므로 문장의 흐름상 바꾸어 쓰기에 적절합니다.

08

할아버지께서 소년의 질문에 충분한 답을 하지 못하고 있는 상황이므로 '변변찮게'를 쓰는 것이 적절합니다. '변변찮다'는 '제대로 갖추어지지 못하여 부족한 점이 있다.'는 뜻으로 쓰입니다.

오답 풀이

① '성글게'는 '비슷한 것들 여러 개의 사이가 좁지 않고 조금 떨어져 있게'라는 뜻을 지녔습니다.
③ '변변하게'는 '제대로 갖추어져 충분하게'라는 뜻을 지녔습니다.
④ '오롯하게'는 '모자람이 없이 온전하게'라는 뜻을 지녔습니다.
⑤ '파다하게'는 '소문 따위가 널리 퍼져 있게'라는 뜻을 지녔습니다.

관용 표현 익히기

아이들이 부르는 축가에 하객들이 미소 지으며 흐뭇해하는 표정을 짓고 있으므로 '애간장을 녹였다'라고 쓰는 것이 적절합니다.

09강 - 모습, 동작 4

문제로 확인하기 본문 58쪽

어휘 더하기 (1) 사용해야지. (2) 기록해야지.

01 ❶ 일렁이는 ❷ 사부작거리며
02 ❶ 보행 ❷ 잰걸음 ❸ 흘기
03 ③
04 ❶ ① ❷ ①
05 ㉠: 산들거리, ㉡: 꽃물결, ㉢: 에돌고, ㉣: 출몰, ㉤: 부릅뜨고
06 ❶ 수선거렸다 ❷ 순회하며
07 ⑤

관용 표현 익히기 ☑ 티끌 모아 태산, ☑ 무쇠도 갈면 바늘이 된다.

01

(1) 파도와 같은 물결이 이리저리 크게 흔들리는 모습을 표현할 때에는 '일렁이다'가 적절합니다.

(2) 콧노래를 흥얼거리는 모습을 볼 때, 별로 힘들이지 않고 행동한다는 의미를 담아 '사부작거리다'를 쓰는 것이 적절합니다.

02

(1) '걸어 다님'을 뜻하는 낱말은 '보행'입니다.

(2) '보폭이 짧고 빠른 걸음.'을 뜻하는 낱말은 '잰걸음'입니다.

(3) '흘기다'는 '눈동자를 옆으로 굴리어 못마땅하게 노려보다.'라는 뜻의 낱말입니다.

03

㉡의 '등산하다'는 산에 오른다는 뜻이고, '하산하다'는 산에서 내려온다는 뜻이므로 서로 반대되는 말입니다. ㉢의 '일출'은 해가 뜨는 것, '일몰'은 해가 지는 것을 의미하므로 '일출'과 '일몰'도 서로 반대되는 말입니다.

오답 풀이

㉠의 '수선'과 '부산'은 모두 시끄러운 말이나 혼란스러운 행동으로 어수선한 상태를 뜻한다는 점에서 뜻이 유사합니다. ㉣의 '선회하다'와 '에돌다'도 모두 어딘가를 빙빙 돈다는 뜻이 있어 서로 의미가 비슷한 낱말들입니다.

04

(1) ①의 '쓰면'은 어떤 일을 하는 데에 물을 이용한다는 의미로 쓰였습니다. 반면 ②의 '쓴'은 면사포를 머리에 얹어 덮는다는 의미로 쓰였습니다.

(2) ①의 '써'는 붓, 펜, 연필 등으로 공책에 글로 정리한다는 의미로 쓰였습니다. 반면 ②의 '쓰지'는 컴퓨터를 이용한다는 의미로 쓰였습니다.

05

㉠ '산들거리다'는 '사늘한 바람이 가볍고 보드랍게 자꾸 불다.'는 의미로 쓰였습니다.

㉡ '꽃물결'은 물결처럼 일렁이는 많은 꽃을 뜻하는 말입니다.

㉢ '에돌다'는 토끼가 이리저리 빙빙 돌고 있는 상황을 표현하기에 적절한 낱말입니다.

㉣ '출몰'은 다람쥐가 나타났다가 사라졌다 함을 표현할 수 있는 말입니다.

㉤ '부릅뜨다'의 뜻은 '무섭고 사납게 눈을 크게 뜨다.'입니다. 따라서 다람쥐를 찾기 위해서는 눈을 크게 떠야 하므로 알맞은 표현은 '부릅뜨다'입니다.

06

(1) '수선거렸다'는 '정신이 어지럽게 자꾸 떠들었다.'는 뜻으로 어수선한 상태를 표현하는 말인 '술렁거렸다'와 의미가 유사합니다.

(2) '순회하며'는 '여러 곳을 돌아다니며'라는 뜻이므로 여기저기로 옮겨 다닌다는 의미를 지닌 '찾아다니며'와 의미가 유사합니다.

07

'의병을 도와 나라를 구합시다.'라고 외치는 모습을 보았을 때, 윤희순은 조정 대신이 아니라 의병들을 돕고자 함을 알 수 있습니다.

오답 풀이

①, ② 윤희순이 마을 아낙네들을 끌어 모아 안사람 의병대를 만들었음을 글에서 직접 설명하고 있습니다.

③ 안사람 의병대의 눈물 어린 하소연은 많은 사람들의 마음을 움직였다고 하였습니다.

④ 마을 아낙네들이 나서도 자칫 목숨만 버릴 수도 있다고 외치는 말에 아낙네들은 술렁거리는 모습을 보이고 있습니다.

관용 표현 익히기

☐ '믿는 도끼에 발등 찍힌다.'는 잘될 것이라고 믿던 일이 어긋나거나 믿던 사람이 배반하여 해를 입음을 비유적으로 이르는 말입니다. 기대했던 일이 어긋났을 때 쓸 수 있는 속담이지요.

☑ '티끌 모아 태산.'은 아무리 작은 것이라도 모이고 모이면 나중에 큰 덩어리가 됨을 비유적으로 이르는 말입니다. 조금씩 산을 옮긴 노력 끝에 산을 옮기는 결실이 생긴 상황에도 적용할 수 있는 속담이네요.

☐ '바늘 도둑이 소 도둑 된다.'는 작은 나쁜 짓도 자꾸 하게 되면 큰 죄를 저지르게 됨을 비유적으로 이르는 말입니다. 작았던 것이 커진다는 점은 비슷하지만 우공이산은 긍정적인 일에 대해, 이 속담은 부정적인 일에 대해 이야기한다는 점이 다르네요.

☑ '무쇠도 갈면 바늘 된다.'는 꾸준히 노력하면 어떤 어려운 일이라도 이룰 수 있다는 말입니다. 우공이산과 의미가 꼭 닮은 말이지요.

10강 - 모습, 동작 5

문제로 확인하기 본문 64쪽

어휘 더하기 담갔어

01 1 맞들 2 협조 3 조정
02 1 일구다 2 채취하다 3 조율하다 4 성화같다
03 1 ㉡ 2 ㉢ 3 ㉠ 4 ㉣
04 1 담그고 2 담고 3 담겨
05 ㉠: 재촉하고, ㉡: 훼손한, ㉢: 완비하여, ㉣: 일조해
06 ③
07 채취
08 ⑤

관용 표현 익히기 (1) 맞아서 (2) 따로 놀아서

01

(1) '물건을 양쪽에서 마주 들다.'라는 의미의 낱말은 '맞들다'입니다.
(2) '힘을 보태어 돕다.'라는 의미의 낱말은 '협조하다'입니다.
(3) '다툼이 있는 사이에 끼어서 서로 화해하게 하거나 서로 양보하여 의견을 서로 같게 만들다.'라는 의미의 낱말은 '조정하다'입니다.

02

(1) '이랑'과 '고랑', 그리고 '일구다'는 모두 밭과 관련된 낱말들입니다. '이랑'은 밭에서 불룩한 부분, '고랑'은 움푹하게 들어간 부분을 가리킵니다. 또한 '일구다'는 '논밭을 만들기 위하여 땅을 파서 일으킨다.'라는 뜻을 지닌 말입니다.
(2) '나무'와 '광석'은 모두 채취할 수 있는 대상들입니다. '채취하다'는 '풀, 나무, 광석 따위를 찾아 베거나 캐거나 하여 얻어 내다.'라는 뜻을 지닌 말입니다.
(3) '악기를 조율하다.'라고 할 때의 '조율하다'는 '악기의 소리를 기준이 되는 음에 맞추어 고르다.'라는 뜻입니다. 한편 '의견을 조율하다.'라고 할 때는 '조율하다'가 '여러 입장의 차이에서 생긴 문제를 해결하기 위하여 정도를 조절하다.'라는 뜻으로 쓰인 것입니다.
(4) '성화같다'는 '재촉 따위가 몹시 급하고 심하다.'라는 뜻입니다. '성화같다'라고 할 때 '성화'는 별똥별을 가리키는 말이기도 하지요.

03

(1) 풍경을 내려다보는 상황이므로 '먼 곳을 바라보다.'라는 의미를 지닌 '조망할'이 적절합니다.
(2) 적에게 머리를 '조아리는' 것은 애원하느라고 이마가 바닥에 닿을 정도로 머리를 자꾸 숙인다는 뜻이므로 반복되어선 안 되겠지요.
(3) '채집하는'은 물고기 등을 잡아 모을 때 쓸 수 있는 표현입니다.
(4) '훼손하는'은 헐거나 깨뜨려 못 쓰게 만들었을 때 쓸 수 있는 표현입니다.

04

(1) 김치를 만들 때에는 '담그다'를 씁니다. '담그다'는 '김치·술·장·젓갈 따위를 만드는 재료를 버무리거나 물을 부어서, 익거나 삭도록 그릇에 넣어 두다.'라는 뜻으로 쓰이는 말입니다.
(2) 유나가 그릇에 김치를 넣어 둔다는 의미를 표현하고 싶을 때에는 '담다'를 쓸 수 있습니다.
(3) 김치가 그릇에 넣어져 있음을 표현하고 싶을 때에는 '담기다'를 쓸 수 있습니다.

05

㉠ 도자기의 주인이 범인을 빨리 찾아달라는 상황이므로, ㉠에 적절한 말은 '재촉하다'입니다. '재촉하다'의 뜻은 '어떤 일을 빨리하도록 조르다.'입니다.
㉡ 도자기가 깨져 있는 상황이므로 ㉡에는 '훼손하다'가 적절합니다. '훼손하다'의 뜻은 '헐거나 깨뜨려 못 쓰게 만들다.'입니다.
㉢ '완비하다'의 뜻은 '빠짐없이 완전히 갖추다.'입니다. 수사 도구를 잘 갖추어서 범인을 꼭 잡겠다는 형사의 의지가 담겨 있네요.
㉣ '일조하다'의 뜻은 '얼마간의 도움이 되다.'입니다. 범인을 잡는 데 기여하고 싶은 마음이 잘 나타납니다.

06

'일조하는'의 뜻은 '얼마간의 도움이 되는'입니다.

오답 풀이

① '재촉하는'의 뜻은 '어떤 일을 빨리하도록 조르는'입니다.
② '완비하는'의 뜻은 '빠짐없이 완전히 갖추는'입니다.
④ '조정하는'의 뜻은 '다툼이 있는 사이에 끼어서 서로 화해하게 하거나 서로 양보하여 의견을 서로 같게 만드는'입니다.
⑤ '조율하는'의 뜻은 '여러 입장의 차이에서 생긴 문제를 해결하기 위하여 정도를 조절하는'입니다.

07

'풀, 나무, 광석 따위를 찾아 베거나 캐거나 하여 얻어 내다.'는 뜻의 단어는 '채취하다'입니다. '채취하다'를 써서 여

성 노동자들이 바나나를 베어서 얻어 낸다는 의미를 표현할 수 있습니다.

08

농약의 부작용으로 남성 노동자가 불임이 되거나 여성 노동자의 백혈병 발병률이 높아졌다는 내용을 소개하고 있습니다. 하지만 두 가지 사례는 남성과 여성 모두에게 악영향이 있음을 밝힐 뿐, 남성 혹은 여성에게 악영향이 더 크다는 사실을 증명할 수 없습니다.

오답 풀이

① 공정 무역이란 생산자의 노동에 정당한 대가를 지불해 생산자가 경제적 자립과 발전을 하도록 돕는 무역이라고 설명하고 있습니다.

② 인천광역시에서 공정 무역을 확산시키기 위한 활동을 지원한다고 설명하고 있으므로 구체적인 지원 내용에 대한 궁금증이 유발될 수 있습니다.

③ 바나나를 재배하는 대부분의 대농장에서 농약을 사용하여 원가를 절감한다고 설명하고 있으므로 구체적으로 얼마나 원가가 절감되는지에 대한 궁금증이 유발될 수 있습니다.

④ 공정 무역은 농민들이 농약과 화학 비료를 적게 쓰고 유기농으로 농사를 짓게 한다고 설명하고 있습니다.

관용 표현 익히기

(1) 일의 진행 속도가 빠르다고 하였으므로 '손발이 맞다'라는 표현이 적절합니다.

(2) 아쉬운 모습을 보였다고 하였으므로 '손발이 따로 놀다'라는 표현이 적절합니다.

Ⅱ 역사·사회·문화

11강 - 역사 1

문제로 확인하기 본문 72쪽

어휘 더하기 빛, 빗

01 1 신학문 2 징병 3 순사
02 1 공급 2 공출
03 ②
04 1 ㉡ 2 ㉢ 3 ㉠
05 1 비치 2 비즌
06 ㉠: 저항, ㉡: 의사, ㉢: 강점기, ㉣: 광복
07 ③
08 싸라기
09 ㉮: 일제 강점기, ㉯: 광복

관용 표현 익히기 ✔㉠, ✔㉢

01

(1) '신학문'은 새로운 학문이라는 뜻으로, 개화기에 서양에서 들어온 새 학문을 가리키는 말입니다.

(2) 군대에서 일해야 하는 의무를 지닌 사람을 나라에서 강제로 불러 모아 일정 기간 동안 군인으로 복무하게 하는 것을 '징병'이라고 합니다.

(3) 오늘날의 순경에 해당하는 '순사'는 일제 강점기에 경찰관의 가장 낮은 계급이었습니다.

02

(1) 지진 피해를 당한 사람들에게 필요한 물건을 제공하는 상황이기 때문에 '공급'이 알맞은 말입니다.

(2) 일제가 강제로 물자를 거둬들이는 상황이기 때문에 '공출'이 알맞은 말입니다.

03

㉠에는 다른 나라의 발전한 사상과 문물을 받아들여 생각과 생활 방식이 바뀌는 것을 뜻하는 '개화'가 들어가기에 알맞습니다.

㉡에는 불합리한 제도나 기구 등을 새롭게 고치는 것을 뜻하는 '개혁'이 들어가기에 알맞습니다.

㉢에는 지식이 없는 사람들을 가르쳐서 올바른 지식을 가지게 하는 것을 뜻하는 '계몽'이 들어가기에 알맞습니다.

04

(1) '천 냥'이라는 액수와 '갚는다'라는 말을 고려할 때, 남에게 빌려 써서 갚아야 하는 돈을 뜻하는 '빚'이 들어가

기에 알맞습니다.

(2) '눈을 제대로 뜰 수 없었다.'라는 말을 고려할 때, 해, 달, 전등, 불 등에서 나와 사물을 밝게 비추는 것을 뜻하는 '빛'이 들어가기에 알맞습니다.

(3) '머리를 정리하게'라는 말을 고려할 때, 머리카락을 가지런하게 할 때 쓰는 물건을 뜻하는 '빗'이 들어가기에 알맞습니다.

05

받침이 있는 낱말 뒤에 모음으로 시작하는 조사가 오면 받침이 뒤로 넘어가 발음이 됩니다. 따라서 '빛이'는 받침 'ㅊ'이 뒤로 넘어가 [비치]로 발음이 되고, '빚은'은 받침 'ㅈ'이 뒤로 넘어가 [비즌]으로 발음이 됩니다. 이것을 [비시]나 [비슨]으로 잘못 발음하면 '빗이', '빗은'과 혼동이 되기 때문에 자신이 말하고자 하는 바를 정확하게 전달하기 어려울 수 있습니다.

06

㉠ 어떤 힘이나 조건에 굽히지 않고 거역하거나 견디는 것을 뜻하는 '저항'이 들어가기에 알맞습니다. '복종'은 다른 사람의 명령이나 의견에 그대로 따르는 것을 뜻하는 말입니다.

㉡ 나라와 민족을 위해 몸을 바쳐 일한 의로운 사람을 뜻하는 '의사'가 들어가기에 알맞습니다.

㉢ 남의 물건, 영토, 권리 따위를 강제로 차지한 시기를 뜻하는 '강점기'가 들어가기에 알맞습니다.

㉣ 대화 내용을 고려할 때, 빼앗긴 나라의 주권을 도로 찾는 것을 뜻하는 '광복'이 들어가기에 알맞습니다.

07

'징용'은 '부를 징(徵)'과 '쓸 용(用)'이 결합한 말로, 전쟁 등의 위급한 일이 일어났을 때, 나라에서 강제로 국민을 데려다가 일하게 하는 것을 뜻합니다.

오답 풀이

① 여럿 가운데에서 적당한 사람을 골라 뽑는 것을 뜻하는 말은 '선발'입니다.

② 죄를 지은 사람을 일정한 장소에 잡아 가두는 것을 뜻하는 말은 '구속'입니다.

④ 옳지 않은 일을 하거나 죄를 지은 사람에게 벌을 주는 것을 뜻하는 말은 '징벌'입니다.

⑤ 나라에서 병역 의무가 있는 사람을 강제로 불러 모아 군으로 복무하게 하는 것을 뜻하는 말은 '징병'입니다.

08

'싸라기'는 부스러진 쌀알을 뜻합니다. '기름진 쌀'을 대신해서 배급했다는 내용을 고려할 때, ㉡과 반대되는 의미로 사용된 낱말은 '싸라기'라는 것을 알 수 있습니다.

09

㉮'캄캄한 밤'은 일제의 '징병'과 '징용', '공출' 등으로 인해 우리 민족이 고통스러운 나날을 보내고 있는 시간을 뜻한다고 볼 수 있습니다. 따라서 〈보기〉에서 이와 관련된 말을 찾으면 '일제 강점기'입니다. ㉯'아침'은 '일제 강점기'를 이겨 내면 맞이하게 될 '광복'을 상징한다고 볼 수 있습니다.

관용 표현 익히기

㉠ '호랑이에게 물려 가도 정신만 차리면 산다.'는 아무리 위급한 경우를 당하더라도 정신만 똑똑히 차리면 위기를 벗어날 수가 있다는 뜻을 지닌 속담입니다.

㉡ 빈칸에 들어갈 알맞은 말은 '닭'입니다. '닭의 입이 될지라도 소의 꼬리는 되지 마라.'는 크고 훌륭한 자의 뒤를 좇아다니는 것보다는 차라리 작고 보잘것없는 데서 남의 우두머리가 되는 것이 낫다는 뜻을 지닌 속담입니다.

㉢ '호랑이 없는 골에 토끼가 왕 노릇 한다.'는 뛰어난 사람이 없는 곳에서 보잘것없는 사람이 득세함을 비유적으로 이르는 속담입니다.

㉣ 빈칸에 들어갈 알맞은 말은 '송아지'입니다. '못된 송아지 엉덩이에 뿔이 난다.'는 되지못한 것이 엇나가는 짓만 한다는 뜻을 지닌 속담입니다.

12강 - 역사 2

문제로 확인하기 본문 78쪽

어휘 더하기 정확히

01 ❶ 소탕 ❷ 전몰 ❸ 처참히
02 ③
03 ❶ ㉡ ❷ ㉣ ❸ ㉠ ❹ ㉢
04 ④
05 ㉠: 기습, ㉡: 왜란, ㉢: 폐허, ㉣: 의병
06 ⑤
07 ⑤
08 ②

관용 표현 익히기 ✔ 도토리 키 재기.

01

(1) '토벌'은 무력으로 쳐서 없애는 것을 뜻하는 말입니다. 이와 유사한 의미를 지닌 낱말은 '소탕'입니다. '징벌'은 옳지 않은 일을 하거나 죄를 지은 사람에게 벌을 주는 것을 뜻합니다.

(2) '전사'는 전쟁터에서 싸우다 죽는 것을 뜻하는 말입니다. 이와 유사한 의미를 지닌 낱말은 '전몰'입니다. '병사'는 병으로 죽는 것을 뜻합니다.
(3) '무참히'는 매우 끔찍하고 비참하게를 뜻하는 말입니다. 이와 유사한 의미를 지닌 낱말은 '처참히'입니다. '쓸쓸히'는 마음이 외롭고 허전하게를 뜻합니다.

02
'체포'는 죄를 지었거나 죄를 지었을 것으로 의심되는 사람을 잡는 것을 뜻하고, '포로'는 산 채로 잡은 적을 뜻합니다. '포승줄'은 죄인을 잡아 묶는 끈을 뜻합니다. 세 낱말의 뜻을 고려할 때, 공통적으로 들어 있는 '포'는 '잡다, 사로잡다'의 의미를 지닌 한자라는 것을 추측할 수 있습니다.

03
(1) '복구'는 고장 나거나 파괴된 것을 옛 상태로 되돌리는 것을 뜻하는 말입니다.
(2) '회복'은 잃었던 것을 되찾거나 나빠졌던 것을 원래의 상태로 돌이키는 것을 뜻하는 말입니다.
(3) '극복'은 나쁜 조건이나 힘든 일 등을 이겨 내는 것을 뜻하는 말입니다.
(4) '복귀'는 원래의 자리나 상태로 되돌아가는 것을 뜻하는 말입니다.

04
'영원'은 뒤에 '-하다'가 붙을 수 있기 때문에 '영원히'라고 표기해야 합니다. '겹겹'은 사물의 이름을 나타내는 낱말이 반복되는 경우이기 때문에 뒤에 '-이'를 붙여 '겹겹이'라고 표기해야 합니다. '꿋꿋'은 뒤에 '-하다'가 붙을 수 있는 말이지만 'ㅅ'으로 끝나는 말이기 때문에 '꿋꿋이'라고 표기해야 합니다.

오답 풀이

㉮에서 '틈틈'은 사물의 이름을 나타내는 낱말이 반복되는 경우이기 때문에 뒤에 '-이'를 붙여 '틈틈이'라고 표기해야 합니다.
㉱에서 '말끔'은 뒤에 '-하다'가 붙을 수 있는 말이기 때문에 '-히'를 붙여 '말끔히'라고 표기해야 합니다.

05
㉠ 일본군이 생각하지 않았던 때에, 갑자기 들이쳐 공격한 것이기 때문에 '기습'을 써 넣어야 합니다. '역습'은 공격을 당하고 있던 쪽에서 거꾸로 상대방을 공격하는 것을 뜻하는 말입니다.
㉡ 일본인이 쳐들어와서 일으킨 전쟁이기 때문에 '왜란'을 써 넣어야 합니다. '호란'은 호인(만주인)들이 일으킨 난리를 뜻하는 말입니다.
㉢ 전쟁을 치르면서 국토가 파괴되어 못 쓰게 된 것이기 때문에 '폐허'를 써 넣어야 합니다.
㉣ 나라의 군대에 속한 군인인 '관군'이 아니라, 백성들이 스스로 조직한 군대이기 때문에 '의병'을 써 넣어야 합니다.

06
'치다'는 다양한 뜻을 지니고 있는 말입니다. 이 글에서는 삼도 수군통제사가 된 원균에게 부산에 있는 일본군을 공격하라는 의미로 쓰였기 때문에 '정벌하라는'으로 바꿔 쓰기에 알맞습니다.

오답 풀이

① '방어하다'는 상대편의 공격이나 위협을 막는 것을 뜻합니다.
② '포위하다'는 주위를 빙 둘러싸는 것을 뜻합니다.
③ '사수하다'는 목숨을 걸고 지키는 것을 뜻합니다.
④ '처벌하다'는 범죄를 저지른 사람에게 국가나 특정 기관이 제재나 벌을 주는 것을 뜻합니다.

07
싸움에서 져서 원균이 죽고, 배가 부서졌으며, 대부분의 병사들이 죽거나 포로가 되었다는 내용을 고려할 때 '매우 끔찍하고 비참하게'를 뜻하는 '무참하게'가 들어가는 것이 맞습니다.

오답 풀이

① '무난하다'는 어려움이나 장애가 별로 없는 것을 뜻합니다.
② '무리하다'는 정도가 지나쳐서 적당한 범위에서 벗어나는 것을 뜻합니다.
③ '무모하다'는 일의 앞뒤를 생각하는 신중함이 없는 것을 뜻합니다.
④ '무심하다'는 아무런 생각이나 감정이 없는 것을 뜻합니다.

08
부산을 치라는 명령을 내린 것은 원균이 아니라 조정이었습니다. 원균도 이순신과 마찬가지로 부산을 칠 수 있는 상황이 아니라고 말했지만, 계속되는 명령에 따를 수밖에 없었던 것입니다.

오답 풀이

① 이순신이 물러난 뒤 원균이 삼도 수군통제사가 되었다는 내용과 이순신을 다시 삼도 수군통제사로 세웠다는 내용을 고려할 때, 원균에 앞서 이순신이 삼도 수군통제사를 지냈다는 것을 알 수 있습니다.
③ 부산에서 일본군과 맞서 싸웠던 조선의 수군 대부분의 병사들이 죽거나 포로로 잡혔고, 지휘관인 원균이 전사하고, 배가 부서지는 등 큰 피해를 입었습니다.
④ 조선의 수군이 일본군과의 싸움에서 크게 진 후, 나라에서는 이순신을 다시 삼도 수군통제사로 세웠습니다.
⑤ 나라에서 이순신에게 바다를 포기하고 육군으로 싸우라고 한 것은 남아 있는 배와 수군만으로는 바다에서 일본군과 맞서 싸우기 어렵다고 판단했기 때문입니다.

관용 표현 익히기

☐ '세 살 버릇이 여든까지 간다.'는 어릴 때 몸에 밴 버릇은 늙어 죽을 때까지 고치기 힘들다는 뜻으로 어릴 때부터 나쁜 버릇이 들지 않도록 조심해야 한다는 속담입니다.
☐ '소 잃고 외양간 고친다.'는 소를 도둑맞은 다음에서야 빈 외양간의 허물어진 데를 고치느라 수선을 떤다는 뜻으로, 일이 이미 잘못된 뒤에는 손을 써도 소용이 없음을 비꼬는 말입니다.
✔ '도토리 키 재기'는 서로 비슷비슷한 사람끼리 자기가 더 낫다고 다툼을 뜻하는 속담입니다.
☐ '종로에서 뺨 맞고 한강에서 눈 흘긴다.'는 욕을 당한 자리에서는 아무 말도 못 하고 뒤에 가서 불평한다는 뜻을 지닌 속담입니다.

13강 - 역사 3

문제로 확인하기 본문 84쪽

어휘 더하기 (1) 비었다 (2) 따뜻해서

01 ③
02 ②
03 ⑤
04 1 ㉢ 2 ㉣ 3 ㉡ 4 ㉠
05 ㉠: 유적지, ㉡: 출토, ㉢: 유물
06 ⑤
07 탐관오리
08 ①

관용 표현 익히기 ✔㉠, ✔㉣

01

'귀양'은 고려와 조선 시대에, 죄인을 먼 시골이나 섬으로 보내어 일정한 기간 동안 제한된 곳에서만 살게 하던 형벌입니다. '유배'와 유사한 말입니다. '사또'는 일반 백성이나 하급 벼슬아치들이 자기 고을의 원을 존대하여 부르던 말입니다. 이처럼 고을의 원을 높여 이르던 말에는 '원님'도 있습니다.

오답 풀이

㉮ '과거'는 관리를 뽑을 때 실시하던 시험을 뜻합니다. 과거에 합격하는 것을 '급제'라고 합니다.
㉱ '달구지'는 소나 말이 끄는 짐수레를 뜻하고, '가마'는 한 사람이 안에 타고 둘이나 넷이 들거나 메던, 조그만 집 모양의 탈것을 뜻합니다.

02

토지의 소유자를 '지주'라고 하고, 지주를 대신해서 소작권을 관리하는 사람을 '마름'이라고 합니다. 그리고 '소작농'은 일정한 소작료를 지급하며 다른 사람의 농지를 빌려 농사짓는 사람을 뜻합니다.

03

'보부상'은 봇짐장수와 등짐장수를 통틀어 이르는 말입니다. 이들은 상호 간에 규율, 예절, 상호 부조의 정신이 아주 강하였으며, 조선 시대부터 활발한 활동을 전개하여 나라가 위급할 때마다 식량을 조달하는 따위의 많은 일을 하였습니다.

오답 풀이

① '객주'는 조선 시대에, 다른 지역에서 온 상인들의 거처를 제공하며 물건을 맡아 팔거나 흥정을 붙여 주는 일을 하던 상인이나 그런 집을 뜻합니다.
② '의병'은 외적의 침입을 물리치기 위하여 백성들이 자발적으로 조직한 군대, 또는 그 군대의 병사를 뜻합니다.
③ '거간꾼'은 사고파는 사람 사이에 들어 흥정을 붙이는 일을 하는 사람을 뜻합니다.
④ '노점상'은 길가의 한데에 물건을 벌여 놓고 하는 장사를 뜻합니다.

04

(1)의 '차다'는 냉장고라는 일정한 공간에 무엇인가를 더 넣을 수 없을 만큼 가득하다는 것이기 때문에 ㉢의 뜻으로 쓰였습니다.
(2)의 '차다'는 발로 축구공을 내어 지르는 것이기 때문에 ㉣의 뜻으로 쓰였습니다.

(3)의 '차다'는 몸의 한 부분인 손목에 시계를 두른 것이기 때문에 ㉡의 뜻으로 쓰였습니다.
(4)의 '차다'는 손발이 마치 얼음장처럼 온도가 낮다는 것이기 때문에 ㉠의 뜻으로 쓰였습니다.

05

㉠ 건축물이나 싸움터 또는 역사적인 사건이 벌어졌던 곳이나 조개무지, 고분 등을 '유적'이라고 하고, 그러한 유적이 있는 곳을 '유적지'라고 합니다.
㉡ 땅속에 묻혀 있던 물건을 파내는 것을 '출토'라고 합니다. '도굴'은 법적 수속이나 관리자의 승낙을 받지 않고 고분 따위를 파거나 광물을 캐내는 것을 뜻합니다.
㉢ 옛사람들이 후대에 남긴 물건을 '유물'이라고 합니다. '유산'은 죽은 사람이 남겨 놓은 재산을 뜻합니다.

06

임금을 대신해 지방 관리들이 백성을 잘 다스리는지 알아보는 중요한 벼슬은 '암행어사'입니다.

오답 풀이

①, ③ '사또'와 '원님'은 일반 백성이나 하급 벼슬아치들이 자기 고을의 '원'을 존대하여 부르던 말입니다.
② '양반'은 조선 시대에 지배층을 이루던 신분을 말합니다. 원래 관료 체제를 이루는 동반과 서반을 일렀으나 점차 그 가족이나 후손까지 포괄하여 이르게 되었습니다.
④ '판서'는 조선 시대에 둔 육조의 으뜸 벼슬인데, 오늘날로 하면 장관에 해당하는 벼슬입니다.

07

백성의 재물을 탐내어 빼앗는, 행실이 깨끗하지 못한 관리를 '탐관오리'라고 합니다.

08

첫 문장을 보면 진주 목사로 있던 사람은 '정약용'이 아니라 '정약용의 아버지'입니다. 제시된 글에서 정약용이 아버지가 돌아가신 후 진주 목사가 되었다는 내용은 찾아볼 수 없습니다.

오답 풀이

② 정약용은 아버지께서 돌아가시자 벼슬을 그만두고 아버지의 무덤을 지키는 '시묘살이'를 했다고 합니다. '시묘살이'는 무려 3년 동안이나 부모의 무덤 옆에서 움막을 짓고 사는 일을 뜻해요. 그러니까 정약용이 대단한 효자였다는 것을 알 수 있어요.
③ 당시 임금이었던 정조는 정약용에게 암행어사를 맡겼는데, 그만큼 정조가 정약용의 능력을 믿었다는 것을 알 수 있습니다.
④ 연천 지역을 돌던 정약용이 주막에서 들은 이야기를 통해 당시 연천 지역 사람들이 사또의 횡포로 얼마나 큰 고통을 겪고 있었는지를 잘 알 수 있습니다.
⑤ 연천 현감이었던 김양직은 자기 배를 불리기 위하여, 백성들에게 나라에서 면제해 준 세금을 자기 마음대로 걷었습니다.

관용 표현 익히기

㉠ '꿩 먹고 알 먹는다.'는 한 가지 일을 하여 두 가지 이상의 이익을 보게 됨을 비유적으로 이르는 속담입니다.
㉡ '돌다리도 두들겨 보고 건너라.'는 잘 아는 일이라도 세심하게 주의를 하라는 뜻을 지닌 속담입니다.
㉢ '까마귀 날자 배 떨어진다.'는 아무 관계없이 한 일이 공교롭게도 때가 같아 어떤 관계가 있는 것처럼 의심을 받게 됨을 비유적으로 이르는 속담입니다.
㉣ '도랑 치고 가재 잡는다.'는 한 가지 일로 두 가지 이익을 봄을 비유적으로 이르는 속담입니다. 이 속담은 일의 순서가 바뀌었기 때문에 애쓴 보람이 나타나지 않음을 뜻하기도 합니다.

14강 - 사회 1

문제로 확인하기 본문 90쪽

어휘 더하기 최면

01 1 직거래 2 임금 3 가계
02 ①
03 ④
04 최
05 1 과점 2 독점
06 ㉠: 유통, ㉡: 원산지, ㉢: 소비자, ㉣: 불매
07 무역
08 비용
09 유통, 임금

관용 표현 익히기 긋고, 간

01

(1) 배추를 생산한 생산자인 아버지께서 시장에 가서 소비자를 직접 만나 배추를 파셨으므로, 이는 '생산자와 소비자가 직접 만나 거래한다.'는 뜻의 '직거래'가 적절합니다.
(2) 아이가 축구공을 만드는 일을 한 대가로 몇천 원의 돈을 받은 것이므로, '일을 한 대가로 받는 돈.'이라는 뜻의 '임금'이 적절합니다.

(3) 경기 불황으로 자금 사정이 안 좋아지는 것은 기업뿐만 아니라 가정도 마찬가지일 것입니다. 따라서 '경제 단위로서의 가정'을 의미하는 '가계'가 적절합니다.

02

'강매'는 남에게 강제로 물건을 사게 하는 것, 즉 '강하게 파는 것'을 의미하고, '매각'은 '재산이나 큰 물건을 팔아넘기는 것'을 의미하며, '매상'은 '상품을 판매한 금액'을 의미합니다. '매표소'는 '차표나 입장권 등의 표를 파는 곳'을 의미합니다. 즉 모든 낱말의 뜻에 '팔다'라는 의미가 공통적으로 나타나므로 '賣'의 뜻은 '팔다'입니다.

03

지수가 아이의 장난감을 직접 만드는 데 든 돈이 만 원 정도이므로 ㉠에는 '비용'이 들어가는 것이 적절합니다. 또한 국민들이 소비를 줄이면 물건이 잘 팔리지 않으므로 기업들이 이익을 얻기 어렵습니다. 따라서 ㉡에는 '이윤'이나 '이익'이 들어가는 것이 적절합니다. 마지막으로 수출이 수입보다 많으면 번 돈이 쓴 돈보다 많은 것이므로 ㉢에는 '흑자'가 들어가는 것이 적절합니다.

04

'가장 높은 등급', '가장 어린 나이', '가장 뛰어남' 등의 뜻을 볼 때, 공통적으로 나오는 말은 '가장'입니다. 따라서 '가장, 제일'을 의미하는 '최(最)' 자가 공통으로 들어가야 합니다. 그래서 '최고급, 최연소, 최우수'가 되는 거죠.

05

(1) 세 개의 기업이 대부분의 이윤을 얻고 있는 것은 소수의 기업이 시장을 지배하고 있는 것이므로, '과점'이 들어가는 것이 적절합니다.

(2) 이 회사가 단독으로 계약을 체결했다는 것은 하나의 회사가 시장을 지배하여 이익을 모두 차지하는 것이므로 '독점'이 들어가는 것이 적절합니다.

06

㉠ 마트에서는 간혹 시중에 유통될 수 있는 기한이 얼마 남지 않은 물건을 싼값에 팔기도 합니다. 따라서 딸이 말한 '기한'은 '유통 기한'을 의미한다고 보는 것이 자연스러우므로, ㉠에는 '유통'이 들어가는 것이 적절합니다.

㉡ 엄마는 어느 나라 재료를 써서 만든 것인지를 알아보기 위해 ㉡을 잘 살피라고 말합니다. 따라서 ㉡은 어떤 물건의 재료를 생산하는 곳을 의미하므로, '원산지'가 들어가는 것이 적절합니다.

㉢ 기업이라는 생산자에 대해 어떤 운동을 벌일 수 있는 주체는 소비자입니다. 또한 아들이 자신도 동참하려는 것을 보면 ㉢에는 '소비자'가 들어가는 것이 적절합니다.

㉣ 아들이 다른 통조림을 사자고 말한 것은 이 제품에 대해 어떤 운동이 벌어지고 있기 때문입니다. 그런데 아들이 저희도 사지 말자고 한 것을 보면 이 물건을 사지 말자는 운동이 벌어진 것 같습니다. 따라서 ㉣에는 '불매'가 들어가는 것이 적절합니다.

07

'나라와 나라 사이에 서로 물건을 사고파는 일'은 '무역'이라고 합니다. 주어진 글의 '공정 무역'이라는 말에서 '무역'이라는 단어가 나옵니다.

08

상대적으로 임금이 낮은 어린이를 고용하면 물건을 만드는 데 드는 돈이 줄어듭니다. 따라서 '어떤 일을 하는 데 드는 돈'이라는 의미의 '비용'이 들어가는 것이 적절합니다.

09

첫 문단의 끝부분을 보면 '공정 무역'에서는 생산자 조합과 공정 무역 회사를 만들어 중간 유통 단계를 줄이고 실제로 바나나를 재배하는 생산자의 이익을 보장해 주었다고 말하고 있습니다. 즉 생산자에게 돌아갈 정당한 이익을 지켜 줄 수 있었던 것은 중간의 '유통 단계'를 줄였기 때문입니다. 또한 두 번째 문단의 첫 부분을 보면 다국적 기업은 임금이 상대적으로 낮은 어린이를 고용한다는 것을 알 수 있습니다. 그런데 공정 무역은 노동력 착취 없는 노동 환경을 유지해야 하기 때문에 상대적으로 임금이 낮은 어린이를 고용할 수 없습니다.

관용 표현 익히기

☐ 부부 사이에도 경제적인 부분에서는 한계선을 정해 놓고 서로 침범하지 않는다는 것을 의미하기 때문에 '금을 긋다.'의 관용 표현이 들어가야 합니다.

☐ 민수는 준서와 사이가 좋지 않게 되었다는 의미이므로 '금이 가다.'의 관용 표현이 들어가야 합니다.

15강 - 사회 2

문제로 확인하기 본문 96쪽

어휘 더하기 아름

01 ⑤
02 절차
03 ④
04 ④
05 아름, 뼘
06 1 ㉡ 2 ㉠ 3 ㉢
07 ㉠: 공약, ㉡: 유권자, ㉢: 행사
08 ②
09 공청회
10 ④

관용 표현 익히기 소, 고양이, 고양이, 독

01

'시민 단체'는 사회적인 문제를 해결하기 위해 시민들이 스스로 만든 단체를 말합니다. 그런데 〈보기〉를 보면 '나'는 사회 공동체의 발전을 위해 여러 영역에 걸쳐 활동하고 있는 모임이므로 '시민 단체'라고 볼 수 있습니다.

02

'행정'은 '규정이나 규칙에 의하여 공적인 일들을 처리함.'을 의미하며, 심사는 '잘하고 못한 것을 가리기 위해 자세히 살핌.'을 의미합니다. 또한 이민은 '자기 나라를 떠나서 다른 나라로 가서 사는 것.'을 의미합니다. 이 일들이 진행되기 위해서는 거쳐야 하는 순서나 방법이 있는데, 이것을 '절차'라고 합니다. '절차'는 '일을 해 나갈 때 거쳐야 하는 순서나 방법.'이라는 의미를 갖고 있습니다.

03

'피선거권'의 뜻은 '선거에 후보자로 나가서 당선될 수 있는 권리'입니다. 이때 '피-'는 '그것을 당함.'의 뜻을 더하는 말입니다. 그래서 '피선거권'은 '선거를 당할 권리'라는 의미가 되기 때문에 '선거에서 당선될 수 있는 권리'가 되는 것입니다. 그리고 '당선'이란 '선거에서 뽑힘.'의 의미를 갖는 말입니다.

04

'독재'는 '한 나라의 권력을 한 사람이 모두 차지하고 자기 마음대로 하는 정치'를 말합니다. 따라서 '입법, 사법, 행정'이 분리되는 삼권 분립은 독재의 모습이 아닙니다.

05

'꽃'은 '두 팔을 둥글게 모아 만든 둘레 안에 들 만한 분량'으로 세므로 '아름'이 적절합니다. 그리고 아빠와 아들의 키 차이가 사람의 키 정도의 길이만큼 나지는 않을 것이므로, 엄지손가락과 다른 손가락을 한껏 벌린 길이 정도의 '뼘'이 적절합니다.

06

(1) 아무리 합리적인 사람이라도 무리에 속하게 되면 다른 사람들의 말과 행동에 쉽게 휩쓸릴 수 있는데, 이렇게 많은 사람들이 모였을 때 다른 사람들의 말과 행동에 쉽게 영향을 받는 심리 상태를 '군중 심리'라고 합니다.
(2) 법의 존속 여부를 시민들의 투표 결과에 따라 결정한다고 했는데, 이렇게 어떤 일을 결정할 때 정해진 용지에 의견을 표시하여 내는 일을 '투표'라고 합니다.
(3) 그들이 나라의 주권 회복을 위해 독립에 힘썼다고 했는데, '독립'은 '남에게 의존하거나 매여 있지 않고 독자적으로 존재하며 완전한 주권을 가진다.'는 뜻이므로, '주권'은 '국가의 의사나 정책을 최종적으로 결정하는 권력'을 의미합니다.

07

㉠ 첫 번째 학생이 각 교실에 공기 청정기를 설치하겠다고 약속하고 있으므로, '공약'이 들어가는 것이 적절합니다.
㉡ 두 번째 학생은 여러분들이 현명하게 판단해 주시기를 바란다고 말하고 있습니다. 이때 '여러분'이란 이 토론회를 지켜 본 후에 이 후보자들에게 투표를 할 학생들을 말합니다. 따라서 선거할 권리를 가진 사람이라는 의미의 '유권자'가 들어가는 것이 적절합니다.
㉢ 세 번째 학생은 학생들이 투표권이라는 권리를 어떻게 할 것이라고 말하고 있는데, '권리의 내용을 실제로 이루는 것.'을 '행사하다'라고 말합니다. 따라서 ㉢에는 '행사'가 들어가는 것이 적절합니다.

08

'집회'는 '여러 사람이 어떤 목적을 위해 일시적으로 모이는 일'을 말합니다. 윗글에서 시민들은 사회 공동의 문제를 해결할 목적으로 일시적으로 모인 것입니다.

오답 풀이

① '서로 친하고 화목하게 지내기 위해서 하는 모임'은 '친목회'라고 합니다.
③ '어떤 문제에 대하여 여러 사람이 옳고 그름을 따지며 논의하는 모임'은 '토론회'라고 합니다.
④ '국가 기관에서 어떤 문제에 대하여 내용을 듣고 그에 대하여 물어보는 모임'은 '청문회'라고 합니다.

⑤ '사회적으로 중요한 문제를 결정하기 전에 국민의 의견을 듣는 공개적인 회의'는 '공청회'라고 합니다.

09

시민들이 사회 공동의 문제를 해결하려고 참석하는 모임은 '공청회'입니다. '공청회'는 사회적으로 중요한 문제를 결정하기 전에 국민의 생각을 듣는 공개적인 회의이기 때문입니다.

10

윗글을 보면 오늘날의 시민들은 신문이나 텔레비전, 인터넷 등의 대중 매체를 이용하여 자신의 의견을 제시한다는 것을 알 수 있습니다. 하지만 시민들이 대중 매체의 영향을 받아 자신의 의견을 형성한다는 내용은 찾아볼 수 없습니다.

오답 풀이

① 시민들은 정당이나 시민 단체에 가입하여 사회 공동의 문제를 해결하려고 노력하고 있습니다.

② 시민들은 선거나 투표에 참여하여 자신의 의견을 제시하기도 하므로, 선거권을 행사하는 것은 의견을 제시하는 한 가지 방법입니다.

③ 정보 통신 기술의 발달로 인해 시민들은 누리 소통망 서비스를 활용해 자신의 의견을 제시할 수 있게 되었습니다.

⑤ 요즘 시민들은 촛불 집회와 같은 대규모 집회뿐만 아니라 캠페인, 서명 운동, 1인 시위 등의 다양한 방식으로 사회 공동의 문제 해결에 참여하고 있습니다.

관용 표현 익히기

☐ (　　) 안에 들어갈 말은 '소'입니다. '소'는 덩치가 크고 우직한 동물로 움직임이 빠르지 않습니다. 이런 '소'가 잽싸게 움직이는 '쥐'를 잡는다는 것은 불가능한 일입니다. 더구나 '소'가 앞으로 걷다가 '쥐'를 잡은 것이 아니라 뒷걸음질 치다가 잡은 것이므로 이는 전혀 의도한 것이 아닙니다. 이렇듯 '의도한 일이 아닌데 우연히 어떤 일을 이루게 된 것'을 '소가 뒷걸음질 치다가 쥐 잡는다.'고 말합니다.

☐ (　　) 안에 들어갈 말은 '고양이'입니다. 그런데 고양이는 쥐의 천적입니다. 또한 이때의 '생각'이란 '어떤 사람이나 일에 대해 관심을 갖고 정성을 기울이다.'의 의미입니다. 따라서 '고양이 쥐 생각'이란 '쥐의 천적인 고양이가 쥐에게 관심을 갖고 정성을 기울인다.'의 의미가 됩니다. 그러나 늘 쥐를 잡을 생각을 하는 고양이가 진심으로 쥐에게 정성을 기울이지는 않겠죠? 따라서 이 속담은 '속으로는 그렇지 않으면서 겉으로만 생각해 주는 척한다는 것.'을 의미합니다.

☐ (　　) 안에 들어갈 말은 '고양이'입니다. 고양이는 쥐를 잡아먹는 무서운 천적이므로, 그 앞에 선 쥐는 두려움으로 인해 꼼짝 못하게 될 것입니다. 이렇듯 '무서운 사람 앞에서 꼼짝 못하는 것.'을 '고양이 앞에 쥐'라고 말합니다.

☐ (　　) 안에 들어갈 말은 '음식을 담아 두는 길쭉한 모양의 항아리'를 의미하는 '독'입니다. 쥐는 몸집이 작고 움직임이 빠르기 때문에 요리조리 잘 피해 다닐 수 있습니다. 하지만 아무리 쥐라고 해도 하나의 구멍도 없이 꽉 막혀 있는 '독' 안에 갇히게 된다면 빠져나갈 수 없게 되겠죠.

16강 - 사회 3

문제로 확인하기 본문 102쪽

어휘 더하기 보전

01 ❶ 법규 ❷ 탈세 ❸ 소송
02 ①
03 ❶ ㉡ ❷ ㉢ ❸ ㉠
04 ④
05 청구
06 ㉠: 용의자, ㉡: 구속, ㉢: 구치소, ㉣: 공범
07 ②
08 ㉡: 특허권, ㉢: 독점
09 ⑤

관용 표현 익히기 1. ☑ 금상첨화 2. ☑ 엎친 데 덮친다.

01

(1) 국회는 법을 만드는 기관이므로, 환경 보전을 위해 신설하는 것은 '법으로 정해져서 지키거나 따라야 할 규칙이나 규범'을 의미하는 '법규'가 적절합니다.

(2) 연예인이 경찰에 붙잡혔다는 것은 범죄를 저질렀다는 뜻이므로, '납세자가 세금의 전부 또는 일부를 내지 않음.'을 의미하는 '탈세'가 적절합니다. 내야 하는 세금을 내지 않으려다 잡힌 거죠.

(3) 그가 타인의 명예를 훼손했다는 혐의로 당할 수 있는 것은 '소송'입니다. '소송'은 '사람들 사이에 일어난 다툼을 법률에 따라 판결해 달라고 법원에 요구함.'의 의미를 갖고 있기 때문입니다. 즉 타인이 그가 악성 댓글을 작성한 행위를 법률에 따라 판결해 달라고 법원에 요구한 것입니다.

02

○○○은 제작사의 허가 없이 영화를 올린 사람입니다. 따라서 범죄를 저질렀을 가능성이 있어 재판을 받는 사람이므로 '피고인'이 적절합니다. ㉢의 사람은 ○○○이 법을 위반한 사실을 판사에게 제시하고 있으므로 '검사'가 적절하며, ㉠의 사람은 피고인인 ○○○을 대신해 말하고 있으므로 '변호인'이 적절합니다.

03

(1) 장애인이 인간으로서 당연히 가지는 기본적인 권리는 '인권'입니다.
(2) 민주주의 국가에서 모든 국민은 동등하게 정치에 참여할 수 있는 권리를 갖습니다. 따라서 '참정권'은 국민이 정치에 참여할 수 있는 권리를 말합니다.
(3) '표절'은 '글, 노래 등을 지을 때 다른 사람의 작품의 일부를 몰래 따와서 쓰는 것'을 말합니다. 이는 타인의 '저작권'을 침해하는 행위인데, '저작권'은 '창작물에 대해 저작자나 그 권리를 이어받은 사람이 갖는 권리'를 말합니다.

04

㉠ '보상'은 '남에게 진 빚이나 받은 물건을 갚음.'이라는 의미의 말로, '보'의 뜻은 '갚음'입니다.
㉡ '보배'는 '매우 귀하고 소중한 물건'이라는 의미의 말로, 한자어가 아닌 순우리말이며 단일어이기 때문에 '보'의 의미는 별도로 존재하지 않습니다.
㉢ '보폭'은 '걸음을 걸을 때 앞발과 뒷발 사이의 간격'이라는 의미의 말로, '보'의 뜻은 '걸음'입니다.
㉣ '보건'은 '병의 예방이나 치료 등을 통해 건강을 잘 지킴.'이라는 의미의 말로, '보'의 뜻은 '어떤 것을 잘 지키고 유지함.'입니다.
㉤ '보전'은 '변하는 것이 없도록 잘 지키고 유지함.'이라는 의미의 말로, '보'의 뜻은 '어떤 것을 잘 지키고 유지함.'입니다.

05

가스를 사용한 사람에게 요금을 내라고 요구하고, 보험 회사에 수리비를 달라고 요구하고 있습니다. 즉 모두 특정 대상에게 돈을 달라고 요구하고 있으므로, 공통으로 들어갈 말은 '청구'입니다. '청구'의 뜻이 '다른 사람에게 돈이나 물건 등을 달라고 요구함.'이기 때문입니다.

06

㉠ ○○씨에게 영장이 발부된 것으로 보아 범죄를 저지른 범인으로 의심받고 있음을 알 수 있습니다. 따라서 ㉠에는 '용의자'가 들어가는 것이 적절합니다.
㉡ 아빠의 말에 따르면 ○○씨는 수감될 것이라고 말하고 있습니다. 따라서 ○○씨에게 발부된 영장은 구속 영장임을 알 수 있습니다. 따라서 ㉡에는 '구속'이 들어가는 것이 적절합니다.
㉢ 구속된 사람이 수감되는 곳은 '구치소'입니다. '구치소'의 뜻은 '판결이 내려질 때까지 범죄자나 범죄의 혐의가 있는 사람을 잠시 가두어 두는 곳.'입니다. 따라서 ㉢에는 '구치소'가 들어가는 것이 적절합니다.
㉣ 아빠는 알 수 없다고 하면서 단독범일 수도 있다고 말하고 있습니다. 따라서 ㉣에 들어갈 말은 '단독범'의 반의어에 해당하므로 '공범'이 들어가는 것이 적절합니다.

07

'세금을 부과한다.'는 의미를 갖는 말은 '과세'입니다.

오답 풀이

① '감세'는 세금의 액수를 줄이는 것을 말합니다.
③ '납세'는 국가 또는 공공 기관에 세금을 내는 것을 말합니다.
④ '증세'는 세금의 액수를 늘리거나 세금을 매기는 비율을 높이는 것을 말합니다.
⑤ '탈세'는 납세자가 세금의 전부 또는 일부를 내지 않는 것을 말합니다.

08

발명 또는 새로운 기술적 고안을 한 사람이나 단체가 그 발명이나 기술에 관해 독점적으로 가지는 권리를 '특허권'이라고 합니다. 그런데 우리나라 기업에서 로봇을 만든다고 해도 그 안에 있는 기술이 외국 것이라면 막대한 사용료를 외국 기업에 지급해야 한다고 말하고 있으므로, 로봇 기술은 '특허권' 등록 대상임을 알 수 있습니다. 따라서 ㉡에 들어갈 말은 '특허권'이 적절합니다. 또한 외국의 대기업들이 로봇 기술에 대한 것을 독차지하고 있으므로, ㉢에 들어갈 말은 '독점'이 적절합니다.

09

로봇을 구성하는 많은 기술은 특허권의 대상이므로, 모든 사람들이 함께 나누어야 하는 기술은 아닙니다. 특허권의 대상은 그 기술을 고안한 사람이나 단체가 독점적인 권리를 갖습니다.

오답 풀이

① 글쓴이는 로봇세 도입은 로봇 산업 발전에 도움이 되지 않는다고 말하며, 로봇 산업 발전에 방해 요인이 될 수 있다고 말하고 있습니다.

② 글쓴이는 첫 번째 문단의 끝부분에서 로봇세 도입은 아직 실행하기에 때가 너무 이르다고 말하고 있습니다.
③ 글쓴이는 세 번째 문단의 첫 문장에서 지금은 로봇세가 아니라 로봇 기술 개발에 더 집중할 때라고 말하고 있습니다.
④ 글쓴이는 로봇세를 부과하면 로봇 개발자에게는 세금 이상의 부담으로 작용할 것이라 말하고 있습니다.

관용 표현 익히기

1. '설상가상'은 난처한 일이나 불행한 일이 잇따라 일어나는 것을 의미하므로, 이와 반대되는 뜻을 가진 한자 성어는 '금상첨화'입니다. '금상첨화'는 '비단 위에 꽃을 보탠다는 뜻으로 좋은 일에 또 좋은 일이 더 일어남.'을 의미하는 말입니다.

오답 풀이

☐ 용두사미: 시작할 때는 거창하고 대단해 보이지만 끝으로 갈수록 점점 기세가 줄어드는 일이나 상황.
☐ 일사천리: 강물이 빨리 흘러 천 리를 간다는 뜻으로, 어떤 일이 중간에 걸리거나 막힘이 없이 빨리 진행됨.
☐ 괄목상대: 상대방의 능력이나 성과가 놀랄 정도로 매우 좋아짐.

2. '설상가상'과 유사한 뜻을 지닌 관용구는 '엎친 데 덮친다.'로서, 이 관용구의 뜻은 '어렵거나 나쁜 일이 겹치어 일어나다.'입니다.

오답 풀이

☐ 꼬리표가 붙다.: 어떤 사람에게 좋지 않은 평가가 내려지다.
☐ 눈 뜨고 볼 수 없다.: 눈앞의 광경이 비참하고 끔찍하거나 매우 민망하여 차마 볼 수 없다.
☐ 귀를 의심하다.: 믿기 어려울 만큼 놀라운 이야기를 들어서 잘못 들은 것이 아닌가 생각하다.

17강 - 사회 4

문제로 확인하기

본문 108쪽

어휘 더하기 무대

01 ②
02 ⑤
03 ②
04 여론
05 ①
06 언론
07 ㉠: 고령화, ㉡: 실업자, ㉢: 대체
08 ②
09 친환경
10 ②

관용 표현 익히기 1. 유비무환 2. 아는 길도 물어 가라, 돌다리도 두들겨 보고 건너라.

01

민준이는 훌륭한 법관이 되기를 기대를 갖고 바라는 것이므로 ㉠에는 '희망'이 들어가는 것이 적절하고, 스포츠 경기는 예상 밖의 변수로 인해 결과가 어떻게 될지 미리 예상하기 어려우므로 ㉡에는 '전망'이 들어가는 것이 적절합니다. 마지막으로 무용수는 장래에 잘될 것 같은 희망이나 가능성이 있었던 것을 말하므로 ㉢에는 '유망'이 들어가는 것이 적절합니다.

02

'빈익빈 부익부'는 가난한 사람이 더 가난해지고 부유한 사람이 더 부유해지는 것을 말합니다. 따라서 이는 가난한 사람과 부유한 사람의 격차가 더욱 커지는 것을 의미하므로 '양극화'와 뜻이 가장 가깝습니다.

03

'매체'란 '어떤 사실을 널리 전달하는 물체나 수단'을 말합니다. 독재자가 사람들에게 사상 교육을 시키려면 이러한 매체가 필요한데, 신문, 잡지, 영화, 텔레비전 등과 같이 많은 사람들에게 동시에 정보와 사상을 전달하는 수단을 '대중 매체'라고 합니다. 일부 청소년들은 이러한 대중 매체의 영향을 쉽게 받으며, '텔레비전'은 대중 매체 중의 하나입니다.

04

신문이나 방송 등의 매체에서 어떤 사실이나 의견을 널리 알리는 것을 '언론'이라고 합니다. 이러한 언론은 여러 사람들의 생각에 영향을 주어 그 사회의 사람들이 공통적으로 갖고 있는 의견을 형성하기도 합니다. 이렇게 한 사회의 사람들이 공통적으로 갖고 있는 의견을 '여론'이라고 합니다.

05

'출산 장려 운동'에 적극 동참했다는 것을 볼 때, (　　) 안에 들어가야 할 말은 '저출산'입니다. '출산 장려 운동'이라는 것이 저출산 시대에 보다 많은 사람들이 출산할 수 있도록 권장하는 운동이기 때문입니다.

오답 풀이

② 아버지가 한국인이고 어머니가 일본인이므로 '다문화 가정'이라는 말이 어울립니다.
③ 매주 일요일 아동들에게 한국어를 가르쳐 주고 있다는 것은 아동들이 한국어를 잘 모른다는 것을 의미하므로, '다문화 가정'이라는 말이 어울립니다.
④ 민족 간 문화의 상대성을 인정하는 자세를 강조하는 것으로 보아 '다문화 시대'라는 말이 어울립니다. 다문화 시대에서는 서로 간의 문화를 인정해 주어야 하기 때문입니다.
⑤ 우리나라를 더 이상 단일 민족 국가로 보기 어렵다는 것은 여러 민족이 섞여 있다는 것을 의미하므로 '다문화 가정'이라는 말이 어울립니다.

06

'가위질'은 언론 기사나 영화 작품 등을 검열하여 일부를 삭제하는 것이고, '논설위원'은 언론 기관에서 사회의 여러 주제에 대해 그 기관의 입장을 밝히는 사람이며, '특파원'은 외국에 보낸 언론사의 기자를 말합니다. 따라서 □□에 공통적으로 들어갈 말은 '언론'입니다.

07

㉠ 우리 사회가 점점 노동력이 부족해지는 이유는 전체 인구 중 노인의 인구 비율이 점점 높아지고 있기 때문입니다. 따라서 ㉠에는 '고령화'가 들어가는 것이 적절합니다.
㉡ 대학을 졸업한 지 몇 년이 넘도록 아직도 직업을 구하지 못했다는 뜻이므로, 직업이 없는 사람을 말합니다. 따라서 직업이 없는 사람을 의미하는 '실업자'가 들어가는 것이 적절합니다.
㉢ 인공 지능이 인간을 대신하여 일을 하는 것이므로, 이는 인간을 인공 지능으로 바꾼다는 것을 의미합니다. 따라서 비슷한 다른 것으로 바꾼다는 뜻의 '대체'가 들어가는 것이 적절합니다.

08

한 사회 안에 여러 민족이나 여러 나라의 문화가 섞여 있는 것은 '다문화'라고 합니다.

09

전기 차는 환경을 오염시키지 않는 완벽한 친환경 자동차라고 글쓴이는 이야기하고 있습니다.

10

윗글의 세 번째 문단을 보면 전기 차가 에너지 효율 역시 높은 편이라고 말하고 있습니다.

오답 풀이

① 에너지 고갈 문제 때문에 만든 자동차가 전기 차입니다.
③ '전기 차 정비원'은 전기 차 수리를 전문으로 하는 사람이므로, 전기 차를 수리할 수 있는 전문적인 능력을 갖고 있습니다.
④ '빈집 코디네이터'는 새로운 직업이며, 이 직업에 종사하는 이들이 하는 일은 빈집의 활용 방안을 연구하고 이를 고객에게 제시하는 일입니다.
⑤ '빈집 코디네이터'는 1인 가구의 증가와 함께 빈집이 늘어나면서 생긴 직업이며, '디지털 장의사' 역시 1인 가구 증대와 대인 관계 축소라는 사회 변화에 따라 나타날 수 있는 직업입니다. 따라서 둘 다 1인 가구의 증대와 관련이 있는 직업입니다.

관용 표현 익히기

1. 소 잃고 외양간 고치는 사람은 일이 잘못된 뒤에 이를 바로잡으려고 애쓰는 사람입니다. 이런 사람에게는 미리 준비를 잘하라는 말을 할 수 있습니다. 따라서 '미리 준비를 해 놓으면 걱정할 것이 없다.'는 뜻의 '유비무환'이 충고할 말로 적절합니다.

오답 풀이

□ 새옹지마: 좋은 일이 다시 나쁜 일이 될 수도 있고, 나쁜 일이 다시 좋은 일이 될 수도 있어 인생은 예측하기 어렵다는 말.
□ 조삼모사: 당장 눈앞에 나타나는 차이만 알고 그 결과가 같다는 것은 모르는 어리석음.
□ 아전인수: 자기 논에 물 대기라는 뜻으로, 어떤 일이나 말을 두고 자기에게만 이롭게 되도록 생각하거나 행동함.

2. '쇠뿔도 단김에 빼라'는 어떤 일을 망설이지 말고 곧바로 행동으로 옮겨야 한다는 뜻입니다. 따라서 이와 반대되는 속담은 일을 신중하게 하라는 의미의 속담입니다. '아는 길도 물어 가라.'와 '돌다리도 두들겨 보고 건너라.'는 잘 알거나 확실해 보이는 일이라도 한 번 더 점검하고 주의해야 한다는 말입니다.

오답 풀이

□ 누울 자리 봐 가며 발을 뻗어라.: 어떤 일을 할 때는 그 결과를 미리 생각하고 시작하라는 말.
□ 오르지 못할 나무는 쳐다보지도 말아라.: 불가능한 일은 빨리 단념하라.

18강 - 사회 5

문제로 확인하기 본문 114쪽

어휘 더하기 예선

01 ④
02 분쟁
03 ②
04 기아
05 ①
06 다국적 기업
07 ㉠: 국제기구, ㉡: 비정부 기구, ㉢: 생태계
08 ❶ ㉢ ❷ ㉠ ❸ ㉡
09 체결
10 ⑤

어휘 실력 더하기 ❶ 개다리소반 ❷ 대야 ❺ 사발 ❻ 화로

01

정부가 북한에 물건이나 돈 등을 주어 돕고 있으며, 세계의 많은 국가들도 굶주리는 아이들을 위해 음식 등의 물품을 보내 돕고 있습니다. 또한 독립한 그 나라도 자유세계의 나라들로부터 물건이나 돈 등의 도움을 받은 것이므로, (   ) 안에 들어갈 말은 '원조'가 적절합니다.

오답 풀이

① '구조'는 재난으로 위험에 처한 사람을 구하는 것을 말합니다.
② '물자'는 어떤 활동에 필요한 물건이나 재료를 말합니다.
③ '배려'는 관심을 갖고 보살펴 주거나 도움을 주는 것을 말합니다. 하지만 이때 '물적 배려'라는 말은 일반적으로 사용하지 않습니다.
⑤ '호소'는 자신의 어렵거나 억울한 사정을 다른 사람에게 알려 도움을 청하는 것을 말합니다.

02

공익 광고를 보면 상대를 향해 겨눈 총구멍이 결국 자기 자신을 향하고 있음을 알 수 있습니다. 이는 서로 간에 치열하게 싸우는 것이 결국 모두에게 큰 피해를 불러온다는 것을 의미합니다. 따라서 □□에 들어갈 말은 '서로 물러서지 않고 치열하게 다툰다.'는 의미를 가진 '분쟁'이 적절합니다.

03

'한 나라 국민들끼리 편이 갈라져서 싸우는 전쟁'을 '내전'이라고 하며, 전쟁이나 재해 등으로 집이나 재산을 잃은 사람을 '난민'이라고 합니다.

오답 풀이

① '빈민'은 가난한 사람을 말합니다.
③ '이주민'은 다른 곳으로 옮겨 가서 사는 사람 또는 다른 곳에서 옮겨 와서 사는 사람을 말합니다.
④, ⑤ '분쟁'은 서로 물러서지 않고 치열하게 다투는 것을 말합니다.

04

'식량 증대, 구호 활동' 등은 먹을 것이 없어 굶주리는 문제, 즉 '기아' 문제를 해결하기 위한 노력입니다.

05

'예년'은 '보통의 해'라는 뜻을 가진 말입니다. 따라서 이 단어에서 '예'는 '대부분, 보통'이라는 의미를 갖습니다. 이와 달리 나머지 넷의 '예'는 '미리'라는 의미를 갖습니다.

오답 풀이

② 예습: 앞으로 배울 것을 미리 공부함.
③ 예정: 앞으로 할 일을 미리 정하거나 예상함.
④ 예방: 병이나 사고 등이 생기지 않도록 미리 막음.
⑤ 예상: 앞으로 있을 일이나 상황을 미리 짐작함.

06

세계 곳곳에 회사와 공장을 세워 생산과 판매를 하는 세계적 규모의 기업을 '다국적 기업'이라고 합니다.

07

㉠ 특정한 목적을 위하여 여러 나라가 모여 만든 조직체는 '국제기구'입니다.
㉡ '국경 없는 의사회'처럼 개인들이 모여 지구촌 갈등과 문제를 해결하려고 활동하는 조직을 '비정부 기구'라고 합니다.
㉢ 핵 실험을 반대하고 자연 보호 운동을 한다는 것은 '자연'이 파괴되는 것을 반대한다는 뜻입니다. 따라서 ㉢에는 '일정한 지역에서 여러 생물들이 서로 적응하고 관계를 맺으며 어우러진 자연의 세계.'라는 뜻의 '생태계'가 들어가는 것이 적절합니다.

08

(1) '협약'은 '공동의 목적을 이루기 위해 여러 사람이 의논하여 약속을 맺음 또는 그 약속'을 말합니다.
(2) '개발 도상국'은 '산업의 근대화와 경제 개발이 선진국에 비하여 뒤떨어진 나라'를 말합니다.
(3) '지구 온난화'는 '지구의 기온이 높아지는 현상'을 말합니다.

09

지구 온난화를 막기 위해 전 세계가 프랑스 파리에 모여 기후 변화 협정을 맺은 것이므로, '계약이나 조약 등을 맺는다.'는 의미의 '체결'이 적절합니다.

10

기온 상승 폭을 산업화 이전 대비 섭씨 2도 아래로 억제하자는 것이 '파리 협정' 최종 합의문의 내용이긴 하나, 이를 시행하지 않는 나라가 벌금을 물게 된다는 내용은 나타나 있지 않습니다.

오답 풀이

① 파리 기후 협약은 지구 온난화를 막기 위해 체결된 조약입니다.
② 교토 의정서에는 선진국들만 온실가스 감축 의무가 있었습니다.
③ 선진국들이 2020년까지 매년 1,000억 달러, 우리 돈 118조 원의 기금을 개발 도상국에 지원하도록 하는 내용이 담겼습니다.
④ 파리 협정은 개발 도상국을 포함한 195개 당사국 모두가 지켜야 하는 구속력 있는 합의인 만큼, 개발 도상국들도 온실가스 감축 의무를 지켜야 합니다. 만일 이 의무를 이행하지 않는다면 협약을 무시하는 것이 됩니다.

19강 - 문화 예술

문제로 확인하기 본문 120쪽

어휘 더하기 삼가야, 설레는

01 ❶ 공방 ❷ 화음 ❸ 걸작
02 ❶ 가로: 수공업, 세로: 도공
❷ 가로: 문화재, 세로: 문하생
03 ⑤
04 ❶ ㉡ ❷ ㉢ ❸ ㉠
05 질그릇
06 ❶ 선율 ❷ 연희 ❸ 삼가야
07 ②
08 무형 문화재
09 ②

관용 표현 익히기 ✔가재는 게 편, ✔초록은 동색.

01

(1) 전통 공예품을 만들어 팔고, 도자기나 책상, 장식품 같은 갖가지 공예품을 만드는 곳은 '공방'입니다.
(2) 두 성악가가 노래를 불러 듣는 이들을 감동하게 했다고 했으므로, '높이가 다른 여러 소리가 서로 잘 어울려서 나는 것.'을 의미하는 '화음'이 적절합니다.
(3) 석굴암은 우리나라 불교 미술 작품들 중에서 뛰어난 작품인 '걸작'입니다.

02

(1) 손과 간단한 도구를 사용해 물건을 만드는 작은 규모의 공업은 '수공업'이고, 도자기를 만드는 전문가는 '도공'입니다.
(2) 조상이 남긴 문화유산 중 보존할 만한 가치가 있는 것은 '문화재'이고, 한 스승에게 배우는 제자를 일컫는 말은 '문하생'입니다.

03

㉠ 다른 회사에 뒤처지지 않으려면 신기술을 '개발'해야 합니다.
㉡ 남들에게 보여 주기에 부끄럽다고 했으므로 솜씨가 서투르고 보잘것없는 작품이라는 의미인 '졸작'이 들어가야 합니다.
㉢ 이미 있는 것을 모방해 만든 조각품은 '모조품'입니다.

04

(1) 타악기 등의 악기로 공연을 펼쳐 보이는 것을 '연주'라고 합니다.
(2) 여럿이 두 개 이상의 악기를 가지고 연주하는 것을 '합주'라고 합니다.
(3) 노래를 할 때 함께 따라서 연주하는 것을 '반주'라고 합니다.

05

진흙만으로 구워 만든 그릇으로 겉면에 윤기가 없는 그릇은 '질그릇'입니다.

06

㉠ 소리의 높낮이가 길이나 리듬과 어울려 나타나는 음의 흐름을 '선율'이라고 합니다.
㉡ 판소리, 탈춤, 줄타기, 땅재주 등 말과 동작으로 여러 사람 앞에서 재주를 부리는 일을 '연희'라고 합니다.
㉢ '삼가다'는 말과 행동을 조심스럽게 하는 것입니다. 문장의 맥락에 따라 '삼가고, 삼가서, 삼가며, 삼가야'와 같이 쓰이지요. 빈칸에는 '삼가야'로 써야 합니다.

07

줄다리기의 줄은 물을 다스리는 신인 용을 닮은 모양으로 만든다고 했으므로, 본떠 만드는 것을 뜻하는 '모방'이 어울립니다. 이미 있는 것을 모방해 만드는 일을 '모조'라고 해요. '모조품'은 '모조'한 물건을 말합니다.

오답 풀이

① '계발'은 이미 가지고 있는 재능, 소질 따위를 일깨워 더 발전시키는 것입니다.
③ '모조'는 이미 있는 것을 모방해 만드는 일입니다.
④ '위조'는 남을 속일 목적으로 진짜처럼 꾸며서 만드는 일을 뜻합니다.
⑤ '창조'는 전에 없던 것을 처음으로 만드는 것입니다.

08

영산 줄다리기는 '놀이'이므로 모양이 없어 만질 수 없습니다. 그러므로 '무형 문화재'가 적절합니다.

09

주어진 글에 조상들은 대보름이면 모든 일을 제쳐 두고 줄다리기 준비에 정성을 쏟았다고 나와 있습니다. '대보름'은 음력 정월 보름날을 명절로 이르는 말로, 새벽에 귀밝이술을 마시고 부럼을 깨물며 약밥, 오곡밥 따위를 먹는 날입니다.

오답 풀이

① 조상들은 물의 신인 용을 기쁘게 해야 풍년이 든다고 생각하여 용을 닮은 줄을 만들고 흥겹게 줄다리기를 했습니다.
③ 줄다리기에는 풍년을 기원하는 농부들의 마음이 담겨 있습니다.
④ 줄다리기는 국가 무형 문화재로 지정될 만큼 오래전 조상들로부터 이어져 내려온 민속놀이입니다.
⑤ 조상들은 대보름이면 모든 일을 제쳐두고 마을 사람이 모두 함께 줄다리기를 했습니다.

관용 표현 익히기

☑ 가재는 게 편.: 모양이나 형편이 서로 비슷하고 인연이 있는 것끼리 서로 잘 어울리고, 사정을 보아주며 감싸 주기 쉬움을 비유적으로 이르는 말.
☐ 우물 안 개구리.: 넓은 세상의 형편을 알지 못하는 사람을 비유적으로 이르는 말.
☐ 못된 송아지 엉덩이에 뿔이 난다.: 되지못한 것이 엇나가는 짓만 한다는 말.
☑ 초록은 동색.: 풀색과 녹색은 같은 색이라는 뜻으로, 처지가 같은 사람들끼리 한패가 되는 경우를 비유적으로 이르는 말.

III 자연·과학·국어 용어

20강 – 자연, 과학 1

문제로 확인하기 본문 128쪽

어휘 더하기 개살구

01 ❶ 산등성이 ❷ 서식지 ❸ 습성 ❹ 풍랑 ❺ 토양 ❻ 산천
02 ❶ ㉣ ❷ ㉠ ❸ ㉡ ❹ ㉢
03 ❶ 풍광 ❷ 풍채
04 ㉠: 햇과일, ㉡: 풋감, ㉢: 묘목, ㉣: 산천
05 ②
06 ②
07 ⑤

관용 표현 익히기 ☑ 찬밥 더운밥 다 먹어 보았다, ☑ 단맛 쓴맛 다 보았다.

01

(1) '산등성이'는 산줄기의 가장 높은 부분이 이어진 것을 말하는데, 산등성이를 넘어 다닌다는 것은 산의 높은 부분을 여럿 지나다닌다는 것입니다.
(2) 생물이 보금자리를 만들어 사는 곳을 '서식지'라고 합니다. 동물과 식물이 서식하고 있는 곳이라는 뜻입니다.
(3) 어떤 동물이 특별하게 보이는 성질을 '습성'이라고 합니다. 사마귀의 특성을 말하는 문장입니다.
(4) '풍랑'은 바람과 물결이라는 뜻으로, 배가 휩쓸리지 않도록 해야 한다는 내용에 알맞습니다.
(5) 농사를 짓기에 좋은 기름진 흙이 있어 작물이 잘 자라는 곳을 '토양'이 비옥하다고 말할 수 있습니다.
(6) 우리나라의 행정 구역은 주로 '산천'을 경계로 나눕니다.

02

(1) '벌목'은 산이나 숲에 있는 나무를 베는 것입니다.
(2) 다른 곳으로 옮겨 심기 위해 키우는 어린 나무를 '묘목'이라고 합니다.
(3) '벌초'는 무덤과 그 주변의 풀을 베어서 깨끗이 하는 것입니다. 성묘를 가면 벌초를 합니다.
(4) 세찬 바람과 거센 물결을 '풍파'라고 합니다.

03

(1) 자연이나 지역의 아름다운 모습을 '풍광'이라고 하므로 촬영을 하러 사진작가들이 이동하는 상황에는 '풍광'이

알맞습니다.
(2) '풍채'는 사람의 겉모습을 일컫는 말이므로 신사분의 '풍채'가 좋다고 하는 것이 알맞습니다.

04

㉠ '햇과일'은 그해에 처음으로 나온 과일입니다. 가을이 무르익어 가면서 사과, 배, 감 등의 과일들이 나오기 시작하므로 과일이 익어 가는 걸 보며 '햇과일'이 나올 때가 되었는지 궁금해 하고 있습니다.
㉡ 맛이 덜 들었다고 했으므로 덜 익은 감을 나타내는 '풋감'이 들어가기에 알맞습니다.
㉢ 나무를 어린 것으로 심어 키우셨다는 의미이므로 '묘목'이 들어가기에 알맞습니다.
㉣ 고향의 자연을 둘러보며 옛 기억을 떠올리고 있으므로 '산천'이 들어가기에 알맞습니다.

05

'서식하고'는 보금자리를 만들어 살아가고 있다는 의미이므로 '살아가고'가 바꿔 쓰기에 알맞은 말입니다.

06

'강산', '산수', '산천', '산하'는 산과 강을 모두 일컬어 자연을 의미하는 말이고, '산림'은 숲을 말합니다.

07

⑤ 다른 지역의 나무들을 가져와 옮겨 심기로 한 것이 아니라, 어린 나무들인 '묘목'을 심어 어서 숲이 되도록 자라게 키운다고 언급되어 있습니다.

오답 풀이

② 해발 600미터 이상의 고원에서 해충들이 서식한다고 말하고 있습니다.
④ 곤충들의 습성을 신속히 파악한다는 것은 특징을 빨리 파악한다는 말입니다.

관용 표현 익히기

'찬밥 더운밥 다 먹어 보았다.', '단맛 쓴맛 다 보았다.'는 둘 다 세상의 괴로움과 즐거움을 모두 겪었음을 비유적으로 이르는 말로, '산전수전'과 함께 쓸 수 있는 속담입니다.

21강 - 자연, 과학 2

문제로 확인하기 본문 134쪽

어휘 더하기 자정, 청정기

01 ❶ 희귀종 ❷ 고갈 ❸ 공존 ❹ 마모
02 ❶ ㉡ ❷ ㉠
03 ③
04 ②
05 ⑤
06 ㉠: 지구 온난화, ㉡: 아열대, ㉢: 화석 연료
07 ②
08 ㉮: 원천, ㉯: 저탄소 녹색 산업
09 ③

관용 표현 익히기 (1) 지렁이도 밟으면 꿈틀한다. (2) 가재는 게 편

01

(1) 쉽게 만날 수 없는 흔치 않은 것을 '희귀종'이라고 합니다.
(2) 물이나 자원, 물질이 다 써서 없어지는 것을 '고갈'이라고 합니다.
(3) '공존'은 함께 존재한다는 뜻입니다.
(4) 마찰이 일어난 부분이 닳아 없어지는 것은 '마모'입니다.

02

(1) 원래의 상태나 모습으로 돌아가는 것을 '복원'이라고 하고, '복구', '회복'이라고도 합니다.
(2) 오염된 물이나 땅이 저절로 깨끗해져 정화되는 것은 '자정'입니다.

03

'공생', '공존', '상생', '양립'은 모두 서로 다른 것이 함께 존재하는 상황을 나타냅니다. 같은 회사에서 너와 내가 함께 있을 수 없어 다른 곳으로 간다고 했으므로 '함께 존재한다.'는 뜻의 낱말이 들어가기에 알맞습니다. '기원'은 '사물이나 현상이 처음으로 생김.'을 일컫는 말입니다.

04

생태계의 평형이 깨지고 어지럽혀지는 상황이므로 '교란'이 들어가기에 알맞습니다.

05

㉠ '원천'이 어떤 것이 시작되는 바탕을 의미하므로, 식사와 수면을 잘하는 것에서 건강이 시작된다고 해야 의미가 통합니다.

㉡ 나쁜 일이 원인이 되어 나쁜 일이 반복되는 상황이므로 '악순환'이 들어가기에 알맞습니다.

㉢ 공기가 돌고 도는 원리를 이용했다고 하면 의미가 통하므로 '순환'이 들어가기에 알맞습니다.

06

㉠ 지구가 점점 따뜻해지는 현상을 '지구 온난화'라고 합니다.

㉡ 아열대 기후는 온대와 열대 사이의 따뜻한 기후이므로 '아열대'가 들어가기에 알맞습니다.

㉢ 지구 온난화와 관련 있는 온실가스를 줄이기 위해서는 '화석 연료'의 사용을 줄여야 합니다.

07

㉠ 복원과 비슷한 의미를 가진 말은 '복구', '환원', '회복' 등이 있습니다.

오답 풀이

① '교환'은 서로 주고받아 다른 것으로 바꾸는 것입니다.

③ '반환'은 차지했거나 빌린 것을 다시 돌려주는 것입니다.

④ '반복'은 같은 일을 여러 번 계속하는 것입니다.

08

㉮ 물이 흘러나오기 시작하는 곳을 일컫는 말은 '원천'입니다.

㉯ 온실가스를 줄일 수 있는 친환경적인 산업을 '저탄소 녹색 산업'이라고 합니다.

09

이상 기후 현상이 심해지지 않도록 해야 하는 것은 맞지만, 우리나라의 이상 기후 문제가 다른 나라보다 심각하다는 내용은 없습니다.

오답 풀이

① 자연이 오염되지 않도록 해야 한다고 말하고 있습니다.

② 화석 연료가 고갈될 수 있다고 말하고 있습니다.

④ 지구 온난화를 막기 위해 친환경 에너지를 개발해야 한다고 했습니다.

⑤ 자연은 자정 능력이 있다고 말하고 있습니다.

관용 표현 익히기

(1) '지렁이도 밟으면 꿈틀한다.'는 너무 업신여김이 지나치면 가만히 있지 않는다는 뜻입니다. 축구를 잘하지 못한다고 모두가 업신여기고 해체 위기를 겪자, 축구부가 평소보다 열심히 했다는 상황에 어울리는 속담입니다.

(2) '가재는 게 편'은 서로 가까운 사이라면 편을 들게 된다는 뜻입니다. 쌍둥이 형제가 함께 한편이 되는 일이 자주 있는 상황에 어울립니다.

22강 - 자연, 과학 3

문제로 확인하기 본문 140쪽

어휘 더하기 걸림돌

01 ❶ 중금속 ❷ 폐기물 ❸ 내장
02 ❶ ㉣ ❷ ㉢ ❸ ㉠ ❹ ㉡
03 ❶ ㉢ ❷ ㉠ ❸ ㉡ ❹ ㉣
04 ②
05 ㉠: 호피, ㉡: 초경량, ㉢: 재질, ㉣: 인조
06 ③
07 내구성
08 ②

관용 표현 익히기 ✔가시방석, ✔바늘방석

01

(1) 중금속은 몸속에 쌓이면 위험합니다. 몸속에 쌓인 중금속을 내보내는 효과가 있는 해조류에 대한 문장입니다.

(2) 폐기물은 못 쓰게 되어 버리는 것인데 바르게 처리하지 않으면 문제가 됩니다. 공업 폐기물 처리에 대한 문장입니다.

(3) 기계가 어떤 기능이나 장치를 갖추고 있는 것을 '내장'이라고 합니다. 인공 지능이 로봇에 갖추어져 있다는 의미이므로 '내장'이 알맞습니다.

02

(1) 항공기에 물품을 '탑재'한 것은 물건을 실었다는 의미입니다.

(2) 단열 처리된 상자는 열이 나가거나 들어오지 않도록 막은 상자입니다.

(3) 인공적인 방법은 사람의 힘으로 만들어 낸 방법입니다.

(4) 걸림돌은 방해가 되는 장애물이라는 뜻입니다.

03

(1) '음향'은 '물체에서 나는 소리와 그 울림'이라는 의미입니다.

(2) '효과음'은 장면의 실감을 더하기 위해 넣는 소리입니다.

(3) 소리의 진동으로 생기는 파동을 '음파'라고 합니다.
(4) 주파수가 너무 높아 사람이 들을 수 없는 음파를 '초음파'라고 합니다.

04
'내열, 내진, 내구성'에 쓰이는 '내'는 모두 '견디다'라는 의미로, '내열'은 열을 견딘다는 의미이고, '내진'은 지진을 견딘다는 의미이고, '내구성'은 오래 견딘다는 의미입니다.

05
㉠ 호랑이 가죽을 '호피'라고 부르므로, 호랑이 무늬 코트를 호피 무늬 코트라고 할 수 있습니다.
㉡ '초경량'은 매우 가볍다는 의미이므로 아주 가벼운 제품이라는 설명에 알맞습니다.
㉢ 옷을 만든 재료가 되는 물질에 대해 이야기하고 있으므로 '재질'이 알맞습니다.
㉣ 사람이 만든 물건에 붙이는 '인조'라는 말을 붙여 '인조섬유'라고 하는 것이 알맞습니다.

06
렌즈들이 내장된 카메라는 렌즈가 갖추어져 있는 카메라라는 뜻입니다.

07
오래 견디는 튼튼함을 나타내는 말로는 '내구성'이 알맞습니다.

08
화질 면에서 디지털카메라보다 못하다가 따라잡았다고 하고 있으므로 발전하지 않았다는 표현은 바르지 않습니다.

오답 풀이
① 동영상 촬영물을 정확하게 재생할 수 있다고 쓰여 있습니다.
③ 강력한 소프트웨어를 탑재한 덕분이라고 쓰여 있습니다.
④ 내구성이 좋아져 야외에서 가지고 다니기 편리해졌다고 말하고 있습니다.
⑤ 인위적으로 손보아야 보여 줄 수 있는 화면이 있었다고 하고 있습니다.

관용 표현 익히기
'좌불안석'은 편안하지 않은 상태를 가리키는 말입니다. 이와 유사한 말로는 '바늘방석', '가시방석'이 있습니다.

23강 - 자연, 과학 4

문제로 확인하기 본문 146쪽

어휘 더하기 ㉠

01 ❶ 발효 ❷ 염장 ❸ 통계 ❹ 통풍 ❺ 유충
02 ③
03 ❶ ㉢ ❷ ㉡ ❸ ㉣ ❹ ㉠
04 ㉠: 부패, ㉡: 양지, ㉢: 추진력
05 ④
06 ②

관용 표현 익히기 ✔내 동생은 공룡 전시회에 가서 좋아하는 공룡이 많아 눈살을 찌푸렸다.

01
(1) 효모나 미생물에 의해 유기물이 변화하는 작용을 '발효'라고 합니다. 발효 식품은 건강에 좋다고 합니다.
(2) 소금에 절여 저장하는 것을 '염장'이라고 합니다. 염장 기술이 있어 우리 조상들이 식품을 오래 보존할 수 있었습니다.
(3) 어떤 경우의 수를 모두 합해서 체계에 따라 나타내는 것을 '통계'라고 합니다. 스포츠 경기를 볼 때 통계 자료와 함께 예상해 보면 재미있습니다.
(4) 바람이 통하는 것을 '통풍'이라고 합니다.
(5) 다 자라지 않은 벌레는 '유충'이라고 합니다. 매미 유충은 땅속에서 오랜 기간을 보내고 땅 위로 올라옵니다.

02
'소각'은 태워서 버리는 것이고 '연소'는 불에 타는 것이므로, 쓰레기를 '소각'하고 과학 시간에 '연소' 반응을 관찰하는 것이 알맞습니다. 또 몰입하게 만드는 빨아들이는 힘을 '흡인력'이라고 하고, 어떤 것을 움직이게 만드는 원천적인 힘을 '원동력'이라고 합니다. 소설을 읽을 때 덮을 수 없을 정도로 몰입하게 만드는 것이었다면 '흡인력'이라고 하는 것이 알맞습니다. '탄력'은 튀거나 팽팽하게 버티는 힘인데, 공에는 보통 튀어 오르는 탄력이 있지요.

03
(1) '기포'는 액체나 고체 속에 보이는 공기 방울입니다.
(2) '수포'는 물거품입니다.
(3) '응달'은 햇빛이 잘 들지 않아 그늘진 곳을 말합니다.
(4) '환기'는 더럽고 탁한 공기를 맑은 공기로 바꾸는 것입니다.

04
㉠ 국민의 세금으로 자기 배를 불리는 것과 같은 옳지 않은 행위를 하는 공무원을 '부패'했다고 말합니다.

㉡ '양지'에는 '햇빛이 잘 드는 곳'이라는 뜻도 있지만 세상 밖으로 공개된다는 뜻도 있습니다.
㉢ 앞으로 밀어 내보내는 힘이라는 '추진력'이 있기 때문에 멈추지 않는 것이라고 말하는 것이 알맞습니다.

05
④ 주어진 글에서 '김치의 인기가 원동력이 되어 김치 포장재를 개발하는 연구가 계속되어 왔다.'는 내용이 있습니다. 그러므로 ㉣는 알맞지 않습니다.

06
㉠'응달'은 음지, ㉡'기포'는 공기 방울이라는 뜻입니다.

관용 표현 익히기

'눈살을 찌푸린다.'는 말은 마음에 들지 않는 상황을 뜻합니다. 좋아하는 공룡이 많았다면 동생 입장에서는 '눈이 호강'하는 날이었을 것 같네요.

24강 - 자연, 과학 5

문제로 확인하기 본문 152쪽

어휘 더하기 ㉡

01 ❶ 난청 ❷ 증후군 ❸ 섬유질 ❹ 효험 ❺ 노폐물
02 ❶ ㉡ ❷ ㉣ ❸ ㉢ ❹ ㉠
03 ②
04 ㉠: 호흡기, ㉡: 배양, ㉢: 위생
05 ③
06 ④
07 ③

어휘 실력 더하기 ㉠ 가볍, ㉡ 기울여, ㉢ 납작해, ㉣ 크셔

01
(1) 청각 기관에 문제가 있어 잘 들을 수 없는 상태를 '난청'이라고 하므로, 귀가 잘 안 들리시던 아버지께서는 난청 진단을 받으셨다고 해야 알맞습니다.
(2) 새집 증후군은 새로 지어진 집의 건축 자재 등 다양한 물질에서 유해 물질이 나와 사람에게 해로운 영향을 끼친다는 증세입니다.
(3) 식물에 있는 섬유와 같은 물질을 '섬유질'이라고 합니다. 이것을 많이 섭취하면 변비가 예방된다고 하지요.
(4) 약이나 어떤 일로 좋은 결과가 있으면 '효험'이 있다고 합니다.
(5) 몸에서 배출되어야 할 찌꺼기 물질을 '노폐물'이라고 합니다. 혈액은 노폐물을 운반해 배출을 도와줍니다.

02
(1) 학교까지 30분을 '걷다'의 '걷다'는 발을 옮기는 행동입니다.
(2) 성금을 '걷다'의 '걷다'는 흩어진 것을 모으는 것입니다.
(3) 소매를 '걷다'의 '걷다'는 위로 말아 올리는 행동입니다.
(4) 구름이 '걷다'의 '걷다'는 구름이나 안개 등이 흩어져 없어지는 것입니다.

03
'감염'은 '병균이 식물이나 동물의 몸 안으로 들어가 퍼진다.'는 뜻이므로 바이러스를 연구하다가 감염된다고 말할 수 있습니다. '전염'은 다른 사람에게 병을 옮는 것이고, '면역'은 병에 걸리지 않는 것이므로 손을 자주 씻어 전염되지 않도록 해야 하고, 몸의 '면역력'을 길러야 합니다.

04
㉠ 코에서 폐까지 이어지는 호흡하는 기관이 '호흡기'입니다. 환절기에는 호흡기 질환이 흔합니다.
㉡ '배양'은 기르는 것입니다. 바이러스를 인공적으로 길러 독감 바이러스를 연구하고 있는 것입니다.
㉢ '위생'은 건강에 이롭도록 조건을 갖추는 것이므로, 손을 잘 씻는 것이 위생을 지키는 것입니다.

05
㉠ '배설'은 노폐물을 몸 밖으로 내보내는 것이므로 '내보내기'가 알맞습니다.

06
㉡ '단백질', ㉢ '무기질'의 '-질'은 '지방질'에 똑같이 쓰입니다. '가위질, 곁눈질, 분탕질, 채찍질'의 '-질'은 어떤 것을 이용하거나 그것과 관계된 일을 뜻하는 말입니다.

07
③ 바실루스 균이 청국장의 발효를 돕는 것이기 때문에 콩 단백질이 돕는다는 말은 바르지 않습니다.

오답 풀이
① 청국장에는 우리 몸을 유지하는 데 없어서는 안 될 단백질이 들어 있다고 쓰여 있습니다.
② 청국장에 들어 있는 칼슘, 철 등의 무기질은 건강을 유지하는 데 필수적이라고 쓰여 있습니다.
④ 청국장 단백질에서 생성되는 아미노산이 면역 체계를 강화해 준다고 쓰여 있습니다.
⑤ 청국장은 노폐물을 배설하는 데 도움을 준다고 쓰여 있습니다.

어휘 실력 더하기

㉠ 입이 가벼우면 비밀을 지키지 않는 것이니 다른 반에 우리 반 이야기를 쉽게 한 경우에 알맞습니다.
㉡ 귀를 기울인다는 말은 관심을 가지고 주의를 모으는 것이므로 이야기를 들어 보라는 말에 알맞습니다.
㉢ 무안을 당하고 위신이 떨어진 상황이므로 코가 납작해졌다고 하는 것이 알맞습니다.
㉣ 뭘 사든 많이 사는 것은 씀씀이가 큰 것이므로 손이 크다고 하는 것이 알맞습니다.

25강 - 국어 용어1

문제로 확인하기

본문 158쪽

어휘 **더하기** 일찍, 빨리

01 ❶ ㉡ ❷ ㉢ ❸ ㉠
02 ❶ 운율 ❷ 직유법 ❸ 시조 ❹ 관점 ❺ 의인법
03 ❶ ㉡, ⓔ 밥은 천천히 먹는 것이 좋다. 너무 빨리 먹으면 소화가 잘 안 되어 체할 수 있다.
❷ ㉠, ⓔ 우리는 약속 시간보다 늦게 도착했다.
04 ①
05 ㉠: 시조, ㉡: 초장, ㉢: 운율
06 ④
07 ❶ ㉡, 직유법 ❷ ㉣, 의인법

관용 표현 익히기 죽마고우, 지기지우

01

㉠ '시에 쓰인 말'이라고 했으므로, ㉠의 빈칸에 들어갈 적절한 단어는 '시어'입니다.
㉡ '바다'에 빗대어 부모님의 사랑을 표현하고 있으므로, ㉡의 빈칸에는 '비유'라는 단어가 들어가는 것이 적절합니다.
㉢ '어떤 것을 보고 생각하는 일'와 관련이 있으므로, ㉢의 빈칸에는 '관점'이라는 단어가 들어가야 적절합니다.

02

(1) '시를 읽을 때 느껴지는 말의 가락'을 '운율'이라고 해요.
(2) '스승의 은혜'를 '하늘'에 빗대어 표현하면서 '~같다'라는 말을 사용했으므로 여기에 쓰인 비유법은 '직유법'입니다.
(3) 고려 말기부터 발달해 온, 초장, 중장, 종장으로 된 우리 고유의 시는 '시조'입니다.
(4) '어떤 것을 보고 생각하는 개인의 입장 또는 태도'를 일컬어 '관점'이라고 해요.
(5) 나무를 마치 사람처럼 표현했으므로, 여기에 쓰인 비유법은 '의인법'입니다.

03

'빨리'의 반대말은 '천천히'이고, '일찍'의 반대말은 '늦게'입니다.

04

시어의 주된 특징은 크게 3가지로 정리할 수 있습니다.
① 뜻을 감추고 있다. ➡ 시어의 뜻은 감추어져 있음.
② 음악 같다. ➡ 읽을 때 음악 같은 느낌이 듦.
③ 그림 같다. ➡ 읽으면 머릿속에 그림이 그려짐.

05

「가랑비」는 초장, 중장, 종장 모두 3줄의 글로 되어 있고, "텃밭에 / 가랑비가 / 가랑가랑 / 내립니다."와 같이 한 줄을 네 마디로 끊어 읽을 수 있으므로 '시조'입니다. 이 시조는 일정한 글자 수, 비슷한 표현들이 반복되면서 음악 같은 느낌을 주는데 이러한 음악 같은 느낌을 '운율'이라고 합니다.

06

본문에 실린 작품은 '시조'입니다. 시조는 초장, 중장, 종장의 3줄로 구성되고, 한 줄을 보통 네 마디로 끊어 읽고, 종장의 첫마디는 세 글자로 되어 있습니다.

07

㉠~㉣ 중에 비유법이 사용된 것은 ㉡과 ㉣입니다. ㉡은 친구를 풀잎에 빗대 표현하되 '~같은'이라는 말을 사용했으므로 여기에 쓰인 비유법은 '직유법'입니다. ㉣은 바람을 마치 사람처럼 표현했으므로 여기에 쓰인 비유법은 '의인법'입니다.

관용 표현 익히기

- 죽마고우: 대나무로 만든 말을 타고 놀던 벗이라는 뜻으로, 어릴 때부터 같이 놀며 자란 벗.
- 지기지우: 자기의 속마음을 참되게 알아주는 친구.

26강 - 국어 용어2

문제로 확인하기 본문 164쪽

어휘 더하기 다르다, 틀린

01 ❶ 희곡 ❷ 수필 ❸ 갈등 ❹ 기행문
02 ❶ 소품 ❷ 소설 ❸ 분쟁
03 ①
04 ❶ 연출 ❷ 관객 ❸ 소품 ❹ 배우 ❺ 무대 ❻ 대사 ❼ 해설 ❽ 지문
05 ㉠: 다르다, ㉡: 틀리다, ㉢: 갈등, ㉣: 중재
06 ①
07 감상

관용 표현 익히기 ✔내가 당하고 싶지 않은 일은 남에게도 하지 말라. ✔남에게서 대접 받고 싶은 대로 남에게 먼저 해 주어라.

01

(1) 연극의 대본은 '희곡'이고, 영화의 대본은 '시나리오'예요.
(2) '일상생활의 경험을 바탕으로 하여 자유로운 형식으로 쓴 글.'을 일컬어 '수필'이라고 합니다.
(3) '나와 남의 생각이 달라서 서로 부딪치거나, 내 마음속 여러 가지 생각이 서로 부딪치는 것.'을 일컬어 '갈등'이라고 합니다.
(4) '여행을 하면서 경험하고 느끼고 생각한 일을 적은 글.'을 '기행문'이라고 해요.

02

(1) 연극, 뮤지컬과 같은 공연이나 영화에 쓰이는 갖가지 도구와 장치를 일컬어 '소품'이라고 해요.
(2) '소설'은 작가가 상상해서 만들어 낸, 인물과 사건을 중심으로 펼쳐지는 이야기입니다. 상상의 이야기이지만, 현실에서 일어날 법한 이야기를 다루며 더 나아가 현실에서는 깨닫기 힘든 진실을 효과적으로 보여 주기도 하는 글이 '소설'입니다.
(3) '분쟁'은 '어지럽게 다툼.'을 뜻하는 말로, 종교 분쟁, 지역 분쟁, 영토 분쟁, 국제 분쟁 등 다양한 용례로 쓰입니다.

03

삼촌은 여행을 많이 하면서 보거나 듣거나 하여 깨달은 지식이 많은 사람이라는 말을 하고 있으므로 ㉠에 들어갈 적절한 단어는 '견문'입니다. '견문'은 '보거나 들은 것.' 또는 '보거나 들은 것을 통해 깨달아 얻은 지식이 많음.'을 뜻하는 말이에요.

기행문은 '여정', '견문', '감상' 세 가지 요소로 구성되는데 '여행의 과정과 일정'은 '여정'에 해당합니다. 그러니 ㉡에 들어갈 적절한 말은 '여정'이지요. 여행하면서 든 생각과 느낌은 '감상'에 해당합니다. 그러니 ㉢에 들어갈 적절한 말은 '감상'이에요.

04

소	극	적	조	각	배
극	연	극	화	작	우
장	출	적	소	품	시
해	세	계	관	찰	나
설	득	무	언	극	리
대	상	대	적	관	오
지	역	사	역	객	극
문	법	기	행	문	작

05

'다르다'는 '같다'의 반대말로서 차이에 관한 말입니다. '틀리다'는 '맞다'의 반대말로서 옳고 그름에 관한 말입니다. '나'와 '다르다'고 해서 '상대방'을 '틀리다'고 말하는 것은 서로의 차이를 존중하지 않는 잘못된 태도이지요. 그러므로 "나와 생각이 다르다고 해서 남의 생각이 틀리다고 말하면 안 돼."라고 말해야 합니다. 이러한 생각을 바탕으로 할 때 첫 번째 빈칸에는 '다르다'를, 두 번째 빈칸에는 '틀리다'를 적는 것이 적절합니다.
'중재'는 갈등하는 사람들 사이에 끼어들어 그 사람들을 화해시키는 것을 말합니다. 그러므로 문맥상 세 번째 빈칸에는 '갈등'이, 네 번째 빈칸에는 '중재'가 들어가는 것이 적절하지요.

06

본문은 제주도 여행 경험을 바탕으로 해서 쓴 기행문입니다. 기행문은 '여행하면서 보고 듣고 느낀 점을 쓴 글.'입니다.

오답 풀이

② '설명문'에 관한 설명입니다.
③ 다양한 문학 갈래 중 '시'에 관한 설명입니다.
④ '희곡'에 관한 설명입니다.
⑤ '소설'에 관한 설명입니다.

07

여행하면서 아름다운 풍경을 보고 마음속에 일어난 느낌

과 생각을 표현한 문장들이므로 '여정', '견문', '감상' 중 '감상'에 해당합니다.

관용 표현 익히기

- 제 논에 물 대기: 자기에게만 이익이 되도록 생각하거나 행동함.
- 제 배 부르면 종 배고픈 줄 모른다.: 자기만 생각하고 남의 처지는 생각할 줄 모르는 이기적인 태도.

27강 - 국어 용어3

문제로 확인하기 본문 170쪽

어휘 더하기 매어, 메고, 메었다

01 ❶ ③ ❷ ④ ❸ ①
02 ❶ ㉣ ❷ ㉡ ❸ ㉠ ❹ ㉢
03 논설문, 설명문, 매체
04 ⑤
05 ㉠: 정의, ㉡: 분석, ㉢: 비교, ㉣: 대조
06 ②
07 ④
08 ②

관용 표현 익히기 ㉠: 공든 탑이 무너지랴, ㉡: 고진감래

01

(1) '정보를 널리 전달하는 도구.'를 일컬어 '매체' 또는 '미디어'라고 해요. 라디오, TV, 신문, 영화, 인터넷 등이 모두 '매체'랍니다.
(2) 자신의 주장을 뒷받침해 주는 논리적 근거를 '논거'라고 합니다.
(3) 글을 소리 내어 읽는 것을 '낭독'이라고 하고, 소리 내지 않고 눈으로만 읽는 것을 '묵독'이라고 해요.

02

(1) '출처'는 '말이나 글, 사물이 생기거나 나온 곳.'을 뜻합니다. 발표문을 쓰면서 어떤 책에서 한 문장을 가져와 썼다면, 그 책이 문장의 출처가 되는 거예요.
(2) '정독'은 '뜻을 헤아리며 꼼꼼히 읽는 것.'을 말합니다.
(3) '분류'는 정해진 기준에 따라 종류별로 묶어서 설명하는 방법입니다. 예를 들어, '도롱뇽과 개구리는 양서류이고, 도마뱀과 거북이는 파충류이다.'처럼 여러 동물들을 양서류와 파충류라는 종류별로 묶어서 설명하면 그것이 바로 '분류'예요.
(4) '인용'은 다른 사람의 말이나 글을 자신의 말이나 글에 가져다 쓰는 것을 말합니다.

03

첫 번째 빈칸에 들어갈 적절한 단어는 '논설문'입니다. 논설문은 남을 설득하기 위해 쓰는 글입니다. 그러기 위해서는 적절한 논거를 사용해 자신의 주장을 뒷받침하고, 자기 주장의 옳고 그름을 논증해야 합니다.
두 번째 빈칸에 들어갈 적절한 단어는 '설명문'입니다. 설명문은 어떤 사실이나 정보를 읽는 이가 잘 알 수 있게 쓴 글입니다. 잘 설명하기 위해 글쓴이는 정의, 분류, 분석, 비교, 대조 등 다양한 설명 방법을 사용하지요.
세 번째 빈칸에 들어갈 적절한 단어는 '매체'입니다. 책, 신문, TV, 인터넷 등 정보를 널리 전달하는 도구를 일컬어 '매체'라고 해요.

04

㉠에는 '끈이나 줄을 풀어지지 않도록 단단히 묶거나 마디를 만듦.'을 뜻하는 '매다'가 오는 것이 맞습니다. ㉡에는 '구멍이 막힘.'을 뜻하는 '메다'가 오는 것이 맞지요. ㉢에는 '물건을 어깨에 걸치거나 올려놓음.'을 뜻하는 '메다'가 오는 것이 적절합니다.

05

㉠ 곤충이 무엇인지, 곤충의 개념을 설명하려면 설명 방식 중 '정의'를 사용하는 것이 적절합니다.
㉡ 곤충을 그것의 구성 요소인 머리, 가슴, 배로 나누어 설명한다면 설명 방식 중 '분석'을 사용한 것입니다.
㉢ 서로 비슷한 점을 중심으로 설명하려면 '비교'를 사용해야 합니다.
㉣ 서로 다른 점을 중심으로 설명하려면 '대조'를 사용해야 합니다.

06

본문은 정확한 정보나 지식을 알기 쉽게 설명하기 위해 쓴 '설명문'입니다.

오답 풀이

①, ⑤ '논설문'에 관한 설명입니다.
③ '설명문'은 개인의 의견보다 객관적, 과학적 정보의 전달이 중요합니다.
④ '수필'에 관한 설명입니다.

07
[나]에서는 '도체'와 '부도체'를 대조하여, 그 둘의 차이점을 설명하고 있습니다.

08
글쓴이는 다양한 생물을 정해진 기준에 따라 생산자, 소비자, 분해자로 종류별로 묶어서 설명하고 있습니다. 이러한 설명 방식을 '분류'라고 해요.

관용 표현 익히기

㉠ 공든 탑이 무너지랴: 열심히 노력해서 이루어 낸 일은 쉽게 사라지지 않음.

㉡ 고진감래: 고생 끝에 낙이 옴. 힘든 일을 겪은 뒤에는 반드시 좋은 일이 생김.

28강 - 국어 용어4

문제로 확인하기 본문 176쪽

어휘 더하기 맞히는, 맞혔다, 맞춰

01 ❶ 순화 ❷ 비속어 ❸ 타당성 ❹ 경청
02 ❶ 다의어 ❷ 동형어
03 ❶ 맞히면 ❷ 맞춰야지, 맞추면 ❸ 맞히는
04 ④
05 ㉠: 동형어, ㉡: 다의어, ㉢: 관용 표현
06 ④
07 • 단일어: 이야기, 마음
• 복합어: 초등학생, 우리말
08 ③

관용 표현 익히기 ✔㉠ ✔㉢ ✔㉣

01
(1) '레시피(recipe)', '홈페이지(Homepage)'와 같은 낯선 외국어를 '조리법', '누리집'과 같은 쉬운 우리말로 고쳐 쓰는 것을 일컬어 '국어 순화'라고 합니다.
(2) '품위 없는 거친 말'을 '비속어'라고 합니다.
(3) 어떤 말을 들었는데 '그 말이 옳다'는 생각이 들었다면, 그 말은 '타당성'을 지닌 것이에요.
(4) 남의 말을 집중해 귀 기울여 들어 주는 것을 '경청'이라 합니다.

02
(1) ㈎의 '머리'는 하나의 단어가 여러 개의 의미로 쓰이는 '다의어'의 예입니다.
(2) ㈏에서 '사람 말'의 '말[言]'과 '검은 말'의 '말[馬]'은 단어의 형태는 같지만 서로 다른 단어로서 그 뜻이 서로 다릅니다. 이러한 말들을 '동형어'라고 해요.

03
'맞히다'는 '문제의 정답을 대다.' 또는 '무엇에 맞게 하다.'를 뜻하는 단어이므로 (1)과 (3)의 빈칸에는 '맞히다'가 들어가는 것이 적절합니다. 반면 '맞추다'는 '어떤 기준에 맞게 조절하다.'를 뜻하므로 (2)의 빈칸에는 '맞추다'가 들어가는 것이 적절하지요.

04
④에 밑줄 친 '그치다'와 '멈추다'는 뜻이 서로 비슷합니다. 두 단어는 서로 '유의어'인 것이지요. 반면 나머지 4개의 문장에서 밑줄 친 두 단어들은 뜻이 서로 반대입니다. 두 단어는 서로 '반의어'인 것이지요.

05
㉠ '다리01'과 '다리02'는 형태는 같으나 뜻은 서로 다릅니다. 이런 단어들을 '동형어'라고 해요.
㉡ '다리01'과 '다리02' 모두 2개 이상의 뜻을 가지고 있습니다. 이렇게 여러 개의 뜻을 지닌 단어를 일컬어 '다의어'라고 해요.
㉢ '관용 표현'은 '오랫동안 사람들이 습관적으로 사용하면서 새로운 뜻으로 굳어진 표현.'을 말합니다. '다리01'의 용례를 보면 '다리01'이 '다리 뻗고 자다.'처럼 관용 표현으로 쓰임을 알 수 있어요.

06
유의어는 뜻이 서로 비슷한 말을 가리키는데 ㉡과 ㉢은 뜻이 서로 반대되는 말이므로 ④의 설명은 적절하지 않습니다.

07
'이야기'와 '마음'은 더 이상 쪼갤 수 없는 낱말이므로 단일어입니다. 반면 '초등학생'은 '초등'과 '학생', '우리말'은 '우리'와 '말'로 쪼갤 수 있는 낱말이므로 복합어입니다.

08
본문은 '논설문'입니다. '논설문'은 논리적으로 주장하고 읽는 사람을 설득하려고 쓰는 글이지요. '논설문'을 설명한 내용으로 가장 적절한 것은 ③입니다.

오답 풀이

① '기행문'에 관한 설명입니다.
② '설명문'에 관한 설명입니다.

④ '국립 국어원의 조사에 따르면'이라고 쓰면서 조사 자료의 출처를 밝히고 있습니다.
⑤ '소설'에 관한 설명입니다.

관용 표현 익히기

'간이 떨어지다.', '간이 작다', '간에 기별도 안 가다'와 같은 관용 표현에서 '간'이라는 단어가 쓰입니다.

㉡의 빈칸에 들어갈 낱말은 '마음'입니다. '마음에도 없는 말'이라고 할 때 관용 표현 '마음에 없다'는 '무엇을 하거나 가지고 싶은 생각이 없음'을 뜻합니다. 그러니 '마음에도 없는 말'은 '말하고 싶지 않은데 어쩔 수 없이 하는 말' 정도의 뜻으로 이해하면 되겠지요.

Ⅳ 종합 평가

종합 평가 01

본문 182쪽

01 ❶ ㉣ ❷ ㉢ ❸ ㉠ ❹ ㉡
02 ❶ ㉠ ❷ ㉣ ❸ ㉤
03 ❶ 보통 ❷ 꾀 ❸ 주권 ❹ 지주
04 ❶ 개혁 ❷ 계몽
05 ❶ 애간장 ❷ 발 ❸ 호랑이
06 ②
07 ❶ ㉡ ❷ ㉠
08 ③
게임으로 다지기 ㉰

01

(1) '준수한'의 꾸밈을 받는 말이고, '친구들에게 인기가 많다'는 내용을 고려할 때, '용모'가 들어가기에 알맞습니다.
(2) '무슨 걱정이 있는지'의 상황과 '어둡구나'라는 말을 고려할 때, '낯빛'이 들어가기에 알맞습니다.
(3) '못마땅한 듯'의 상황과 '찌푸리고 있었다'라는 내용을 고려할 때, '미간'이 들어가기에 알맞습니다. '미간을 찌푸리다'는 마음에 들지 않아 좋지 않게 여기는 표정을 뜻합니다.
(4) '축축해지셨다'라는 내용을 고려할 때, '눈시울'이 들어가는 것이 알맞습니다.

02

(1) '기껍다'는 마음에 기쁘다는 뜻의 말입니다.
(2) '돈독하다'는 믿음이나 의리, 인정 등이 깊고 성실하다는 뜻의 말입니다.
(3) '타박하다'는 다른 사람의 실수나 결함을 나무라거나 핀잔하다는 뜻의 말입니다.

오답 풀이

㉡ 하고 싶지 않지만 하지 않을 수 없는 것을 뜻하는 말은 '마지못하다'입니다.
㉢ 어떤 대상을 싫어하여 피하는 것을 뜻하는 말은 '기피하다'입니다.
㉥ 말이나 행동 등이 거칠고 세련되지 못한 것을 뜻하는 말은 '투박하다'입니다.

03

(1) '평범하다'는 '뛰어나거나 색다른 점이 없이 보통이다.'

를 뜻하는 말입니다. '비범하다'는 평범하지 않다는 것이니까 보통을 넘어 아주 뛰어나다는 뜻을 갖습니다.

(2) '교묘하다'는 '어떤 일을 하는 방법이나 꾀가 아주 뛰어나고 빠르다'를 뜻합니다.

(3) '광복'은 '빼앗긴 주권을 도로 찾음.'을 뜻합니다. 여기에서 '주권'은 '국가의 의사를 최종적으로 결정하는 권력'을 뜻합니다. 주권을 빼앗기는 것은 자주적 독립성을 잃어버리게 되는 것과 같습니다.

(4) '마름'은 '지주를 대리하여 소작권을 관리하는 사람'을 뜻합니다. 실제로 남의 땅을 빌려 농사를 짓는 소작농의 입장에서는 멀리 떨어져 있는 지주보다는 실질적으로 그 땅을 관리하는 마름이 더 신경 쓰이는 사람이었어요.

04

(1) 불합리한 제도나 기구 등을 새롭게 고치는 것을 뜻하는 말은 '개혁'입니다.

(2) 지식이 없는 사람들을 가르쳐서 올바른 지식을 가지게 하는 것을 뜻하는 말은 '계몽'입니다.

오답 풀이

- '개선'은 부족한 점, 잘못된 점, 나쁜 점 등을 고쳐서 더 좋아지게 하는 것을 뜻하는 말입니다.
- '개화'는 외국의 발전한 사상과 문물을 받아들여 생각과 생활 방식을 바꾸는 것을 뜻하는 말입니다.
- '개발'은 토지나 천연자원 등을 이용하기 쉽거나 쓸모 있게 만드는 것을 뜻하는 말입니다.

05

(1) '애간장'은 초조한 마음속을 뜻합니다. '애간장을 태우다.'는 너무 신경을 쓰거나 걱정하며 안달하는 것을 뜻하고, '애간장을 녹이다.'는 근심하고 걱정하여 초조하게 하는 것을 뜻합니다.

(2) '발을 끊다.'는 왕래를 끊거나 관계를 끊는 것을 뜻하고, '발이 넓다.'는 친하게 지내거나 아는 사람이 많은 것을 뜻하고, '발이 빠르다.'는 어떤 일에 대한 대책을 빠르게 세우는 것을 뜻합니다.

(3) '호랑이도 제 말하면 온다.'는 다른 사람에 관해 이야기를 하는데 공교롭게 그 사람이 나타나는 경우를 이르는 속담입니다. '호랑이 없는 골에 토끼가 왕 노릇 한다.'는 뛰어난 사람이 없는 곳에서 보잘것없는 사람이 세력을 얻으려 한다는 뜻의 속담입니다. '호랑이에게 물려가도 정신만 차리면 산다.'는 아무리 위험한 경우라도 정신만 똑똑히 차리면 위기를 벗어날 수 있다는 뜻의 속담입니다.

06

김치, 술, 장, 젓갈 등을 만드는 재료를 버무리거나 물을 부어서 익거나 삭도록 그릇에 넣어 두는 것을 뜻하는 말은 '담그다'입니다. 따라서 ②에서처럼 '담가'로 써야 맞고, '담궈'로 하면 틀립니다.

오답 풀이

① '늘리다'는 물체의 넓이, 부피 등을 원래보다 크게 하는 것을 뜻하는 말입니다. 고무줄의 길이를 원래보다 더 길게 하는 것이기 때문에 '늘이다'를 써서 '늘였다'라고 해야 맞습니다.

③ '띄다'는 눈에 보이는 것을 뜻하는 말입니다. 앞치마를 허리에 두르는 것이기 때문에 '띠다'를 써서 '띠었다'라고 해야 맞습니다.

④ '벼리다'는 무디어진 연장의 날을 불에 달구어 두드려서 날카롭게 만드는 것을 뜻하는 말입니다. 한 달 전부터 옷을 사려고 마음을 단단히 먹고 기다린 것이기 때문에 '벼르다'를 써서 '벼르던'이라고 해야 맞습니다.

⑤ '드러내다'는 가려져 있던 것을 보이게 하는 것을 뜻하는 말입니다. 서랍 안에 있는 것들을 밖으로 꺼내는 것이기 때문에 '들어내다'를 써서 '들어내었다'라고 해야 맞습니다.

07

(1)에 제시된 '차다'는 '일정한 공간에 더 들어갈 수 없이 가득하게 되다'를 뜻합니다. 이와 같은 뜻으로 쓰인 것은 ㉡입니다. ㉠의 '차다'는 '발을 뻗어서 어떤 것을 힘껏 지르거나 받아 올리다'를 뜻합니다.

(2)에 제시된 '쓰다'는 '어떤 일을 하는 데에 재료나 도구, 수단 등을 이용하다'를 뜻합니다. 이와 같은 뜻으로 쓰인 것은 ㉠입니다. ㉡의 '쓰다'는 '연필이나 펜 등의 필기도구로 종이 등에 획을 그어서 일정한 글자를 적다'를 뜻합니다.

08

케냐의 새로운 지도자들이 돈벌이를 위하여 숲을 없애고 차나무와 커피나무를 심었다고 했어요. 그러니까 숲을 망친 사람은 마을 사람들이 아니라 케냐의 새로운 지도자들이라고 봐야 합니다.

오답 풀이

① 외국에서 공부를 마치고 돌아온 왕가리 마타이는 황폐해진 마을 풍경을 보고 깜짝 놀랐다고 했어요.

② 숲이 망가지기 전에는 토양이 비옥했다고 했으니까 식물들이 잘 자랄 수 있었을 거예요.

④ 벌목으로 벌거벗은 숲의 토양은 영양분이 고갈되어 동물과 식물을 제대로 길러 낼 수 없는 상태가 되었다고 했어요.

⑤ 케냐의 새로운 지도자들은 돈벌이를 위하여 숲을 없애고 그 자리에 차나무와 커피나무를 심었다고 했어요.

게임으로 다지기

(가)는 '조급하다', (나)는 '느물느물', (다)는 '복구', (라)는 '고적하다', (마)는 '멋쩍다', (바)는 '시묘', (사)는 '두둔하다'의 뜻에 해당합니다.

오답 풀이

- '애달프다'는 '마음이 안타깝거나 쓰라리다'를 뜻합니다.
- '간청'은 '간절히 부탁함. 또는 그런 부탁'을 뜻합니다.
- '아슴아슴'은 '정신이 흐릿하고 몽롱한 모양'을 뜻합니다.
- '매캐하다'는 '연기나 곰팡이 등의 냄새가 목이나 코를 불쾌하게 할 정도로 강하게 자극하는 느낌이 있다'를 뜻합니다.
- '성묘'는 '조상의 산소에 가서 인사를 드리고 산소를 돌봄. 또는 그런 일'을 뜻합니다.

종합 평가 02

본문 186쪽

01 ❶ ㉢ ❷ ㉡
02 ❶ ㉡ ❷ ㉢ ❸ ㉠
03 ❶ 나무 ❷ 열 ❸ 돈 ❹ 공기
04 〈해설 참고〉
05 ❶ ㉡ ❷ ㉢
06 ④
07 ④
08 풍광

게임으로 다지기 (1) 순환 (2) 습성 (3) 이윤 (4) 갈등 (5) 탄력 (6) 고갈 (7) 체결

01

(1) '공존'은 '두 가지 이상의 현상이나 성질, 사물이 함께 존재함'을 뜻합니다.

오답 풀이

㉠은 '공생'의 뜻이고, ㉡은 '복원'의 뜻입니다.

(2) '연소'는 '물질이 산소와 결합하여 열과 빛을 내는 현상'을 뜻합니다.

오답 풀이

㉠은 '보온'의 뜻이고, ㉢은 '소진'의 뜻입니다.

02

(1) '개울에 놓인'과 '위에 앉아'를 고려할 때 '발로 밟고 다닐 수 있게 드문드문 놓은 평평한 돌'을 뜻하는 '디딤돌'이 들어가기에 알맞습니다.

(2) '그 위에 기둥을 세웠다.'를 고려할 때 '기둥 밑에 기초로 받쳐 놓은 돌'을 뜻하는 '주춧돌'이 들어가기에 알맞습니다.

(3) '신체장애'와 '꿈을 이루는'을 고려할 때 '일을 해 나가는 데에 방해가 되는 장애물'을 뜻하는 '걸림돌'이 들어가기에 알맞습니다.

03

(1) '벌목'은 '벨 벌(伐)'과 '나무 목(木)'이 합쳐진 말로 '산이나 숲에 있는 나무를 벰'을 뜻합니다.

(2) '단열'은 '막을 단(斷)'과 '열 열(熱)'이 합쳐진 말로 '열이 나가거나 들어오지 않도록 막음'을 뜻합니다.

(3) '임금'은 '맡길 임(任)'과 '돈 금(金)'이 합쳐진 말로 '일을 한 대가로 받는 돈'을 뜻합니다.

(4) '환기'는 '바꿀 환(換)'과 '공기 기(氣)'가 합쳐진 말로 '더럽고 탁한 공기를 맑은 공기로 바꿈'을 뜻합니다.

04

		지	구	촌		
	복	구				
		온	실	가	스	
		난		계		
양	극	화			주	
지				유	권	자
	대	중	교	통		유

05

(1) 시험 전에는 열심히 공부하지 않다가, 시험이 끝난 후 뒤늦게 공부를 하고 있는 상황이죠? 일이 이미 잘못된 뒤에는 바로잡으려고 애써도 소용이 없다는 뜻을 지닌 '소 잃고 외양간 고친다.'는 속담이 잘 어울립니다.

(2) 고생만 할 줄 알았던 주인공이 사업에 성공했다고 하죠? 몹시 고생을 하는 생활에도 좋은 일이 생기는 날이 있다는 '쥐구멍에도 볕 들 날 있다.'라는 속담이 잘 어울립니다.

오답 풀이

㉠ '쇠뿔도 단김에 빼라.'는 '하려고 마음먹은 일은 마음먹었을 때 곧바로 해야 한다.'는 뜻을 지닌 속담입니다.

㉣ '엎친 데 덮친 격이다.'는 '어렵거나 나쁜 일이 겹치어 일어나다.'는 뜻을 지닌 속담입니다.

06

①, ②, ③, ⑤의 '맞다'는 '문제에 대한 답이 틀리지 않다'와 관련이 있는 뜻으로 쓰였지만, ④에서는 '쏘거나 던진 한 물체가 다른 물체에 닿다'는 뜻으로 쓰였습니다.

07

글쓴이가 제주도 한라산을 오르면서 보고 들은 것과 느낀 점을 여정에 따라 적은 글입니다. 이처럼 여행하며 보고 듣고 느끼고 경험한 것을 적은 글을 기행문이라고 합니다.

오답 풀이

① '시'에 대한 설명입니다.
② '전기문'에 대한 설명입니다.
③ '소설'에 대한 설명입니다.
⑤ '희곡'에 대한 설명입니다.

08

'자연이나 지역의 아름다운 모습'을 뜻하는 말은 '풍광'입니다. 글쓴이는 한라산의 신비스럽고도 웅장한 모습에 감탄하고 있어요.

게임으로 다지기

오답 풀이

• '비유'는 어떤 것을 효과적으로 설명하기 위하여 그것과 비슷한 다른 것에 빗대어 설명하는 방법을 뜻합니다.
• '수필'은 어떤 주제에 대하여 개인적인 느낌이나 의견을 자유로운 형식으로 쓴 글을 뜻합니다.

m
e
m
o

초등부터 EBS

새 교육과정 반영

중학 내신 영어듣기,
초등부터
미리 대비하자!

초등 영어 듣기 실전 대비서

초등 영어듣기평가 완벽대비

전국 시·도교육청 영어듣기능력평가 시행 방송사 EBS가 만든

초등 영어듣기평가 완벽대비

'듣기 - 받아쓰기 - 문장 완성'을 통한 반복 듣기	→	듣기 집중력 향상 + 영어 어순 습득
다양한 유형의 **실전 모의고사 10회** 수록	→	각종 영어 듣기 시험 대비 가능
딕토글로스* 활동 등 **수행평가 대비 워크시트** 제공	→	중학 수업 미리 적응

* Dictogloss, 듣고 문장으로 재구성하기

실력

EBS 국어 어휘 시리즈

어휘가 독해다

초등 국어 어휘

입문
1·2 학년

기본
3·4 학년

실력
5·6 학년

다음 학년 수학이 쉬워지는
초 / 등 / 수 / 해 / 력

대한민국 교육의
NO.1 EBS가
작심하고 만들었다!

초등 수해력

국어를 잘하려면 문해력, 수학을 잘하려면 수해력!
〈초등 수해력〉으로 다음 학년 수학이 쉬워집니다.

필요한 영역별,
단계별로 선택해서
맞춤형 학습 가능

쉬운 부분은 간단히,
어려운 부분은 집중 강화하는
효율적 구성

모르는 부분은
무료 강의로 해결
primary.ebs.co.kr
* P단계 제외

수학 능력자가 되는 가장 쉬운 방법

STEP 1
EBS 초등사이트에서
수해력 진단평가를
실시합니다.

STEP 2
진단평가 결과에 따라
취약 영역과 해당 단계 교재를
〈초등 수해력〉에서 선택합니다.

STEP 3
교재에서 많이 틀린 부분,
어려운 부분은
무료 강의로 보충합니다.

우리 아이의 수학 수준은?
수 해 력
진단평가

EBS와 함께하는

자기주도 학습 초등 · 중학 교재 로드맵

예비 초등 | 1학년 | 2학년 | 3학년 | 4학년 | 5학년 | 6학년

전과목 기본서/평가

BEST

만점왕 국어/수학/사회/과학
교과서 중심 초등 기본서

만점왕 통합본 학기별(8책) HOT
바쁜 초등학생을 위한 국어·사회·과학 압축본

만점왕 단원평가 학기별(8책)
한 권으로 학교 단원평가 대비

기초학력 진단평가 초2~중2
초2부터 중2까지 기초학력 진단평가 대비

국어

독해

4주 완성 독해력 1~6단계
학년별 교과 연계 단기 독해 학습

문학

문법

어휘

어휘가 독해다! 초등 국어 어휘 1~2단계
1, 2학년 교과서 필수 낱말 + 읽기 학습

어휘가 독해다! 초등 국어 어휘 기본
3, 4학년 교과서 필수 낱말 + 읽기 학습

어휘가 독해다! 초등 국어 어휘 실력
5, 6학년 교과서 필수 낱말 + 읽기 학습

한자

참 쉬운 급수 한자 8급/7급 II/7급
한자능력검정시험 대비 급수별 학습

어휘가 독해다! 초등 한자 어휘 1~4단계
하루 1개 한자 학습을 통한 어휘 + 독해 학습

쓰기

참 쉬운 글쓰기 1-따라 쓰는 글쓰기
맞춤법·받아쓰기로 시작하는 기초 글쓰기 연습

참 쉬운 글쓰기 2-문법에 맞는 글쓰기/3-목적에 맞는 글쓰기
초등학생에게 꼭 필요한 기초 글쓰기 연습

문해력

어휘/쓰기/ERI독해/배경지식/디지털독해가 문해력이다
평생을 살아가는 힘, 문해력을 키우는 학기별·단계별 종합 학습

문해력 등급 평가 초1~중1
내 문해력 수준을 확인하는 등급 평가

영어

EBS ELT 시리즈 | 권장 학년 : 유아~중1

EBS Big Cat
Collins BIG CAT
다양한 스토리를 통한 영어 리딩 실력 향상

EBS Big Cat
Shinoy and the Chaos Crew
흥미롭고 몰입감 있는 스토리를 통한 풍부한 영어 독서

EBS easy learning
easy learning
저연령 학습자를 위한 기초 영어 프로그램

독해

EBS랑 홈스쿨 초등 영독해 Level 1~3
다양한 부가 자료가 있는 단계별 영독해 학습

EBS 기초 영독해
중학 영어 내신 만점을 위한 첫 영독해

문법

EBS랑 홈스쿨 초등 영문법 1~2
다양한 부가 자료가 있는 단계별 영문법 학습

EBS 기초 영문법 1~2
중학 영어 내신 만점을 위한 첫 영문법

어휘

EBS랑 홈스쿨 초등 필수 영단어 Level 1~2
다양한 부가 자료가 있는 단계별 영단어 테마 연상 종합 학습

쓰기

듣기

초등 영어듣기평가 완벽대비 학기별(8책)
듣기 + 받아쓰기 + 말하기 All in One 학습서

수학

연산

만점왕 연산 Pre 1~2단계, 1~12단계
과학적 연산 방법을 통한 계산력 훈련

개념

응용

만점왕 수학 플러스 학기별(12책)
교과서 중심 기본 + 응용 문제

심화

만점왕 수학 고난도 학기별(6책)
상위권 학생을 위한 초등 고난도 문제집

특화

초등 수해력 영역별 P단계, 1~6단계(14책)
다음 학년 수학이 쉬워지는 영역별 초등 수학 특화 학습서

사회

사회/역사

초등학생을 위한 多담은 한국사 연표
연표로 흐름을 잡는 한국사 학습

매일 쉬운 스토리 한국사 1~2 /**스토리 한국사** 1~2
하루 한 주제를 이야기로 배우는 한국사/ 고학년 사회 학습 입문서

과학

과학

기타

창체

창의체험 탐구생활 1~12권
창의력을 키우는 창의체험활동·탐구

AI

쉽게 배우는 초등 AI 1(1~2학년)
초등 교과와 융합한 초등 1~2학년 인공지능 입문서

쉽게 배우는 초등 AI 2(3~4학년)
초등 교과와 융합한 초등 3~4학년 인공지능 입문서

쉽게 배우는 초등 AI 3(5~6학년)
초등 교과와 융합한 초등 5~6학년 인공지능 입문서